Designing Brand Identity

fifth edition

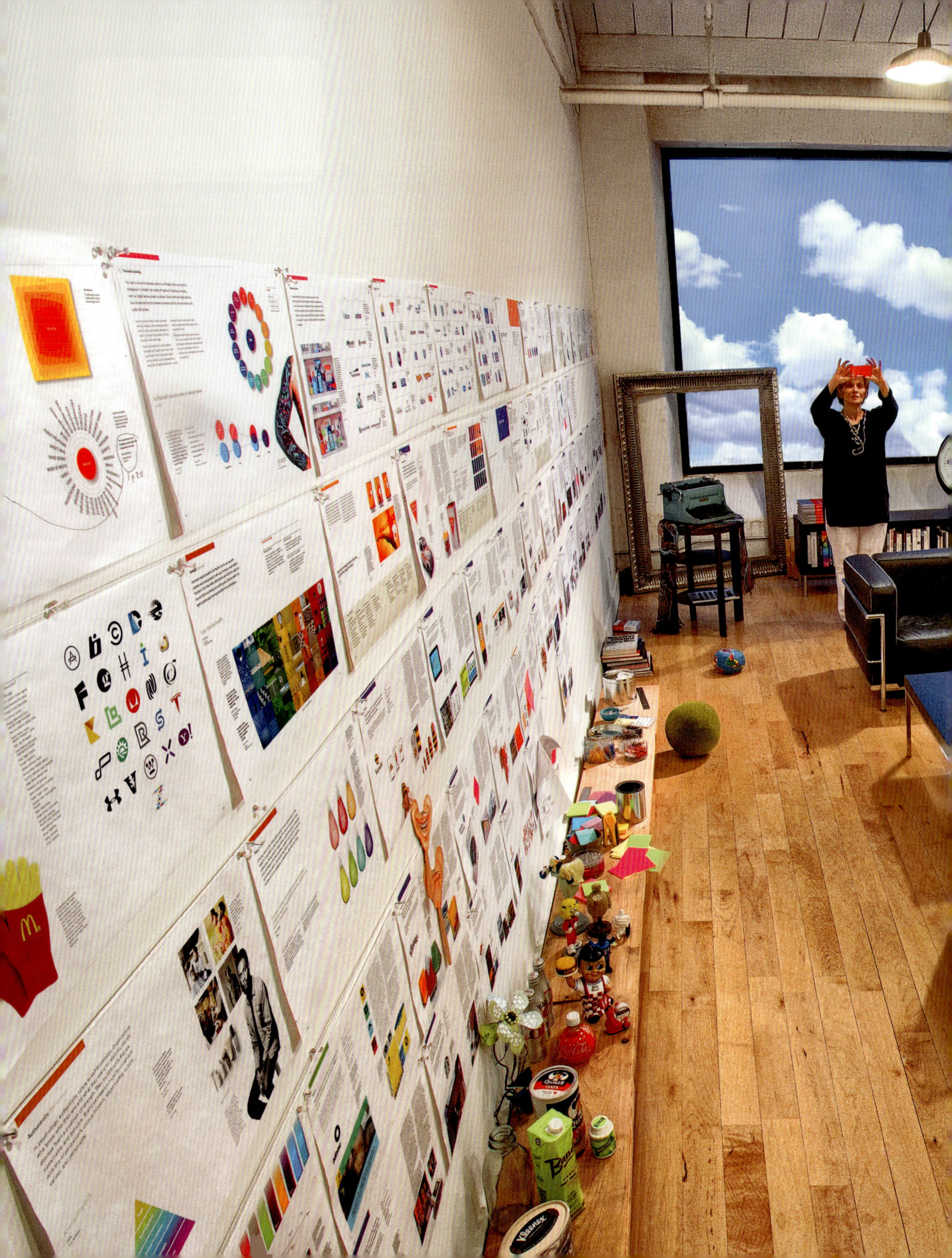

one eye sees,

the other feels.

—PAUL KLEE

Who are you?
Who needs to know?
How will they find out?
Why should they care?

Alina Wheeler

[美] 艾丽娜·惠勒／著

张玉花 王树良／译

Designing Brand Identity

企业形象
CI设计
全书

上海人民美術出版社

前言

没有人能单独完成任务。

书籍和品牌一样,都是需要耗费时间来经营的。这本书不属于我一个人。这是我们的书。这是与世界各地的同行们进行广泛合作的结果,他们凭借着无敌的智慧、清晰的思路和无限的创造力塑造着未来的品牌。同僚们,你们很了解自己,感谢你们分享自己的时间、智慧和见解。

我所在的设计团队在编写这本书的时候一直面临着巨大的挑战。我一直都很感激他们奉献出来的专业知识、耐心和幽默感。

编写这本书可以说是攀登我人生中的珠穆朗玛峰。爱确实会战胜一切。我的丈夫艾迪(Eddy)的活力和笑声总是能让不可能的事情成为可能。泰莎(Tessa)和泰森(Tearson)是帮助我们实现愿望的流星。"天光"是我的香格里拉。

谨以此书致敬迈克尔·克罗南(Michael Cronan)、沃利·奥林斯(Wally Olins)、比尔·德伦特(Bill Drenttel)和希尔维亚·哈里斯(Sylvia Harris)。

向以下各位致以永恒的感激之情

惠勒家的所有人
我的兄弟姐妹们
Joel Katz
Paula Scher
Richard Cress
Mark Wills
Ange Iannarelli
Heather Norcini
Richard Stanley
Meejoo Kwon
Stephen Shackleford
Tomasz Fryzel
Margie Gorman
Michal Levy
Hilary Jay
Cathy Jooste
Quest sisters
Marie Taylor
Marc Goldberg
Liz Merrill
Chris Grillo
还有我哥哥,他问我电影何时上映

我的理想团队

Jon Bjornson 封面设计师
Lissa Reidel 策略专家
Kathy Mueller 高级设计师
Robin Goffman 设计师 + 助理
Gretchen Dykstra 语法专家
Blake Deutsch 头像设计师

我在 Wiley 出版社的出版团队

Amanda Miller 副总裁 + 出版人
Margaret Cummins 执行编辑
Justin Mayhew 副营销总监
Kalli Schultea 编辑助理
Kerstin Nasdeo 高级生产经理

Photo: Ed Wheeler

A. Aiden Morrison	Brie DiGiovine	Dennis Thomas	Jayoung Jaylee	Kent Hunter	Michele Barker	Rosemary Murphy
Adam Brodsley	Bruce Berkowitz	Dick Ritter	Jean-Francois Goyette	Kevin Lee	Michelle Bonterre	Roy Pessis
Adam Waugh	Bruce Duckworth	DK Holland	Jean Pierre Jordan	Kieren Cooney	Michelle Morrison	Russ Napolitano
Adrian Zecha	Bruce Palmer	Donald K. Clifford, Jr.	Jean-Michel Gathy	Kimberli Antoni	Michelle Steinback	Ruth Abrahams
Al Ries	Bryan Singer	Donna MacFarland	Jeffrey Fields	Kim Duffy	Miguel A. Torres	Ryan Dickerson
Alain Sainson Frank	Cale Johnson	Dr. Barbara Riley	Jeffrey Gorder	Kim Mitchell	Mike Dargento	Sagi Haviv
Alan Becker	Carla Hall	Dr. Delyte Frost	Jeffrey R. Immelt	Kit Hinrichs	Mike Flanagan	Sally Hudson
Alan Brew	Carla Miller	Dr. Dennis Dunn	Jen Jagielski	Kurt Koepfle	Mike Ramsay	Samantha Pede
Alan Jacobson	Carlos Ferrando	Dr. Ginny Redish	Jen Knecht	Kurt Monigle	Mike Reinhardt	Sandra Donohoe
Alan Siegel	Carlos Martinez Onaindia	Dr. Ginny Vanderslice	Jenie De'Ath	Larry Keeley	Milton Glaser	Sandy Miller
Albert Cassorla	Carlos Muñoz	Dr. Karol Wasylyshyn	Jenn Bacon	Laura Des Enfants	Mindy Romero	Santa Claus
Alex Center	Carlos Pagan	Dustin Britt	Jennifer Francis	Laura Scott	Moira Cullen	Sara Rad
Alex Clark	Carol Moog	Ed Wheeler	Jennifer Knecht	Laura Silverman	Moira Riddell	Sarah Bond
Alexander Haldemann	Carol Novello	Ed Williamson	Jennifer L. Freeman	Laura Zindel	Mona Zenkich	Sarah Brinkman
Alexander Hamilton	Caroline Tiger	Eddie Opara	Jenny Profy	Laurie Ashcraft	Monica Little	Sarah Swaine
Alex Maddalena	Cassidy Blackwell	Ellen Hoffman	Jerome Cloud	Laurie Bohnik	Monica Skipper	Scot Herbst
Alfredo Muccino	Cassidy Merriam	Ellen Shapiro	Jeremy Dooley	LeRoux Jooste	Nancy Donner	Sean Adams
Allie Strauss	Cat Bracero	Ellen Taylor	Jeremy Hawking	Leslie Smolan	Nancy Tait	Sean Haggerty
Alvin Diec	Cathy Feierstein	Emelia Rallapalli	Jerry Greenberg	Linda B. Matthiesen	Nancye Green	Sera Vulaono
Alyssa Boente	Charlene O'Grady	Emily Cohen	Jerry Selber	Linda Wingate	Natalie Nixon	Shantini Munthree
Amanda Bach	Cherise Davis	Emily Kirkpatrick	Jessica Berwind	Lisa Kline	Natalie Silverstein	Sharon Sulecki
Amanda Duncan	Charlotte Zhang	Emily Tynes	Jessica Robles Worch	Lisa Kovitz	Nate Eimer	Simon Waldron
Amanda Liu	Cheryl Qattaq Stine	Erich Sippel	Jessica Rogers	Lori Kapner	Ned Drew	Sini Salminen
Amanda Neville	Chris Ecklund	Fo Wilson	Jim Barton	Lory Sutton	Niall FitzGerald	Sol Sender
Amy Grove	Chris Grams	Francesco Realmuto	Jim Bittetto	Louise Fili	Nick Bosch	Spike Jones
Anders Braekken	Chris Hacker	Frank Osbourne	Jinal Shah	Luis Bravo	Nicole Satterwhite	Stefan Liute
Andrew Baldus	Chris Marshall	Gabriel Cohen	Joan Carlson	Lynn Beebe	Noah Simon	Steff Geissbuhler
Andrew Ceccon	Chris Pullman	Gael Towey	Joanna Ham	Malcolm Grear	Noah Syken	Stella Gassaway
Andrew Cutler	Christina Arbini	Gail Lozoff	Joanne Chan	Marc Mikulich	Noelle Andrews	Stephen A. Roell
Andrew Welsh	Christine Sheller	Gavin Cooper	Jody Friedman	Marco A. Rezende	Oliver Maltby	Stephen Doyle
Andy Gray	Christine Mau	Gayle Christiansen	Joe Duffy	Margaret Anderson	P. Fouchard–Filippi	Stephen Sapka
Andy Sernovitz	Clark Malcolm	Geoff Verney	Joe Pine	Maria D'Errico	Pamela Thompson	Stephen Sumner
Angora Chinchilla	Clay Timon	George Graves	Joe Ray	Maribel Nix	Parag Murudkar	Steve Frykholm
Aniko DeLaney	Clement Mok	Gerry Stankus	Joel Grear	Marie Morrison	Pat Duci	Steve Perry
Ann Willoughby	Cliff Goldman	Gillian Wallis	Joey Mooring	Marilyn Sifford	Patrick Cescau	Steve Sandstrom
Anna Bentson	Colin Drummond	Ginnie Gehshan	John Bowles	Marius Ursache	Paul Pierson	Steve Storti
Anne Moses	Colleen Newquist	Greg Farrington, PhD	John Coyne	Marjorie Guthrie	Peggy Calabrese	Sunny Hong
Anthony Romero	Connie Birdsall	Greg Shea	John Gleason	Mark Lomeli	Per Mollerup	Susan Avarde
Antônio C. D. Sepúlveda	Cortney Cannon	Gustavo Koniszczer	John Hildenbiddle	Mark McCallum	Pete Colhoun	Susan Bird
Antonio R. Oliviera	Craig Bernhardt	Harry Laverty	John Klotnia	Mark Selikson	Peter Emery	Susan Schuman
Antony Burgmans	Craig Johnson	Hans-U. Allemann	John M. Muldar, PhD	Martha G. Goethals, PhD	Peter Wise	Susan Westerfer
Arnold Miller	Craig Schlanser	Heather Guidice	Jon Iwata	Martha Witte	Phil Gatto	Suzanne Cammarota
Ashis Bhattacharya	Cristian Montegu	Heather Stern	Jon Schleuning	Marty Neumeier	Philip Dubrow	Suzanne Tavani
Aubrey Balkind	Curt Schreiber	Heidi Caldwell	Jonah Smith	Mary Sauers	Philippe Fouchard-Filippi	Sven Seger
Audrey Liu	Dan Dimmock	Heidi Cody	Jonathan Bolden	Mary Storm-Baranyai	Q Cassetti	Ted Sann
Ayse Birsel	Dan Maginn	Helen Keyes	Jonathan Mansfield	Matt Coffman	R. Jacobs-Meadway	Terrence Murray
Aziz Jindani	Dan Marcolina	Hilly Charrington	Jonathan Opp	Matt Macinnis	Rafi Spero	Terry Yoo
Bart Crosby	Dana Arnett	Howard Fish	Joseph Cecere	Matt Petersen	Randy Mintz-Presant	Theresa Fitzgerald
Bayard Fleitas	Dani Pumilia	Howard Schultz	Josh Goldblum	Matt Salia	Ranjith Kumaran	Thor Lauterbach
Becky O'Mara	Danny Altman	Ian Stephens	Joshua Cohen	Matthew Bartholomew	riCardo Crespo	Tim Lapetino
Becky Wingate	Darren Lutz	Ilise Benum	Joshua Davis	Max Ritz	Ricardo Salvador	Tim O'Mara
Beryl Wang	Dave Luck, Mac Daddy	Ioanna Papaioannou	Juan Ramírez	Megan Stanger	Rich Bacher	TJ Scimone
Beth Mallo	Dave Weinberger	Isabella Falco	Julia Hoffman	Megan Stephens	Rich Rickaby	Tom Birk
Betty Nelson	David Airey	Ivan Cayabyab	Julia McGreevy	Mehmet Fidanboylu	Richard C. Breon	Tom Geismar
Blake Howard	David Becker	Ivan Chermayeff	Julia Vinas	Melinda Lawson	Richard de Villiers	Tom Nozawa
Bob Mueller	David Bowie	J. T. Miller	Justin Peters	Melissa Hendricks	Richard Felton	Tom Vanderbauwhede
Bob Warkulwiz	David Erwin	Jacey Lucas	Karin Cronan	Melissa Lapid	Richard Kauffman	Tom Watson
Bobby Shriver	David Ferrucci	Jack Cassidy	Karin Hibma	Meredith Nierman	Richard Saul Wurman	Tosh Hall
Bonita Albertson	David Kendall	Jack Summerford	Kate Dautrich	Michael Anastasio	Richard Thé	Tracy Stearns
Brad Kear	David Korchin	Jaeho Ko	Kate Fitzgibbon	Michael Bierut	Rick Bacher	Travis Barteaux
Brady Vest	David Milch	Jaime Schwartz	Kathleen Hatfield	Michael Cronan	Rob Wallace	Trevor Wade
Brendan deVallance	David Rose	Jamie Koval	Kathleen Koch	Michael Daly	Robbie de Villiers	Tricia Davidson
Brian Collins	David Roth	Jane Randel	Katie Caldwell	Michael Deal	Robbin Phillips	Trish Thompson
Brian Faherty	David Turner	Jane Wentworth	Katie Clark	Michael Donovan	Robin Goffman	Victoria Jones
Brian Fingeret	Davis Masten	Janette Krauss	Katie Wharton	Michael Flanagan	Rodney Abbot	Vince Voron
Brian Jacobson	Dayton Henderson	Janice Fudyma	Kazunori Nozawa	Michael Graves	Rodrigo Bastida	Virginia Miller
Brian Resnik	Dean Crutchfield	Jason Orne	Keith Helmetag	Michael Grillo	Rodrigo Galindo	Wandy Cavalheiro
Brian Tierney	Debbie Millman	Jay Coen Gilbert	Keith Yamashita	Michael Hirschhorn	Roger Whitehouse	Wesley Chung
Brian Walker	Deborah Perloe	Jay Ehret	Kelly Dunning	Michael Johnson	Ronnie Lipton	Will Burke
Bridget Duffy	Delphine Hirasuna	Jaya Ibrahim	Ken Carbone	Michael O'Neill	Rose Linke	Woody Pirtle
Bridget Russo	Denise Sabet	Jaye Peterson	Ken Pasternak	Michal Levy	Rosemary Ellis	Yves Behar

I LOVE YOU ELON MUSK

vii

目录

本书是一本快速参考指南。所有的主题都以整版（或两版）广告图片的形式来组织内容，以便读者可以在浮躁而又快节奏的商业生活中轻松阅读。你只需要投入充足的阅读渴望和热情即可。

vi 前言
x 序言

1 基础

第一部分介绍了启动品牌建设过程涉及的基本概念，并为整个设计团队创建了统一的设计语言。

品牌基础知识

2 概述
4 品牌识别
6 品牌化
8 品牌监管
10 品牌战略
12 投资的理由
14 利益相关者
16 文化
18 消费者体验
20 跨文化
22 品牌架构
24 象征符号
26 品牌名称
28 品牌口号
30 坚持自身的品牌策略
32 大创意

品牌理念

34 概述
36 愿景
38 意义
40 真实性
42 一致性
44 灵活性
46 承诺
48 价值
50 差异化
52 可持续性

品牌标识

54 概述
56 文字标识
58 字母标识
60 图形标识
62 抽象标识
64 象征符号
66 动态标识
68 形象标识

品牌驱动力

70 发展趋势
72 创造差异性
74 大数据分析
76 社交媒体
78 移动设备
80 移动应用程序
82 自有品牌
84 品牌授权
86 品牌认证
88 危机沟通
90 个人品牌化
92 中国市场

品牌化前后对比

94 品牌标识重新设计
100 品牌包装重新设计

2 过程

第二部分介绍了一个通用过程，无论项目的范围和性质如何都需要经历这个过程。本节将回答"为什么需要花费这么长时间？"这个问题。

准备阶段

- 104 概述
- 106 过程管理
- 108 品牌方案
- 110 衡量成功
- 112 合作
- 114 决策
- 116 知识产权
- 118 设计管理

阶段1 进行研究

- 120 概述
- 122 洞察力
- 124 市场调查
- 126 可用性测试
- 128 营销审计
- 130 竞争性审计
- 132 语言审计
- 134 审计报告

阶段2 明确战略

- 136 概述
- 138 精准聚焦
- 140 定位
- 142 品牌简介
- 144 品牌命名
- 146 品牌重命名

阶段3 品牌识别设计

- 148 概述
- 150 品牌识别系统设计
- 152 外观与感觉
- 154 颜色
- 156 更多颜色
- 158 排印
- 160 声音
- 162 应用测试
- 164 演示

阶段4 创建接触点

- 166 概述
- 168 内容策略
- 170 网站
- 172 宣传品
- 174 名片信笺
- 176 标牌
- 178 产品设计
- 180 包装
- 182 广告
- 184 环境
- 186 交通工具
- 188 制服
- 190 赠品

阶段5 管理资产

- 192 概述
- 194 改变品牌资产
- 196 启动
- 198 打造冠军品牌
- 200 品牌书籍
- 202 品牌指导方针
- 204 指导方针的内容
- 206 在线品牌中心

3 最佳实践案例

第三部分展示了最佳实践案例。这些项目无论是在本土范围还是在全球其他范围内，不管是对于国有企业还是私营企业，都能激发和展示原创的、有活力的、持久的品牌设计方案。

案例分析

- 210 ACHC
- 212 美国公民自由联盟
- 214 反饥饿行动
- 216 阿达努
- 218 亚马逊
- 220 安思宝
- 222 蜜蜂记
- 224 波士顿咨询公司
- 226 美国童子军
- 228 百威
- 230 塞内公司
- 232 墨尔本
- 234 可口可乐
- 236 鸡尾酒战胜癌症
- 238 库尔斯淡啤
- 240 库珀·休伊特，史密森尼设计博物馆
- 242 瑞士信贷
- 244 德勤
- 246 海沃氏的弗恩椅
- 248 弗雷德·哈奇
- 250 全球洗手日
- 252 IBM公司的100个进步图标
- 254 IBM公司的沃森超级计算机
- 256 沙特电信公司研发的Jawwy
- 258 笑牛
- 260 领英中国
- 262 麦克卡车
- 264 万事达信用卡
- 266 谋智
- 268 费城壁画艺术
- 270 NIZUC度假酒店
- 272 NO MORE
- 274 俄亥俄州和伊利运河
- 276 秘鲁
- 278 费城艺术博物馆
- 280 必能宝公司
- 282 太平洋邻里协会
- 284 石英
- 286 （RED）
- 288 RideKC有轨电车
- 290 巴西桑托斯
- 292 新诺拉
- 294 史密森国家航空航天博物馆
- 296 社会安全管理局
- 298 西南航空
- 300 光谱健康系统
- 302 星巴克
- 304 悉尼歌剧院
- 306 Unstuck
- 308 伏林航空

- 310 参考文献
- 312 诚挚感谢

ix

序言

《企业形象CI设计全书》重塑了营销教科书这一概念,揭示了品牌化过程,并阐述了经验丰富的从业人员使用的一系列设计工具和技巧。自2003年第一版出版以来,艾丽娜·惠勒的书就已成为一种为品牌团队提供通用语言的独特资源。

本书揭示了策略与设计之间的关系,展示了来自全球各大国营与私营企业比较引人注目的最佳设计案例。

不出意料,这本书很受读者的欢迎,14年来已经更新到了第五个版本,并被翻译成七种语言。它在读者中引起了深刻的共鸣,并且明确地阐释了品牌识别设计是如何融入智慧、创造力、想象力和情感的,而这是与其他商业规则所不同的。

本书已成为设计师、品牌咨询公司、计算机专家以及他们的客户的可靠资源和指导方针。很少有书能够同时用于市场营销领域和创意领域。本书完成了这个壮举,教育和鼓舞整个品牌团队,而不是某一个成员的具体角色。它的读者范围不仅仅包括职场专业人士,它是全球设计和商业计划的教科书。

总之,我认为本书比现阶段的其他任何一本书都更能说明品牌的奥秘和意义。

你现在阅读的是本书的第五版。每一版的内容都极大地改变了品牌识别的技术、行为以及人们对品牌角色的认知理解,作者惠勒对此有巨大的贡献。

—— 黛比·米尔曼(Debbie Millman)

设计是可见的智慧。

—— 劳·丹齐格(Lou Danziger)

黛比·米尔曼是纽约视觉艺术学院品牌设计硕士项目的负责人和共同创始人,培养了新一代品牌领导者。作为"设计事宜"播客节目的主持人,她采访了300多位设计名人和文化评论家。1995年到2016年,她在斯特林品牌公司(Sterling Brands)担任设计部部长,其间曾参与设计过200多个品牌。

为了纪念这个新版本的诞生，我有幸与作者本人探讨了这次出版的起源和意图。

为什么需要这个新版本呢？
我想揭下品牌的神秘面纱，解构品牌化设计过程，并为设计团队提供可信任和能取得显著成果的工具。虽然现在有很多出色的品牌战略书籍和许多鼓舞人心的设计书籍，但是这些书都没有涉及振兴品牌的规范流程。我遇到过很多聪明的领导者，他们渴望了解品牌化的基本原理和随之而来的益处，他们也想知道好的设计为什么会成为企业成功的必要条件。

自第一版出版以来，你看到了什么变化？
这本书强调了我们在品牌化过程中经历了什么。第一版没有涉及应用程序和社交媒体。要在激烈的竞争中脱颖而出变得越来越难。品牌表达已经在所有数字平台上爆发了。内容营销已成为核心竞争力，算法正大规模向我们袭来。在新一代有头脑的领导者的推动下，我看到大大小小的国营和私营企业，不管是营利性的还是非营利性的，它们相继推出了最佳实践方案。

你已经在本书中规划了一个严谨的流程。这一流程是如何在本书的各个版本中演变的？
振兴品牌的五个阶段仍然是基础。实践证明它们确实有用。来自世界各地的读者分享了他们公司通过遵循这一流程所取得的成功。读者的反馈丰富了每个版本的内容，并增加了重要的国际视角。

我发现一些CEO并不懂好的设计是什么，这一点令我很震惊。你认为他们没有意识到设计的力量的原因是什么？
我并不感到震惊。就算我抬起兰博基尼的机罩往里看，我也不会知道这是一个高性能的发动机。如果从来没有人分享过最佳实践或案例研究，CEO怎么会知道设计的力量呢？有大量的营销案例研究甚至都没有出现"设计"这个词。我的目标一直是突出战略和设计之间强大的协同作用。

自第一版以来，你有什么变化？
我和客户之间有了更多共鸣。改变任何事情都需要很大的勇气。这是因为，某件事是正确的并不意味着这是一件容易的事情。

你为什么觉得改变很难实现？
原因完全在于人。让从事这行的人做出改变是很难的，总会遇到阻力。但我很乐观：员工的参与度正在提升。品牌化过程中的一个关键部分是预先花点时间建立信任并确定品牌战略，然后再转向设计战略。人们需要更多的参与，更少的说教。

你对于公司在启动品牌振兴方面有什么建议吗？
需要按照一个严谨有序的过程来进行。保持以客户为中心并遵循流程，吸引你的员工参与进来，与客户建立情感联系和长期的关系。抓住每一个机会，放大你的独特之处，保持创新、原创、充满活力，成为不可替代的品牌。在面对如过山车一般不间断的变化时要保持冷静，继续前进。

你希望读者从第五版中收获什么？
希望他们能够利用洞察力、勇气和工具，以正确的理由做正确的事情。而我最希望让读者有信心塑造未来品牌。

理解我。

让我的生活有所改变。

经常让我感到惊喜。

收获要大于付出。

让我感受到你的爱。

—— 艾伦·雅各布森（Alan Jacobson）
it设计公司前总裁
J2设计公司联合创始人

1 基础

第一部分阐述了品牌与品牌识别之间的不同之处，以及如何将品牌识别设计得最好。不要因急于赶新项目而罔顾基本原则。要为整个品牌团队建立一套统一的品牌语言。

品牌基础知识

2 概述
4 品牌识别
6 品牌化
8 品牌监管
10 品牌战略
12 投资的理由
14 利益相关者
16 文化
18 消费者体验
20 跨文化
22 品牌架构
24 象征符号
26 品牌名称
28 品牌口号
30 坚持自身的品牌策略
32 大创意

品牌理念

34 概述
36 愿景
38 意义
40 真实性
42 一致性
44 灵活性
46 承诺
48 价值
50 差异化
52 可持续性

品牌标识

54 概述
56 文字标识
58 字母标识
60 图形标识
62 抽象标识
64 象征符号
66 动态标识
68 形象标识

品牌驱动力

70 发展趋势
72 创造差异性
74 大数据分析
76 社交媒体
78 移动设备
80 移动应用程序
82 自有品牌
84 品牌授权
86 品牌认证
88 危机沟通
90 个人品牌化
92 中国市场

品牌前后对比

94 品牌标识重新设计
100 品牌包装重新设计

品牌基础知识

概述

市场竞争为消费者创造了无限的选择，企业开始寻找与客户建立情感联系的方式，从而成为对消费者来说不可替代的品牌，并与之建立长久联系。强大的品牌能够在竞争激烈的市场中脱颖而出。人们爱上品牌，信任品牌以及它们所具有的优势。品牌被感知的方式决定了它是否能够成功——无论是对创业公司、非营利组织来说还是对产品来说都是如此。

你是谁？你希望谁来了解自己？这些人如何发现你？为什么他们会关注你？

现在很多品牌经常出现在公司的资产负债表上。品牌的无形价值往往远大于公司的有形资产。

——沃利·奥林斯，《品牌手册》(*The Brand Book*)

品牌具有如下三个基本功能 *

导航
品牌帮助消费者从众多选择中做出决定。

保证
品牌传达出了产品或服务的内在品质，并向消费者保证他们做出了正确的选择。

参与
品牌使用独特的图片、语言和联想，使消费者能够识别出自己。

*大卫·黑格 (David Haigh)，金融品牌 (Brand Finance) CEO

目前品牌已经成为企业实现全球化的关键。

——《品牌地图》(*Brand Atlas*)

虚拟的
全球的
本国的
本土的
个人的

品牌识别

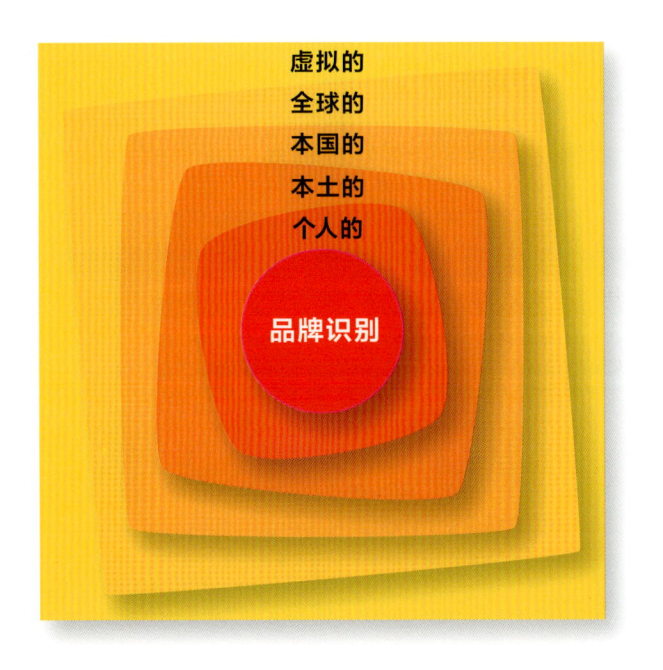

如今，企业的生命力取决于自身的品牌的强大程度，没有别的东西可以为企业领导者提供如此巨大的潜力。

——吉姆·斯登戈尔（Jim Stengel）《成长：世界上最伟大的公司如何获取并增加利润》（*Grow: How Ideals Power Growth and Profit at the World's Greatest Companies*）

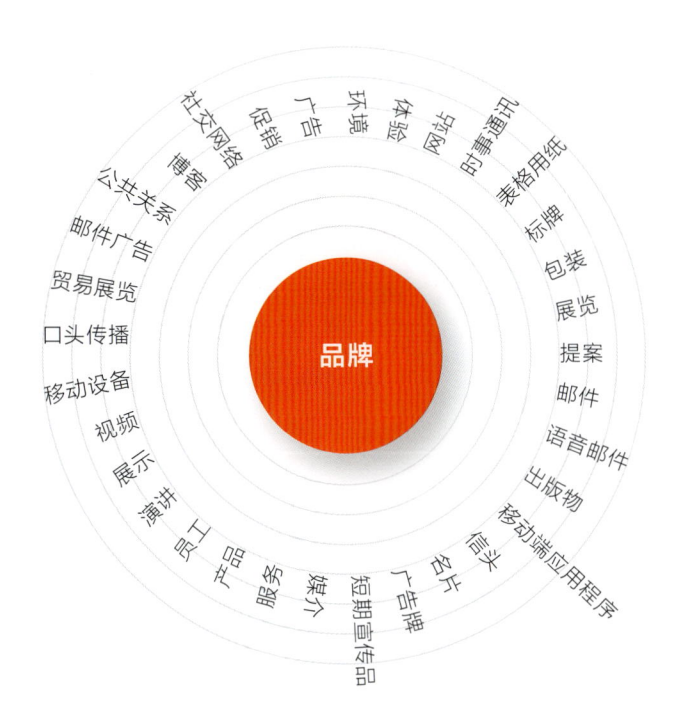

品牌接触点

每一个接触点都是提高消费者品牌意识和对品牌忠诚度的机会。

品牌

社交网络 促销 广告 环境 体验 网站 时事通讯 表格用纸 标牌 包装 展览 提案 邮件 语音邮件 出版物 移动端应用程序 信头 名片 广告牌 短期宣传品 媒介 服务 产品 员工 示范 展示 视频 移动设备 口头传播 贸易展览 邮件广告 公关关系 博客

3

品牌识别

品牌识别是有形的，能够吸引人的感官。你可以触摸它，握住它，听到它，看它移动。品牌识别能够加速消费者对品牌的认知，放大差异，使伟大的想法和意义变得容易理解。

> 卓越的品牌就像朋友一样——你每天会遇到很多朋友，但你只会记住你爱的那些。
>
> ——卢茨·斯佩瑟（Luc Speisser），朗涛品牌咨询公司（Landor）总经理

设计能够区分和体现无形的东西——情感、情境和本质——这对于消费者来说是最重要的。

——莫伊拉·卡伦（Moira Cullen）
百事公司（PepsiCo）、全球饮料设计（Global Beverage Design）副总裁

劳拉·津德尔艺术彩绘陶瓷（Laura Zindel）

塔吉特公司（Target）

贝弗尔剃须系统（Bevel Shave System）

在苹果手表上进行7分钟锻炼

库珀·休伊特（Cooper Hewitt），史密森设计博物馆（Smithsonian Design Museum）

麦当劳（McDonald's）

维他命水（Vitaminwater）

必能宝公司（Pitney Bowes）

戴尔·卡耐基（Dale Carnegie）

万事达信用卡（Mastercard）

墨尔本

品牌化

品牌化是用于形成品牌意识，吸引新客户，并提高客户忠诚度的一个严谨的过程。如果想让一个品牌成为对消费者来说不可替代的存在，这个品牌就需要追求卓越。要取得成功，品牌建设者需要坚守基本原则，冷静对待不断变化的情况，把握每一个品牌选择的机会。

品牌化的类型

联合品牌化
与其他品牌合作来实现目标。

数字品牌化
网络，社交媒体，搜索引擎优化，驱动电商产业发展。

个人品牌化
个人建立品牌的方式。

事业品牌化
将一个品牌与慈善事业联系起来，或者与社会责任联系起来。

国家品牌化
努力吸引游客和商业合作。

> 品牌是一种有意的区分。
> ——黛比·米尔曼

> 我们继续在我们的核心优势方面进行投资。第一，我们会不吝于理解消费者。第二是创新……第三是品牌化……我们正向消费者传递更多的信息。
> ——A.G.拉弗雷（A.G.Lafley），宝洁公司CEO，2009年《商业周刊》（Business Week）

> 若想做出改变，情感品牌化是一种涉及人类学、想象力、感官体验并富有远见的方法。
> ——马克·戈比（Marc Gobé）《情感品牌化》（Emotional Branding）

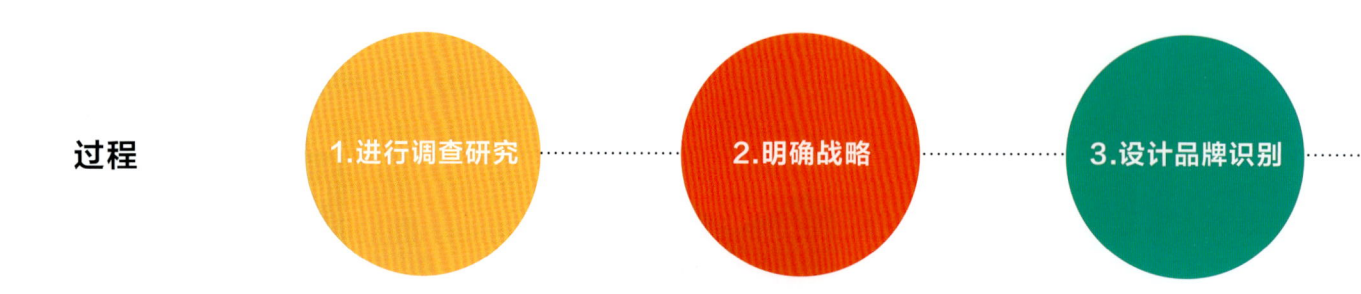

过程

1. 进行调查研究 ...... 2. 明确战略 ...... 3. 设计品牌识别

何时开始设计过程

新的公司，新的产品

我正在开始一项新业务。

我需要一张名片和一个网站。

我们开发了一种新产品，它需要一个名称和一个标识。

我们需要筹集数百万美元。这项活动需要拥有一个标识。

我们的新产品在秋季上市。

即使我们还没有拥有第一个客户，但也需要筹集风险投资。

名称变化

我们的名字不再适合我们和我们所在的行业。

由于商标冲突，我们需要改名。

我们的名字在新开拓的市场中具有消极的内涵。

我们的名字会误导顾客。

我们与其他公司合并了。

我们需要一个适应中国市场的新名字。

重振品牌

我们想要重新定位和重新塑造全球化品牌。

我们需要更清楚地传达出我们是谁。

我们走向全球——我们需要进入新的市场。

没有人知道我们是谁。

我们的股票贬值了。

我们要吸引一个新的、更富裕的市场。

重振品牌形象

我们是创新者。我们走在时代前沿。

我们希望我们的客户拥有一种绝佳的移动体验。

我们的品牌形象并不能与我们的竞争对手并肩。

我们有80个部门和不一致的命名体系。

当我向别人递出我的名片时，我感到很尴尬。

世界上的每个人都能认出我们的图标，但需要承认的一点是——它需要从外观上进行改善。

我们喜欢我们的象征标识——它为我们的市场所熟知。问题是你看不懂我们的标识。

创建一个整合系统

我们在面对我们的客户时没有始终呈现出一致的面孔。

我们需要一个新的品牌架构来处理并购的问题。

我们的包装没有特色。

我们的竞争对手的品牌识别看起来比我们好，而且他们的销售额也在增长。

我们的营销看起来像是来自不同的公司。

我们需要看起来强大，并向外界传达出我们是一家全球性公司。

进行营销活动时，每个部门都只做自己的事，这是低效的、令人沮丧的，并且不能获得成本效益。每个人都在白费力气做重复的工作。

当公司合并时

我们希望向利益相关者传达一个明确的信息，即这是一个平等的合并。

我们要传达的是1+1=4。

我们要建立在合并公司的品牌资产基础上。

我们需要向世界发出一个强烈的信号，即我们是新的行业领导者。

我们需要一个新的名字。

我们如何评估被收购的品牌并将其融入我们的品牌架构？

两个行业领导者正在进行合并，我们如何管理我们新的品牌识别？

4.创造接触点

5.管理资产

品牌监管

品牌管理需要战略、规划和编排。这个过程首先需要深思熟虑以及共同理解核心目标、品牌基础以及发展品牌资产的必要性。我们可以寻找新的方式来取悦客户，吸引员工，并展现品牌的竞争优势。

> 一个强大的品牌使我们在内部紧密相连，在外部与众不同。
> ——布莱恩·雷斯尼克（Brian Resnick），德勤公司（Deloitte）全球品牌与传播服务部门主管

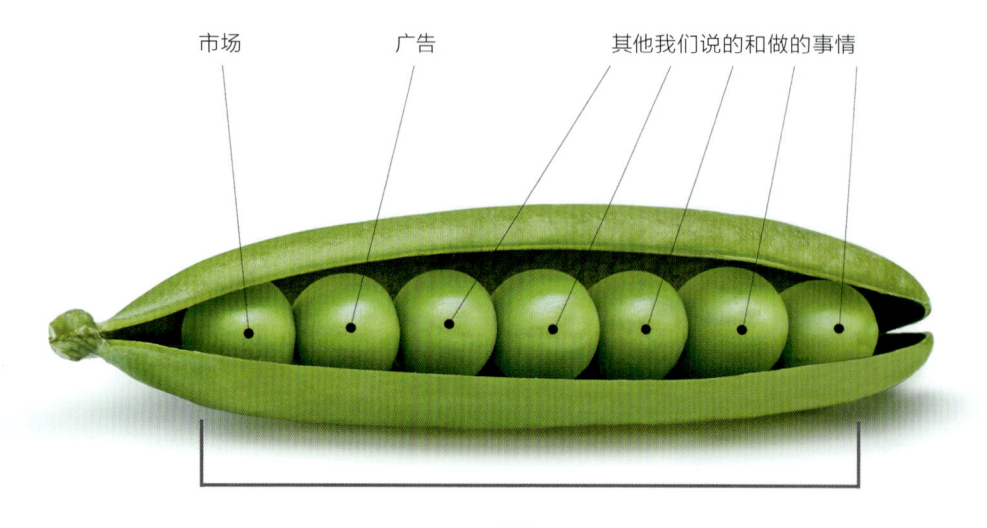

我们致力于使我们的品牌每天富有生命力，并确保其持续成长。

——梅丽莎·亨德里克斯（Melissa Hendricks）塞内公司（Cerner）市场战略副总裁

市场　　广告　　其他我们说的和做的事情

品牌化

> 光谱健康公司的每个员工、设计顾问、代理商和供应商都会收到一份"一个系统，一个焦点，一个品牌，"的文件，这是他们的"品牌圣经"，这份文件总结了组织的愿景、属性和品牌构成。
> ——巴特·克罗斯比（Bart Crosby），克罗斯比公司总裁

光谱健康项目（Spectrum Health）图：由克罗斯比公司（Crosby Associates）提供

品牌管理原则

由加布里埃尔·科恩（Gabriel Cohen，蒙尼格公司首席营销官）提出并开发

人事

解释为什么品牌是重要的，而不是告诉人们该做什么。

考虑授权，而不是执行。

让你的同事很容易接触品牌。

通过讲习班、视频、培训模块、品牌论坛和自助服务内容来引导你的内部员工。

过程

保证流程的灵活性、迅捷性并能及时应对变化。品牌化已经变得数字化、社交化和以经验为基础。

在创意素材审核流程的早期就参与进去，而不是在后端扮演服从的角色。

定期展示最佳实践案例并建立一个灵感素材库。

并非所有品牌元素都具有同等重要性。通过神圣化的、解释性的和可定制的方法来组织这些元素。

工具

创建一个品牌形象大使计划，涵盖有联系的关键人物。

创建一个用户友好的在线品牌中心，将品牌资产整合到一个地方。简化请求并获取数据。

为不同的用户组（内部和外部）量身定制品牌指南和内容。

> 品牌监管是行为、沟通、设计、法律规范、流程和评估的管理互动，在整个企业中推动品牌作用的发挥。
>
> ——汉普顿·布莱德威尔（Hampton Bridwell），Tenet Partners公司的CEO和管理合伙人

品牌监管是如何发展演化的

从：

集中指挥和控制

在最后阶段审查批准

呆板

静态PDF准则

一般的、适合所有情况的方法

到：

教育，授权和自助服务

整个过程中的战略伙伴

协作和迭代

动态，不断发展的应用程序

为不同的用户组定制内容

品牌化和市场化之间的不同之处

由火柴人（Matchstic）提出

品牌化

品牌化是要探究原因的。

品牌化是长期的。

品牌化是宏观的。

品牌化定义产品的发展轨迹。

品牌化是消费者购买产品的原因。

品牌化能够建立忠诚。

品牌化是一种存在。

市场化

营销是关于如何实施行动的。

营销是短期的。

营销是微观的。

营销定义策略。

营销是消费者第一次购买的原因。

营销产生回应。

营销是一种行动。

品牌战略

有效的品牌战略提供了一个核心的、统一的理念，企业所有的行为都围绕着这个理念。它贯穿产品和服务，且其效用不随时间的推移而消逝。最佳的品牌战略与众不同并且强大，能够扭转竞争局面。无论你是CEO还是员工，品牌战略都是一个要关注的话题。

品牌战略建立在同一个愿景之上，与公司的商业战略保持一致，从公司的价值观和文化中诞生，反映出公司对客户需求和感知的深入理解。品牌战略定义了产品的定位、与同类产品的差异、竞争优势和独特的价值主张。

品牌战略需要与所有利益相关者——外部客户、媒体和内部客户（例如员工、董事会、核心供应商）产生共鸣。品牌战略是指导营销的路线图，帮助销售人员提升销量，为员工提供清晰感和灵感，并帮助他们融入产品情境。

成功振兴品牌的因素：受到人们——消费者——的启发；冒险——体现在你的品牌战略中；大胆——真正有所作为。

——马里奥·巴斯蒂达（Mario Bastida），Grupo Imagen公司市场营销与传播总监

我们作为品牌战略师的工作是找到一个品牌所具有的最高、最持久的价值。

——桑蒂尼·曼斯瑞（Shantini Munthree），
联合营销集团公司（The Union Marketing Group）管理合伙人

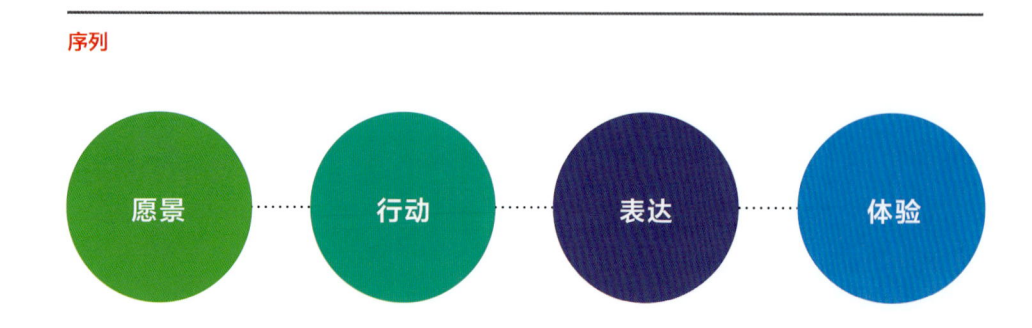

序列

愿景 ······ 行动 ······ 表达 ······ 体验

谁在开发品牌战略？

开发品牌战略的通常是一群人，没有人能够独自承担这项工作。品牌战略是领导团队之间长期对话的结果，在开发过程中必须始终关注客户。全球化的公司通常会聘请品牌战略师：他们是独立的思考者和权威，负责战略营销和品牌咨询。公司通常需要一位拥有经验和创造力的战略性思想家来帮助其阐述已经存在的东西。

有时候，品牌战略诞生于一个有远见的公司成立之初，比如史蒂夫·乔布斯（Steve Jobs）、伊隆·马斯克（Elon Musk）、奥普拉·温弗瑞（Oprah Winfrey）或者杰夫·贝索斯（Jeff Bezos）。有时公司需要一个有远见的团队来重新定义品牌战略。有了明确的品牌战略，公司通常能存活并繁荣起来。同样地，公司也会因缺乏明确的品牌战略而不稳固。

> 品牌战略的核心是我们致力于通过始终如一地在我们的营销和商店中提供融合了创新、设计和价值的产品来满足消费者的需求。这是我们"期待更多，花费更少"的品牌承诺的精髓。
>
> —— 鲍勃·乌里奇（Bob Ulrich），1987—2009年在塔吉特公司担任总裁和CEO

塔吉特公司的品牌承诺可以总结为："期待更多，花费更少。"塔吉特公司长期以来通过创新、设计和价值的结合，形成了与沃尔玛（Walmart）和好市多（Costco）等大众折扣经销商的不同之处。其高规格的设计合作伙伴和非传统的广告吸引了年轻、追求潮流的消费群体。2016年，塔吉特公司开设了一批规模较小的商店来吸引城市居民、上班族和游客。塔吉特公司也与麻省理工学院的媒体实验室（Media Lab）和IDEO合作探索未来食品的发展，以便让人们更好地控制自己的饮食，并帮助他们变得更健康。

投资的理由

最好的品牌识别设计方案能够通过支持自身所期望的看法来体现和推动公司的品牌发展。品牌识别在其每一个接触点都被表现出来，并成为公司文化的内在标识，这是其核心价值观及其相关性的一个标志。

品牌是创造渴望，塑造体验和转变需求的强大资产。

——里克·怀斯（Rick Wise）
利平科特公司（Lippincott）的首席执行官

我们不应该将品牌识别设计投资视为营销花费。与企业投资的其他资产一样，精心设计的视觉资产在投资后很长一段时间内能够带来价值，从而在以后的几十年的时间中使品牌从中受益，而且不需要再付出额外的成本。想想我们设计的亚马逊标识。二十年来有数十亿的快递箱完成交付，每一个箱子上都带有亚马逊的标识性微笑。这是一个永远不会过时的创意。它适用于从装箱单到飞机机队等各种场合。

——大卫·特纳（David Turner），特纳·达克沃斯公司（Turner Duckworth）的设计师和创始人

影响

当你影响公司的行为时，你也就影响了品牌所发挥的作用。

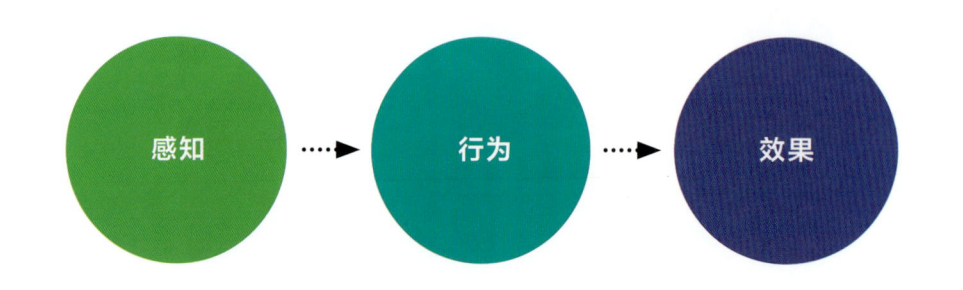

感知 ⋯⋯▶ 行为 ⋯⋯▶ 效果

品牌战略的重要性和品牌建设的成本应该被放在一个组织和各个职能部门的最高层面来理解——它不仅仅关于销售和市场营销，而且还包括法律、财务、运营和人力资源。

——萨利·哈德逊（Sally Hudson），营销顾问

如果你觉得优秀的品牌设计花费太高，那么你应该思考一下差的设计所付出的代价。

—— 拉尔夫·施佩斯（Ralf Speth）博士，捷豹路虎（Jaguar Land Rover）公司的CEO

在竞争激烈的市场中，对于员工、客户、合作伙伴和投资者来说，推动利润上升和企业发展，并使企业能够脱颖而出的因素是——品牌。

—— 吉姆·斯登戈尔《成长：世界上最伟大的公司如何实现增长和获取利润》

投资品牌及设计的理由

使消费者的购物变得简单

有竞争力的品牌不论推广给何种公司，推广规模如何以及在何种地方进行推广，都能够呈现出立即可识别的、独特的专业形象，为自身的成功奠定基础。品牌识别有助于管理外界对公司的看法，并使其在与对手的竞争中脱颖而出。品牌识别作为一个智能系统，表达了对客户的尊重，并使其易于理解产品的功能和优点。新的产品设计或更好的环境可以使顾客感到满意，并塑造他们对产品的忠诚度。一个有效的品牌识别涵盖了诸如易于记忆的名称或独特的包装设计等元素。

使销售人员的销售变得简单

无论是在全球集团中向董事会传达新愿景的首席执行官或首次投身风险投资公司的企业家，还是创造投资产品需求的财务顾问，每个人都在进行营销。无论是筹款还是招募新的志愿者，非营利组织也都在不断地进行营销。战略性的品牌识别能够在不同的受众和文化中发挥作用，从而建立起消费者对公司及其优势的认识和理解。通过展现设计的智慧，有效的品牌识别旨在传达公司独特的价值主张。通过在各种媒体渠道一致的沟通与传达，品牌向消费者发出关于公司核心聚焦点的强烈信号。

使建立品牌资产变得简单

所有上市公司的目标都是为了增加股票的价值。品牌或公司的声誉被认为是最有价值的公司资产之一。小公司和非营利组织也需要建立品牌资产。它们在未来能否取得成功取决于其能否树立公众意识，维护自己的声誉以及价值。品牌资产是通过提高消费者对品牌的认知度、意识和忠诚度建立起来的，这反过来也有助于使公司取得更大的成功。抓住每一个机会来传达公司的品牌价值以及品牌立场，只有这样公司管理者心里才能踏实，因为他们正在积累宝贵的公司资产。

进行品牌化需要做到

承认我们生活在一个品牌化的世界。

抓住每一个能够使公司在消费者脑海中留下印象的机会。

一遍又一遍地传达强大的品牌理念。

不仅仅是宣称品牌的竞争优势，展示它！

了解客户。将品牌建立在他们的看法、喜好、梦想、价值观和生活方式上。

确定品牌接触点——这是消费者与产品或服务进行互动的地方。

创造"感应磁铁"，吸引和留住消费者。

利益相关者

要想抓住每一个建立优秀品牌的机会,需要正确识别出影响企业成功的相关人群。声誉和商誉的传播范围会远远超出品牌的目标客户。员工们的强大力量,使得他们现在被称为"内部顾客"。深入了解利益相关者的特点、行为、需求和看法会产生高回报。

消费者现在正在成为品牌的共同创建者。竞争对手也正在变成合作伙伴。
——卡尔·塞尔曼(Karl Heiselman),沃尔夫奥林斯品牌咨询公司(Wolff Olins)CEO

品牌化不是你说产品是什么,而是它们自己说自己是什么。

——马蒂·纽迈尔(Marty Neumeier)
《品牌鸿沟》(The Brand Gap)

了解来自各方利益相关者的意见和偏见,以确定产品定位并实现有意义的差异化。
——安·威洛比(Ann Willoughby),威洛比设计公司(Willoughby Design)总裁和首席创意官

威洛比公司为他们的品牌工作室设计了一套卡片。一种典型的做法是"找到代表关键的利益相关者的图片,并告诉我们对他们来说什么是最重要的事情"。参与者必须充分理解他们所扮演的角色。

人物角色卡片:
由威洛比设计公司设计

主要利益相关者

随着品牌化进程的展开，对于利益相关者的研究将从定位到品牌信息、发布策略和计划等方面为品牌化提供广泛的设计方案。

- 消费者预期
- 员工 内部消费者
- 政府监管
- 董事会
- 职业协会
- 利益相关投资人
- 行业专家 学术机构
- 品牌
- 投资分析 金融机构
- 供应商
- 媒体
- 广大民众
- 团体组织 志愿者
- 策略应用合伙人
- 竞争对手

X 世代或千禧一代?

市场研究人士使用相同的术语来划分年龄代沟，但是在具体划分范围上并没有达成一致。

世代	出生年代
年长者	1946年之前
婴儿潮时期出生者	1946—1965年
X世代	1966—1980年
千禧一代	1981—1995年
Z世代	1996年至今

Z世代也是多样化的。我15岁的邻居有四分之一的西班牙血统，四分之一的非裔美国血统，四分之一的中国血统以及四分之一的白人血统。这就是Z世代——他们往往是不同种族结合的后代。

——亚历山德拉·列维特（Alexandra Levit），《纽约时报》（The New York Times）

数量达8000万的千禧一代是第一代在数字文化中成长起来的人。千禧一代渴望更多的是一套价值观——渴望自由、知识和创造性的自我表达——而不是炫耀性的消费。

——帕特丽夏·马丁（Patricia Martin），RenGen

文化

员工分享公司文化（价值观、故事、象征和英雄人物）的方式直接影响企业是否能取得长期成功。从内到外打造品牌意味着激励员工接受公司的目标。鼓励个体差异和自由表达的文化更有可能产生吸引顾客的新创意和新产品。

人们对一个组织的信任程度以及对它的基本印象会极大影响该组织的成功。

——小托马斯·沃森（Thomas Watson Jr.），
在1952—1971年曾担任IBM公司总裁和CEO

作为一种战略资产，文化必须像其他有价值的公司资产一样得到精心管理。

——SYPartners

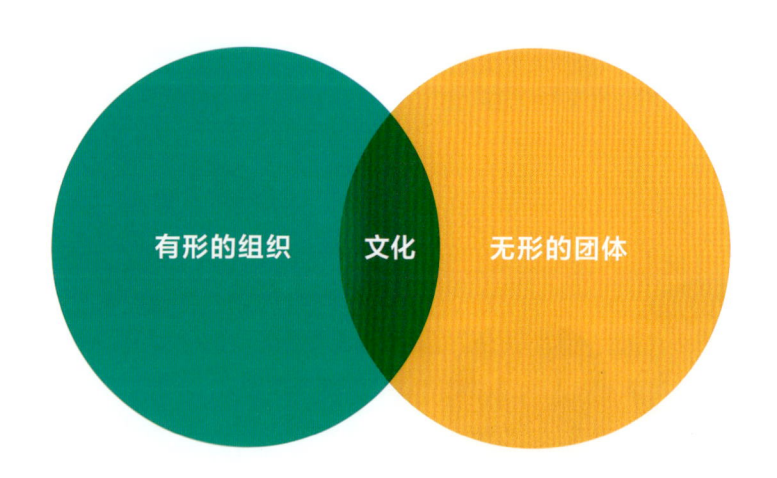

（图：有形的组织 ∩ 文化 ∩ 无形的团体）

有形的组织	无形的团体
分级和命令链	可靠的关系网络
官方价值观和愿景	有经验的价值观和远见
书面规则，政策和程序	不成文的规则和社会规范
商业合同（内部和外部）	非正式合同（内部和外部）
企业责任	社会责任
信息/传播系统	后方渠道以及传言

由汉莱·布莱特（Hanley Brite）提出，他是真实联结公司（Authentic Connections）创始人

强大的品牌文化所具有的关键优势

摘自MOO Live your brand from the inside out（使品牌活力由内而外散发出来）。

增强品牌意识

最成功的品牌会拥有高度热情的员工，他们是世界上规模最大的品牌形象大使，而且比任何广告活动都能提高人们对品牌的认知度。

吸引（并维持）适当的消费群体

具有清晰视野和明确价值观的品牌自然会吸引志同道合的人。员工应该是品牌的真实体现。

使得客户更加满意

顾客会被与他们具有相同价值观的品牌吸引。当员工不能代表这些价值观时，这可能会导致客户不满意，公司内部面临挑战，并最终导致经营失败。

更好的关系

当人们拥有共同的东西，感受到共同的价值观念，并且作为一个更大的团体的一部分时，他们在跨职能团队中进行协作和工作会更容易。

竞争优势

品牌文化是巨大的幕后引擎，每时每刻都在推动品牌的发展。你所雇用的员工可以更清楚地将你与竞争对手区分开来。

提高生产力

许多研究发现，参与其中并乐在其中的员工的工作效率更高，有助于将实现公司目标与员工的内在价值观统一起来。

MOO公司关于如何开展工作有如下几个关键信条：

更简洁、使消费者感到更加愉悦、保持人道主义精神、每一个细节都很重要、将情况设想得更加乐观、共同解决问题

商业

文化

品牌

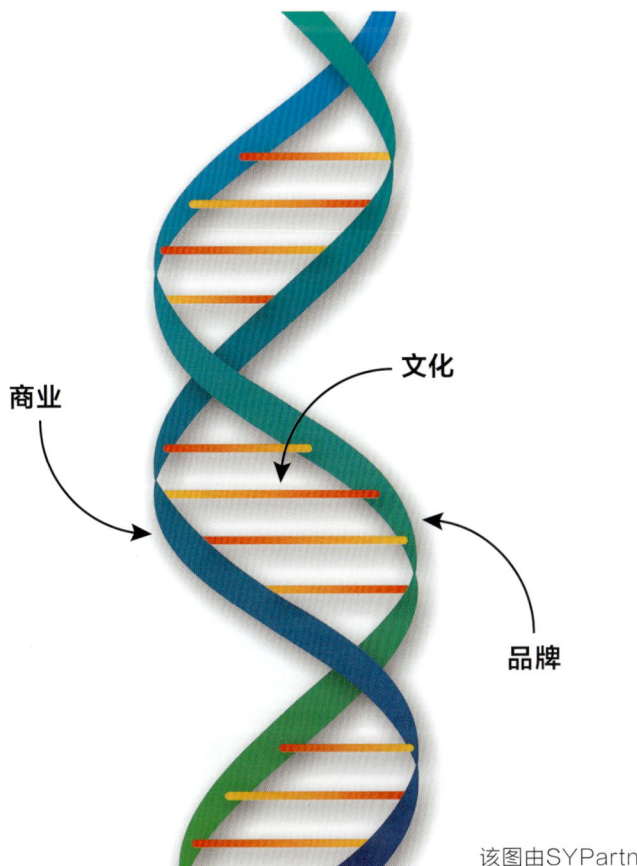

林肯说人品就像一棵树，名声就像它的影子。许多人认为他们的工作是处理影子，而不是注重树的健康。在这个透明并充满民主化媒体的世界里，组织和个人越来越难以过上彼此分立的生活。对于企业品格来说，最好的投资是投资企业文化。

——乔恩·岩田（Jon Iwata），IBM公司市场营销与传播部门高级副总裁

商业和品牌就像两条DNA双螺旋链，而文化则是构成双螺旋链的遗传物质。

该图由SYPartners公司提供

消费者体验

现在全球市场竞争激烈。消费者面临多种多样的选择。品牌建设者需要在考虑销售的同时,利用他们的战略想象力和商业头脑来为消费者提供其他竞争对手无法复制的、独一无二的参与体验。他们需要思考设置进入市场的壁垒。

有吸引力的体验可以吸引新客户,提升客户对品牌的忠诚度。如果品牌真正实现了与其竞争对手的差异化,则可以获得更高收益。每次与客户的互动都必须被视为一个机会。一次难忘的体验能产生积极的作用,并且人们也会乐于与他人分享,而一次不好的体验则会成为破坏品牌的机会。

一位顾客去苹果商店的天才吧(Genius Bar)上课,去美国女孩园地(American Girl Place)喝下午茶,去卫格门(Wegmans)吃晚饭并欣赏非常棒的现场音乐会,然后再去做营销。可能性是无止境的。

> 品牌通过产品和服务创造形成的体验,定义了消费者头脑中的品牌形象。
> ——内森·威廉姆斯(Nathan Williams),沃尔夫奥林斯公司的高级策略师

不要再认为"在线"和"现实生活"是有区别的。我们生活的每个方面都有在线的组成部分。

——安娜莉·内维茨(Annalee Newitz),科技部落格网站(Ars Technica)

> 要想成为一个伟大的零售商,秘诀是坚持核心理念,同时改善消费者体验。
> ——霍华德·舒尔茨(Howard Schultz),星巴克(Starbucks)公司总裁和CEO

> 利用钢笔,访客可以从库珀·休伊特的永久收藏中选择壁纸,或者在大型触屏桌面上设计自己的壁纸,在浸没室(Immersion Room)中看自己设计的壁纸投射在墙上,从地板一直延伸到天花板。
> ——卡罗琳·鲍曼(Caroline Baumann),史密森尼设计博物馆主管

该照片由彼得·阿斯特利(Peter Ascoli)提供

消费者体验的基本要素

摘自由B.约瑟夫·派因（B. Joseph Pine II）和詹姆斯·H.吉尔摩（James H. Gilmore）创作的《体验经济》（*The Experience Economy*）

工作好比戏剧，每一个企业都是一个舞台。

消费体验就是营销。

即使是最平凡的交易也可以变成难忘的经历。

你创造的体验应作为与你的客户互动并创造记忆的独特经济产品。

公司不需要把自己限制在实体领域，而是可以在一系列流动的相关体验中使用虚拟体验。

体验是在日益商品化的世界中创造新的收入和利润的机会。

体验中的每一个元素都必须根据一定的组织原则来设计。

数字化体验的基本原则

由卡蓬·斯莫兰公司（Carbone Smolan Agency）的保罗·皮尔逊（Paul Pierson）提出

数字化不仅仅是指一个网站。要考虑品牌的受众群体使用技术与品牌进行互动的各种场所。

充满人文精神。人们经常使用数字工具来替代人际互动，但是这种体验不应使人感到机械化。

与人交谈。与受众群体进行交谈并倾听他们所说的话，这样能够建立信任。

跟随你的受众群体去任何地方。品牌体验不应局限于特定的场所。

尽量做到真实。".com"应该是你的产品或服务的最真实的代表。

为你的用户解决问题。考虑创建一个工具，而不是发布信息。

> 品牌可以通过仔细考虑消费者的体验过程，观察身体感官体验与引人入胜的数字体验之间的相互作用，从而扩大其参与度，巩固自身正面积极的形象。
>
> —— 保罗·皮尔逊，卡蓬斯莫兰公司管理合伙人

需求
社交媒体
广告
口头传播
网站

承诺
网站
移动端应用程序

预期
邮件
社交媒体

感官体验
尝 接触 听 闻 看
通过消费者驱动社交媒体
移动端应用程序
环境数字化

满意
追随
体验调查

拥护
电子邮件
社交媒体
品牌团体
回头客

● 个人空间　● 品牌空间

该图由卡蓬斯莫兰公司提供

19

跨文化

全球化的发展趋势模糊了不同文化之间的差异,而最好的品牌会注重文化差异。在网络空间,在我们的手机和台式电脑上,地理位置已经变得不那么重要了。文化洞察力对于任何正在建设品牌的人来说都是至关重要的。

品牌的命名、标识设计、形象开发、色彩、关键信息和零售空间要求创意团队注意细微差别的内涵和复杂性。营销历史上有太多公司冒犯了他们所想开拓的市场的故事。设想和刻板印象阻碍了公司建立能够了解顾客和体现其独特性的品牌。

理解一种文化的不同层面,展现出对文化的尊重并使其与品牌建立联系。

——卡洛斯·马丁内斯·昂娜因蒂亚(Carlos Martinez Onaindia),德勤公司全球创意工作室主管

从本地到国家、地区和全球,最好的品牌能够做到每次发展一个客户、创造对话、了解特定客户的需求、超越所有的地理边界。

——古斯塔沃·肯尼斯泽(Gustavo Koniszczer),西班牙未来品牌美国公司(FutureBrand Hispanic America)总经理

德勤是一家通过遍布全球150多个国家的分公司网络提供专业服务的公司。而连接它们最重要的东西,就是品牌。日本的这本杂志封面显示了德勤在尊重全球化文化发展趋势的同时,竭尽全力表达自己。图片风格反映了日式平衡与和谐的理念。杂志采用白色作为主要的颜色,因为在世界其他地方广泛使用的黑色背景在日本被认为是不祥的。

由http://emojione.com网站提供的表情符号

并非每一种文化都有国籍。

汇丰银行（HSBC）广告

文化的层面

由德勤公司的卡洛斯·马丁内斯·昂娜因蒂亚提出

客观变量	主观变量	文化变量
名称	愿望	社会层面
语言	价值观	经济层面
书写	情感	精神层面
象征	幽默感	宗教层面
色彩	期望	智力层面
声音	感受	道德层面

拉丁美洲市场并不是单一的，单色的，或一维的，也绝对不是沉闷的。认真进行调查，然后打开你的眼界、听力和头脑。从相关者开始。

——乔·雷（Joe Ray），埃斯图迪奥公司（Estudio Ray）总裁兼创意总监

基本原则

由罗尼·利普顿（Ronnie Lipton）在《通过文化进行设计》（Designing Across Cultures）中提出

承认文化具有复杂性。"西班牙的""亚洲的"或"中国的"不属于"同一个"市场。

使你的团队融入客户方的文化中。探索认识、价值观、行为和趋势。

确保你的团队包含值得信赖的本土专家。外国人往往看不到微妙的文化差异和趋势。

研究和测试，以避免刻板印象和其他误解。

广泛测试以确保一个国家或地区的不同文化间的品牌联系。

经常测试以保持品牌影响力。计划与一个地区内的团队保持合作关系。

21

品牌架构

品牌架构是公司中品牌的层次结构。母公司、子公司、产品和服务的相互关系应该能反映营销策略。为不同的元素建立具有一致性的口头和视觉顺序，可以帮助公司更有效地发展和进行营销。

当一个公司与其他公司合并，并成立新的公司和开发新的产品时，品牌、命名和营销决策变得非常复杂。决策者会考察营销、成本、时间和法律影响等。

对品牌架构的需求不仅限于财富100强公司或营利性公司。任何处于发展期的公司或机构都需要评估哪种品牌架构的策略将支持自身未来的发展。

字母表（Alphabet）品牌的诞生揭开了谷歌公司激动人心的新篇章。

——拉力·佩奇（Larry Page），
字母表公司CEO

Alphabet

Alphabet的子公司

iGoogle	谷歌日历
谷歌图片	谷歌翻译
谷歌地图	谷歌浏览器
谷歌翻译	安卓
谷歌游戏	YouTube
谷歌地球	谷歌相册管理器
谷歌+	双击公司
谷歌邮件	谷歌移动广告
谷歌文档	谷歌订阅
谷歌快讯	

品牌架构的类型

大多数销售产品或提供服务的大公司都将多种品牌策略相结合。

单一品牌架构

以强大的单一主品牌为特征。消费者根据自己对品牌的忠诚度做出选择。品牌承诺及其角色对消费者来说比品牌特征和优势更重要。品牌扩张时会使用母公司的品牌识别和通用的描述。

谷歌+谷歌地图
联邦快递+联邦快递公司
通用电气公司+通用电气健康服务中心
维珍公司+维珍移动
先锋集团+先锋交易基金

授权的品牌架构

以与母公司的产品或部门之间的营销协同作用为特征。产品或部门拥有明确的市场，并从与母公司间的协同、认可和关联度中受益。

iPad+苹果公司
Polo+拉夫·劳伦集团（Ralph Lauren）
奥利奥+纳贝斯克饼干公司（Nabisco）
海豹突击队（Navy Seals）+美国海军陆战队（US Navy）

多元化品牌架构

以一系列知名消费品牌为特征。母公司的名称对消费者来说可能是不可见的或者是无关紧要的，可能只有投资界才知道其关系。许多母公司开发了一个企业认可系统，即第三产业。

唐（蒙代尔兹）
歌帝梵巧克力（Godiva Chocolatier，耶尔德兹控股）
丽思–卡尔顿（万豪酒店）
好乐门蛋黄酱（联合利华）
斜角（沃克公司）
舒洁纸巾（Kleenex，金佰利公司）
埃尔默（纽威品牌公司）

品牌策略方面的问题

利用母公司的名称有什么好处？

我们的新实体的定位是否要求我们需将其与母公司的名称保持一定距离？

联合品牌会使消费者混淆吗？

既为竞争对手所拥有，我们是否还需要改变品牌名称或将名称建立在现有的股权之上？

我们是否应该确保母公司始终处于次要地位？

我们如何对新收购的公司或产品进行品牌化？

象征符号

易于记忆和快速辨识的视觉识别可以提高品牌的知名度和认知度。视觉识别触发消费者对品牌的感知，并解锁品牌联想。视觉形式比任何其他方式都更能提供有关世界的信息。

通过重复出现，象征符号变得可识别，像塔吉特、苹果和耐克这样的公司实际上已经在全国广告中去掉了公司签名里的商标。颜色变成了助记符——当你看到一个棕色的卡车在你的眼中出现，你就能知道这是一个UPS卡车。

品牌识别设计师通过整合意义和独特的视觉形式来对品牌感知进行管理。

了解视觉感知和认知的顺序为视觉识别设计的决策提供了有价值的见解。

象征符号是人类已知的最快速的交流形式。

——布莱克·多伊奇（Blake Deutsch）

认知的顺序

感知科学考察了个体如何识别和解释感官刺激。大脑首先识别并记住形状。视觉图像可以直接被记住并被认出，而文字则必须将其意义解读出来。

形状

阅读没有必要识别形状，但识别形状是必要的阅读。大脑识别独特的形状，会使人更快地形成记忆。

色彩

色彩在感知顺序中排第二位。色彩可以触发情绪，唤起品牌联想。鲜明的色彩需要慎重选择，不仅要使用它来打造品牌知名度，还要表现出差异化。柯达（Kodak）和蒂芙尼（Tiffany）等公司已经注册了其核心品牌颜色。

内容

大脑需要更多时间来处理语言，因此内容排在形状和颜色后面，位列第三。

品牌命名

我们仅凭品牌名称中的一个字母就将其认出，是不是很神奇？通过高频率的出现，品牌形象能够保留在消费者记忆中或者能使他们回忆出一个独特的形状。这个概念最初是由艺术家和人类学家海蒂·科迪（Heidi Cody）在她的作品"美国字母"（American Alphabet）中提出的。

a. 亚马逊（Amazon）
b. 百威啤酒（Budweiser）
c. 科罗娜（Corona）
d. 迪士尼（Disney）
e. ESPN
f. Facebook
g. 谷歌（Google）
h. H&M
i. IBM
j. 吉露果子冻（Jell-O）
k. 凯洛格（Kellogg's）
l. 来苏水（Lysol）
m. M&M'S 巧克力豆
n. 浓斯派索（Nespresso）
o. 奥利奥（Oreo）
p. 拼趣（Pinterest）
q. Q-棉签（Q-tips）
r. 雷朋（Ray-Ban）
s. 丝芙兰
t. T移动（T-Mobile）
u. 联合利华（Unilever）
v. 维珍移动（Virgin Mobile）
w. 华纳音乐集团（Warner Music Group）
x. X-Box
y. 雅虎（yahoo）
z. 苏黎世保险（Zurich Insurance）

品牌名称

恰当的品牌名称是永恒的，永远有效的，并且容易被人们说出来和记住；它代表着某种东西，并且有利于品牌延伸。它的声音具有节奏。它在电子邮件的文字和标识中看起来很协调。一个精心挑选的名字是一种重要的品牌资产，它能够作为品牌全天候宣传的主力。

品牌名称通过会话、电子邮件、语音邮件、网站、产品、名片和演示文稿等日复一日地被传达出去。公司、产品或服务可能会由于名称不恰当而沟通不畅或者因为人们难以发音或记住这些信息而阻碍营销活动。不恰当的名称会使公司承担不必要的法律风险或缩减市场份额。找到合法可用的名称是一个巨大的挑战。品牌命名需要创造性的、有规则的战略方法。

> 讲述你新的品牌名称背后的故事，这将会成为你品牌的记忆点。
>
> ——霍华德·菲什（Howard Fish），
> 菲什联合公司（Fish Partners）的品牌策略师

> 恰当的品牌名称能够捕捉想象力，并与你想要接触的人建立联系。
>
> ——丹尼·奥尔特曼（Danny Altman），一百只猴子（A Hundred Monkeys）的创始人和创意总监

品牌命名的神话

为公司确定名称很容易，就像给一个新生儿取名一样

命名是一个严格而详尽的过程。在找到一个合法、可用的名称之前，人们通常会查看数百个名称。

当我听到某个品牌名称时，我就会了解产品

人们经常表示，他们在听到品牌名字之后就可以做出决定。事实上，好名字是一种策略，需要检查、测试、销售和证明。

我们自己进行研究

必须运用各种周到的技术来分析名称的有效性，以确保名称在其所服务的市场中具有积极意义。

我们无法承担测试品牌名称的成本

知识产权律师需要进行广泛的调研，以确保没有相互冲突的名字，并记录相似的名字。品牌名称是需要持续使用的，这是个巨大的风险。

> 命名一个流程、一个服务或者一种新的服务功能就可以创建一种有价值的资产，从而增加品牌的商业价值。
>
> ——吉姆·比泰托（Jim Bitetto），库西·图坦健&比特托电脑公司（Keusey Tutunjian & Bitetto）的合伙人

26

一个恰当的品牌名称有可能进行自我宣传，提升品牌的口碑、声誉，并增加消费者向他人推荐品牌的次数和相关的新闻报道。

——利萨·莱德尔（Lissa Reidel），品牌顾问

一个有效的品牌名称所具有的特质

有意义

品牌名称能够传达出某些关于品牌本质的东西。它也支持公司想要传达出的一些意向。

模块化

它使公司能够轻松地构建品牌延伸。

独特性

品牌名称是独一无二并且易于记忆、发音和拼写的。它将品牌与其竞争对手区别开来，并且还很容易在社交网络上被分享。

受保护的

品牌名称为某个公司拥有，并且可以注册商标，还会有一个可供使用的域名。

未来导向性

它为公司的发展、变化和成功进行定位。它具有可持续性，保留了未来发展的可能性。它有很大的发展空间。

积极的

品牌名称在其出现的市场中具有积极的内涵，而没有消极内涵。

可视的

它必须非常适合在标识、文本和品牌架构中进行图形演示。

Zoom作为PBC的一档节目，其名字具有很大的发展空间。

Zoom的品牌延伸包括：
Zoomers
Zoomerang
ZoomNooz
Zoomzones
Zoomphenom
CafeZoom
ZoomNoodle

物以类聚：
推特（Twitter）
发推特（Tweet）
推特用户（Twittersphere）
转发推特（Retweet）

品牌名称的类型

创始人

很多公司将其创始人的名字作为品牌的名称，如福特（Ford）、麦当劳、克里斯提·鲁布托（Christian Louboutin）、本·杰瑞（Ben & Jerry's）、汤丽·伯琦（Tory Burch）。

这样公司在保护自身品牌名称时会容易些。它满足了品牌的自我需求。但缺点是它与一个真实的人名密不可分。

描述性

这些名字传达了企业的性质。一些典型的例子包括默契网（Match.com）、玩具反斗城（Toys "R" Us）、皮托（Petco）、E * TRADE、印象笔记（Evernote）、族谱网站（Ancestry.com）和花旗银行。一个描述性的名字的好处是它清楚地传达了公司的意图。其潜在的缺点是，随着公司的发展和多元化，这个名字传达的意义可能会变得有局限性。

构造的

像拼趣、柯达或达能公司的Activia这样的组合品牌名称是独特的，更容易保护版权。但是，公司必须投入大量的资金来向市场传达自身商业、服务或产品的本质。哈根达斯（Häagen-Dazs）是一个编造出来的外国品牌名字，但在消费者市场上非常有效。

比喻手法

事物、地点、人物、动物、流程、神话名字或外来词也可用来表达公司的特点。耐克（Nike）、巴塔哥尼亚（Patagonia）、Monocle杂志、石英（Quartz）、特斯拉（Tesla）、康佳（Kanga）、亚马逊（Amazon.com）、哈勃（Hubble）和葫芦网（Hulu）都是很好的例子。

首字母缩写

这些名字难以记忆，也难以保护版权。美国国际商业机器公司（IBM）和通用电气公司（GE）在明确公司名字的全拼之后才开始打开知名度。首字母缩略词很难学，需要大量的广告投入。美国汽车协会（USAA）、美国退休者协会（AARP）、唐娜·凯伦（DKNY）、美国有线电视新闻网络（CNN）和纽约现代艺术博物馆（MoMA）都是很好的例子。

神奇的拼写

某些品牌会选择改变单词的拼写以创造一个独特的、受保护的名称，如网络相册（Flickr）、微博客（Tumblr）、网飞公司（Netflix）和谷歌（Google）。

以上类型的组合

一些绝妙的品牌名称将以上这些类型结合了起来。一些很好的例子是爱彼迎（Airbnb）、安德玛（Under Armour）、乔氏超市（Trader Joe's）、新诺拉（底特律）（Shinola Detroit）和圣诞老人经典系列（Santa Classics）。客户和投资者喜欢那些他们可以理解的名字。

品牌口号

品牌口号是一个简洁的短语，能够捕捉公司的品牌本质、特点和定位，将公司与竞争对手区别开来。品牌口号看似简单，却不是被任意创造出来的。它们是从一个高度战略性和创造性过程中诞生的。

品牌口号已经成为一个品牌所代表和传递的内容的简化。历史上的品牌口号最初在广告中被用作全球营销活动的核心，比标识的寿命更短。最佳的品牌口号有很长的寿命，并超越了市场和生活方式的变化。它们具有意义，令人难忘，需要频繁且连续的使用。像耐克公司的口号"Just do it"（"尽情去做"）已成为流行文化的一部分。塔吉特公司的口号"期待更多，花费更少"是对消费者的品牌承诺。

品牌口号就像是诗歌。它们是强大的工具，不仅是为了建立品牌，而且是为了组织的建设。

——克里斯·格拉姆斯（Chris Grams），
《无需广告的品牌》（The Ad-Free Brand）

爱创家（Ashoka）愿景

爱创家设想这是一个"每个人都是变革者"的世界：一个对社会挑战做出迅速而有效反应的世界，每个人都有自由、自信和来自社会的支持，以解决任何社会问题和推动变革。

品牌口号的本质特征

简短

与竞争对手不同

独特

能够捕捉到品牌实质及其定位

容易说且容易记住

不含有消极的内涵

能用小字体展示出来

其版权可被保护，并且可注册商标

能够引起人们的情感回应

很难创造

标语是能够描述、概括或引起人们兴趣的口号、说明（clarifier）、口头禅、公司准则或指导原则。

——黛布拉·特拉弗索·特拉维尔索（Debra Koontz Traverso），《杰出的巨人》（Outsmarting Goliath）

"口号"这个词的起源是盖尔族中"slaughgaiirm"一词，苏格兰氏族用它来表示"作战时的呐喊"。

品牌口号的典型代表

命令式的：号召消费者采取行动并且通常以动词开头

YouTube：宣传你自己
耐克：尽情去做
迷你库伯（MINI Cooper）：让我们动起来
博士伦（Bausch + Lomb）：看见更美的风景，体验更好的生活
苹果：用不同的方式去思考
东芝（Toshiba）：引领潮流，绝不模仿
维珍移动（Virgin Mobile）：率性而活
疏导人生（Unstuck）：提高日常生活质量
卡洛驰（Crocs）：感受爱
可口可乐（Coca-Cola）：打开幸福之门

描述性的：描述服务，产品或品牌承诺

汤姆布鞋（TOMS Shoes）：针对每个人进行定制的布鞋
TED：精彩理念，值得传播
爱创家：每个人都是变革者
飞利浦（Philips）：创新和你
塔吉特公司：期待更多，花费更少
同轴扬声科技（Concentrics）：人，过程，结果
微软国家广播公司（MSNBC）：我们就是这样
安永会计师事务所（Ernst & Young）：建立一个更好的工作世界
好事达保险（Allstate）：你目前状况很好
通用电气公司：在工作中发挥想象力
自然保护协会（Nature Conservancy）：保护自然，爱护生命

极致的：能够为公司提供最佳定位

戴比尔斯（De Beers）：钻石恒久远
宝马（BMW）：终极驾驶机器
德国汉莎航空公司（Lufthansa）：使你直达目的地
国民警卫队（National Guard）：臻于至善美国人
百威（Budweiser）：啤酒之王
阿迪达斯（Adidas）：没有什么不可能

煽动性的：发人深省，通常以问题形式出现

微瑞森无线通信（Verizon Wireless）：你能听到我的声音吗？
微软（Microsoft）：你今天要去哪儿？
梅赛德斯-奔驰（Mercedes-Benz）：如何让一个标志经久不衰？
乳品委员会（Dairy Council）：想要牛奶吗？

具体的：揭示业务类型

《纽约时报》：包含所有能出版的新闻
玉兰油（Olay）：爱惜你的肌肤
大众（Volkswagen）：你想要的驾驶体验
易趣（eBay）：开心地狩猎
彩虹糖（Skittles）：品尝彩虹的味道

坚持自身的品牌策略

坚持自身的品牌策略是品牌必须遵守的一项准则。最好的品牌会表达自己独特的声音。在网络、推特、营销用语以及总裁的演讲中，公司需要传达出统一的信息。它必须是令人难忘的、可识别的，并以客户为中心。

声音和语调同清晰度和个性协调配合，以便在顾客聆听、浏览或阅读品牌时能够吸引他们。无论是行动呼吁还是产品说明，语言必须是关键的、直接的、有说服力的，并且能传达实质内容。

语言和沟通是所有品牌表达都需要的。统一、一致的高层次信息需要各个层面的支持。整合的信息传达需要内容和设计共同配合以使品牌脱颖而出。

> 有力的书写通常是简洁的。一句话中不应该包含不必要的词语，一个段落中不应有不必要的句子。同样地，一幅画中也不应该有不必要的线条，一台机器中不应有不必要的元件。
>
> ——小威廉·斯特伦克（William Strunk, Jr.）和 E. B. 怀特（E. B. White），《风格的要素》（*The Elements of Style*）

> 赋予品牌一些值得谈论的东西。
>
> ——邦尼·瑞特（Bonnie Raitt）

> 文字越少，表达效果越好。
>
> ——约翰·梅达（John Maeda），自动公司（Automatic）计算设计与包容部分全球负责人

电梯演讲

由伊利斯·班努（Ilise Benun）在 Marketing-Mentor.com 中提出

这可能听起来像一个悖论，但电梯演讲的重点应放在你的客户，而不是你。尝试使用下面三种不同的方法，看看哪一种方法能在你的理想客户身上取得最好的效果。

- 强调客户需求
- 强调客户选择的结果
- 强调客户的痛点

基本原则
由担任品牌顾问的利萨·莱德尔提出

使用能够与品牌意义形成共鸣的语言。读者将通过自己的体验完善信息。

旨在清晰、简洁和精确。一个忙碌的行政人员只需要几分钟的时间就可以收集到她所需要的信息。

像珠宝商人那样进行润色和切割。每一句话都向客户展现关于品牌新的、有趣的方面。

抛弃杂乱的地方，创造一个即使反复展示也充满活力的品牌识别。一致性建立在重复之上。

删掉修饰性的短语、副词和无关的文本。剩下的是关于品牌的精华和本质部分。消除多余的引用，提高语言的影响力。少即是多。

> 我们让客户团队仔细斟酌较长的品牌名称中的每个单词，并把它放在不同词性的词语（动词、形容词、副词、名词）后面理解。这是一个关于探索意义、理解细微差别、参与发现、以团队形式讨论关键信息的起点。
>
> —— 玛格丽特·安德森（Margaret Anderson），恒星集团的管理委托人

三种关键信息的作用

在品牌传播中，统一的大型创意由三种关键信息支持。

信息映射最初由文森特·卡维罗（Vincent Covello）博士作为风险沟通策略开发出来，它的开发灵感来源于—— 处于危险中的人只能理解三条消息。这种思维对于品牌传播和新闻之间的关联大有裨益。

> 三个让别人记住你的品牌的关键因素：真实、雄心壮志和自带话题标签。
>
> ——玛吉·戈尔曼（Margie Gorman），传播顾问

每一个单词都是促成品牌策划的机会

命名法	品牌实质	传达	信息	接触点
正式的公司名称	使命宣言	声音	内容	网站+博客
具有传达意义的公司名称	愿景陈述	语气	呼吁采取行动	新闻发布
公司口号	价值主张	标题风格	电话号码	常见问题解答
描述者	关键信息	标点符号	网址	广告资料
产品名称	指导原则	大写形式	电子邮件签名	年度报告
过程名称	客户承诺	重点	语音信箱消息	手册
服务名称	词汇	准确性	缩略语	股东通讯
部门名称	历史	明晰性	标题	呼叫中心脚本
	样板	一致性	地址	销售脚本
	电梯演讲		路线	演讲
	话题标签			通告
				爆炸性电子邮件
				广告活动
				邮件广告
				产品说明
				标牌
				应用程序

大创意

一个大创意是一个组织的图腾柱,组织的策略、行为都是围绕着它来展开的。这个创意必须简单易行,并且要有足够的模糊性,以避免限制未来的发展。

有时候,大创意会成为品牌口号或战斗口号。简洁的语言具有迷惑性,因为用简单的语言表述的过程是困难的。这需要广泛的对话、耐心和沉默的勇气。

这一过程通常需要一位有经验的、熟于建立共识的推动者,来提出恰当的问题并达到目标。这项工作的成果是获得一个引人注目的品牌战略和与众不同的品牌识别。

缺乏设计的营销是毫无生气的。不以营销为目的的设计是无声的。

——文·R.格里奇卡(Von R. Glitschka),
格里奇卡工作室的创意总监

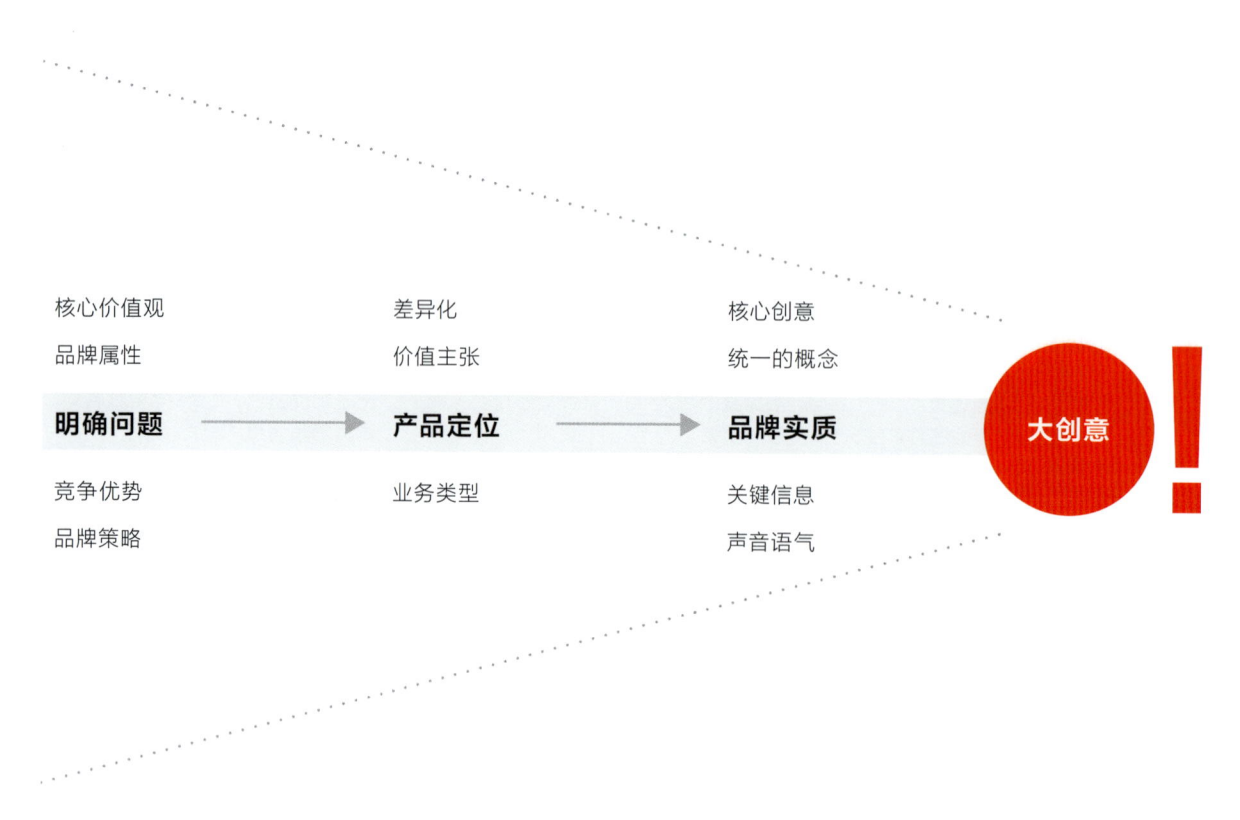

核心价值观	差异化	核心创意	
品牌属性	价值主张	统一的概念	
明确问题 →	**产品定位** →	**品牌实质**	**大创意** !
竞争优势	业务类型	关键信息	
品牌策略		声音语气	

IBM 公司的沃森超级计算机

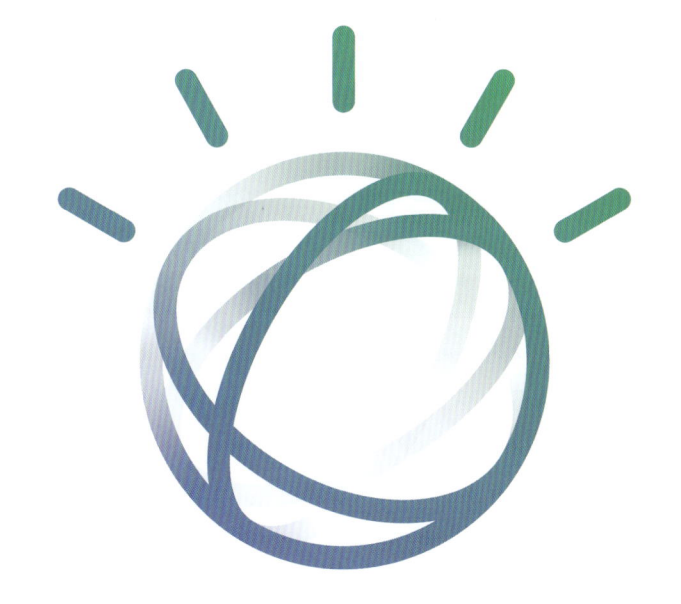

由于大数据和人工智能的发展，世界各地每一个行业的每一种职业都在同时发生着变化。我们建立了沃森超级计算机（IBM Watson）。我们相信，人类和机器能够共同合作实现前所未有的成果——使我们的世界更健康，更安全，更高产，更具创造性，更公平。

——乔恩·岩田

IBM "智慧地球" 活动

建筑物	云彩	食物	教育
城市	能量	公共安全	管理风险
健康护理	轨道	水	交通

2008年，IBM启动了"智慧地球"活动，以解释新一代智能系统和技术如何对未来产生深远影响。

2015年，IBM开始以沃森超级计算机为中心推广认知业务的概念，重新定义人与机器的关系。

IBM "智慧地球"：由奥美广告公司（Ogilvy & Mather Worldwide）策划　　　　IBM沃森：由IBM设计团队策划

品牌理念

概述

无论公司规模大小,其业务性质如何,理念对一个负责任的品牌化过程说来是必不可少的。无论是建立新企业,还是创建新产品和新服务,重新定位现有品牌,合并或创建零售业务,这些理念都是至关重要的。

功能标准并没有触及品牌识别的核心。在美国专利商标局注册的商标超过了100万个。基本问题是什么使得一个商标比另一个更好,为什么?最具可持续性的解决方案的基本特征是什么?我们如何定义最好的品牌识别?这些理念不是关于某种美学。必须考虑到卓越的设计。

> 最好的品牌能够将智慧和洞察力与想象力和工艺结合在一起。
>
> ——康妮·伯索尔(Connie Birdsall),利平科特公司的创意总监

> 品牌不仅仅是一个标识或口号,它还是一种战略性的努力。
>
> ——米歇尔·邦特尔(Michelle Bonterre),戴尔·卡耐基公司首席品牌官

功能标准

大胆,令人难忘,适当	法律的保护
立即可识别	有持久的价值
为公司提供一致的品牌形象	适用于不同媒体和规模
清楚地传达公司的特点	具有永久性

理念

愿景
一个高效的、有说服力并充满激情的领导者所提出的令人信服的愿景是打造最佳品牌的基础和灵感。

意义
最佳的品牌代表着某些东西——一个伟大的创意，一个战略性的品牌定位，一套明确的价值观，一个与众不同的声音。

真实性
如果组织没有明确其市场、品牌定位、价值主张和竞争优势，那么真实性是不可能实现的。

连贯性
每当顾客体验一种品牌时，都必须使其产生熟悉感，并产生预期的效果。一致性并不需要追求让人感觉出自同一家公司而僵化或有所限制。

差异性
品牌在其业务范围内总是相互竞争，一种品牌还会在某种程度上与所有需要博得消费者关注、忠诚度以金钱的品牌进行竞争。

灵活性
一个高效的品牌将使公司在未来发生变化和不断成长。它支持不断发展的营销策略。

可持续性
可持续性是在一个不断变化的世界中保持正常运转的能力，其特征是没有人能预测未来的变化。

承诺
组织需要积极管理自己的资产，包括品牌名称、商标、综合的营销活动和营销系统以及标准。

价值观
建立品牌意识，提高品牌知名度、传播独特性和质量，以及表现出品牌的竞争性优势，都会产生可观的效果。

愿景

设立愿景需要勇气。大型的创意、企业、产品和服务需要专业的组织来维持。它们能够想象别人看不到的东西,并且有毅力坚持传达自己认为可能实现的东西。每一个成功的品牌背后都离不开充满激情的领导者,他激励着他人以新的方式畅想未来。

> 愿景是一门发现一些别人看不到的东西的艺术。
> ——乔纳森·斯威夫特(Jonathan Swift)

> 我们对于使命的需求从未如此之大。如果我们能够帮助世界各地的孩子们变得更聪明,更强壮,更友善,我相信我们便能在一定程度上改变世界。
> ——杰弗里·邓恩(Jeffrey Dunn),芝麻街工作室(Sesame Workshop)的总裁兼CEO

芝麻街(Sesame Street)

核心目标

芝麻街以一种大胆的、简单的创意革新了儿童的电视教育和学前教育:以娱乐的方式来教育孩子。自1969年以来,以多元化的演员阵容、强大而富有想象力的媒体和木偶组合为特征,芝麻街已经扩展到全球150多个国家。反映当地语言、习俗和教育需求的本土联合制作已经为全世界数百万儿童提供了精彩的电视节目。作为流行文化的一部分,它已发展到与孩子们的日常生活息息相关了。多姿多彩的场景同时也体现了生活中的不完美和挑战。

统一原则

我们的愿景是为我们所有人创造一个更美好的世界。

我们的使命是帮助孩子们变得更聪明,更强壮,更善良。

我们的承诺是用我们成熟的制作方案来教育学龄前儿童。

我们的影响建立在严谨的研究和紧密的合作之上。

我们的成功反映在全球数百万儿童的脸上。

芝麻街的核心在于可爱的木偶,它能唤起我们每个人心中孩子气的那一面。

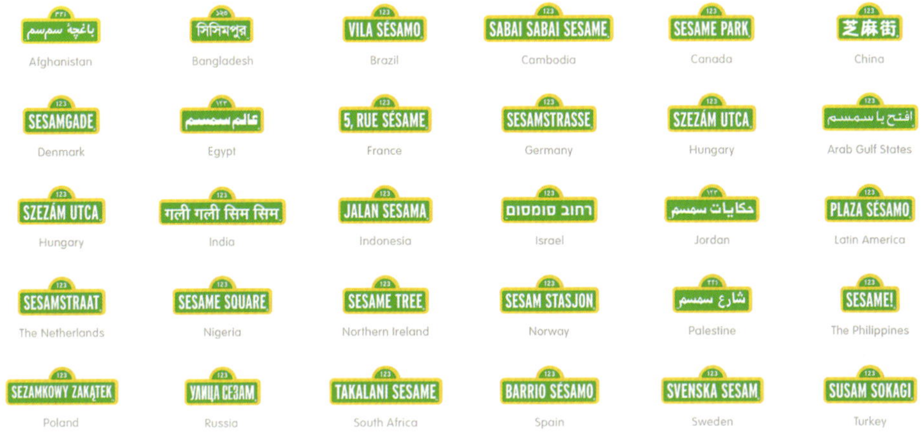

باغچهٔ سمسم Afghanistan	সিসিমপুর Bangladesh	VILA SÉSAMO Brazil	SABAI SABAI SESAME Cambodia	SESAME PARK Canada	芝麻街 China
SESAMGADE Denmark	عالم سمسم Egypt	5, RUE SÉSAME France	SESAMSTRASSE Germany	SZEZÁM UTCA Hungary	افتح يا سمسم Arab Gulf States
SZEZÁM UTCA Hungary	गली गली सिम सिम India	JALAN SESAMA Indonesia	רחוב סומסום Israel	حكايات سمسم Jordan	PLAZA SÉSAMO Latin America
SESAMSTRAAT The Netherlands	SESAME SQUARE Nigeria	SESAME TREE Northern Ireland	SESAM STASJON Norway	شارع سمسم Palestine	SESAME! The Philippines
SEZAMKOWY ZAKĄTEK Poland	УЛИЦА СЕЗАМ Russia	TAKALANI SESAME South Africa	BARRIO SÉSAMO Spain	SVENSKA SESAM Sweden	SUSAM SOKAGI Turkey

它从一个简单而强大的创意开始。我们采取了我们在全球范围内已运转成熟的模式。芝麻街的核心在于可爱的木偶，它能唤起我们每个人心中孩子气的那一面。

我认为我们正在创造典型的美国电视节目。事实证明这些木偶成为有史以来创造的最具国际性的形象。

我们要做的是看看我们能否像影响电视节目那样影响新媒体。我们想要在不减少乐趣的同时引入教育价值。

我真的受到了影响，试图在生活中做一些好事，尝试做出改变。当我听到教育类电视节目的时候，我想我可以在这个领域有所作为。

——琼·甘茨·库尼（Joan Ganz Cooney），芝麻街的创始人

意义

最好的品牌能够代表某种东西：一个大创意，一个战略性的品牌定位，一套确定的价值观，一种独特的声音。符号象征是承载意义的容器。人们开始理解这些符号所代表的意义并频繁地使用它们，这使得它们变得愈发强大。这是人类已知的最快速的交流形式。符号的意义很少立即产生，而会随着时间的推移逐渐演变。

> 符号象征以一种其他学问不具有的方式涵盖了智力、想象力和情感。
> ——《乔治城大学品牌识别标准手册》（Georgetown University Identity Standards Manual）

人们不会相信你所做的事情，他们相信的是你这样做的理由。而你所做的只是证明你的信仰。

——西蒙·斯涅克（Simon Sinek），《从问为什么开始：一个优秀的领导如何激励每个人采取行动》（Start with Why: How Great Leaders Inspire Everyone to Take Action）

> 标识是品牌的门户。
> ——米尔顿·格拉泽（Milton Glaser），《设计师》（Designer）

代表某些东西

意义驱动创造力

设计师将意义提炼成独特的视觉形式和表达方式。解释这种意义是至关重要的，这样才能被理解、传达和认同。品牌识别体系的所有要素都应该有一个意义和逻辑的框架。

意义建立共识

意义就像篝火：这是一个用来与一群决策者达成共识的凝聚点。关于品牌本质和属性所达成的共识构建了关键的协同效应，并且发生在视觉设计方案和品牌名称决策或关键信息的呈现之前。

意义随着时间推移发生变化

随着公司的发展，其所经营的业务可能会发生重大变化。类似地，赋予商标的含义可能会由初始意图开始进行演化和发展。标识是关于品牌所代表含义最明显和最频繁的体现。

为了食物，
反对饥饿和营养不良。

为了洁净的水源，
反抗致命疾病。

为了儿童茁壮地成长，
防止生活物资短缺。

为了农作物年年获得丰收，
预防灾害。

为了改变思想，
警惕无知和淡漠。

为了摆脱饥饿，为了全世界每一个人，为了生活变得更好，

行动起来，
反对饥饿。

"反对饥饿行动"：约翰逊库

我们正在寻找一个能够适用数十种语言的集结号。我们意识到每一种语言中都存在"赞同"和"反对"。

——迈克尔·约翰逊（Michael Johnson），约翰逊库（Johnson Banks）的创始人

"反饥饿行动"的新品牌象征，通过简单地呈现他们工作的两个关键要素——食物和水——同时调整核心色彩，来取代旧标识的模糊性。正如一位员工所指出的："如果我们开车进入马里的战区，就算人们看不懂我们的标识，至少他们应该能够认出来。"这个标识也可以在某些应用领域中被纳入排版格式。

真实性

在心理学中，真实性是指自我认识。知道自己的身份以及自己代表什么的组织能够从一个更高的起点开始品牌识别的设计过程。他们建立起可持续和真正的品牌。品牌表达必须与组织的独特使命、目标市场、文化、价值观和个性相一致。

认识你自己。

——柏拉图（Plato），
《亚西比德I》（First Alcibiades）

由于现实情况是有限的、变化的和商业化的，消费者会对那些有吸引力的、有个性的、令人难忘的以及他们认为是真实的东西做出回应。

——B. 约瑟夫·派因II，《真实性》（Authenticity）

对我来说，真实性是做你所承诺的事情，而不是证明"你是谁"。

——赛斯·高丁（Seth Godin）

- 标识
- 外观和感觉
- 目标信息
- 核心信息
- 我们了解自己是谁

> 我们是唯一一家向服务匮乏的地区提供服务的公司。通过重视问题而不是产品，我们能够以其他人不具有的方式进行创新。
>
> ——特里斯坦·沃克（Tristan Walker），沃克公司（Walker & Company）的创始人

贝弗尔剃须系统

沃克公司的宏伟目标是使有色人种的健康和美容变得简单。贝弗尔作为公司的旗舰品牌，正在重塑在线剃须市场——其目标消费者仍然受到剃须刀的严重伤害，因为他们一直都在用着不是专门为他们设计的剃须工具。他们成立了自己的公司来开拓针对少数民族产品的"民族通道"。

一致性

无论消费者是使用产品，与服务代表对话，还是在iPhone上购物，品牌都应该做到使他们感到熟悉。一致性确保品牌的所有部分以一种无缝衔接的方式呈现在消费者面前。它不是僵化和限制，而是建立信任，培养消费者对品牌的忠诚度和满意度的基准。

最成功的品牌具有完全的一致性。其所做的每一个方面，以及它的识别都与其他方面的内容互补。

——沃利·奥林斯

如何实现一致性？

统一的声音，有活力的核心创意
每一次品牌传播都使用一致的声音，并且该声音要从一个有活力的核心创意演变而来。

同一企业策略
随着企业实现多元化进入新的业务领域，一致性能提高对公司所实行的新举措的认知度和接受度。

每一个接触点
一致性产生于了解目标客户的需求和偏好。每个接触点都是品牌体验的一部分。

外观和感觉
品牌识别系统要在视觉效果上统一，使用具有凝聚力的品牌架构和专门设计的色彩、字体系列和格式。

统一的质量
高而统一的品牌质量赋予公司的每个产品和服务一定程度的关怀。非优质的东西会降低公司资产的价值。

明确与简化
使用清晰一致的语言来宣传产品和服务有助于客户做出选择。

在美国购物中心（The Mall of America）的体验永远不会是静态的。作为美国地标性的建筑，它总能给消费者新的体验。其品牌识别系统也不断变化，反映了商场的活力。

—— 乔·达菲（Joe Duffy），达菲合资公司（Duffy & Partners）的总裁兼首席创意官

美国购物中心是北美最大的购物和娱乐中心。该商场是美国顶级旅游度假胜地，位于明尼苏达州的布卢明顿市，每年吸引了超过3000万的游客。

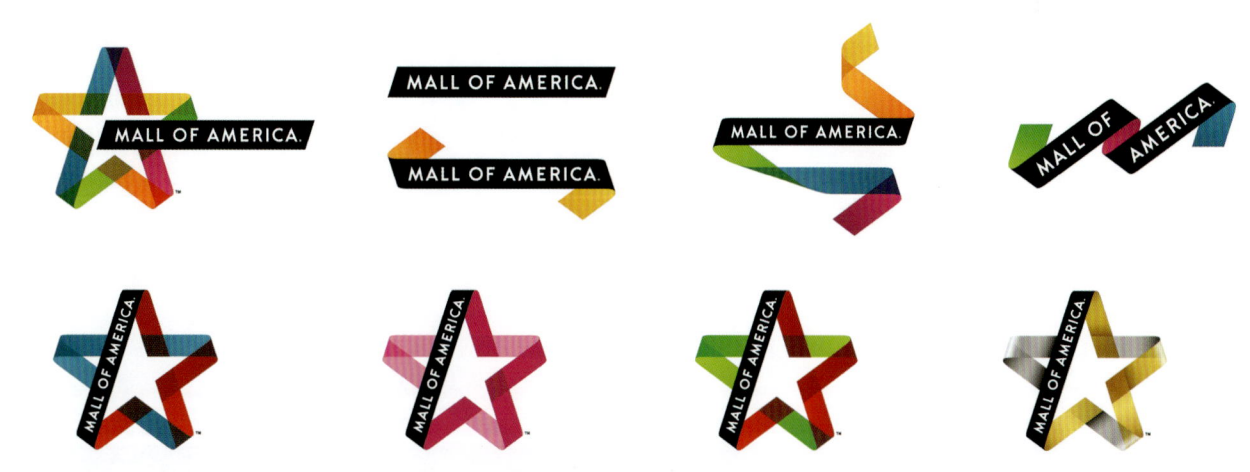

美国购物中心：其品牌识别由达菲合资公司团队设计

43

灵活性

创新性对品牌的灵活性提出了要求。没有人可以肯定地说五年内公司会提供哪些新产品或服务,或者将使用哪些新的设备以及如何购买商品。品牌需要灵活、迅速地抓住市场的新机遇。

统一。简化。放大。

——肯恩·卡蓬(Ken Carbone),
卡蓬·斯莫兰公司的联合创始人

瑞士信贷(Credit Suisse)是一家全球性金融服务公司,在50个国家拥有530多个办事处。卡蓬·斯莫兰公司使用了一种大胆的色调创建了一个主题式的图像库,图像的内容涵盖了从客户的生活方式到隐喻的创意和概念等许多方面。

瑞士信贷的新品牌为我们的企业设计系统增添了新的活力、新的特质和新的相关性。

——拉蒙纳·波士顿(Ramona Boston),瑞士信贷公司营销与传播部门的全球负责人

我们将瑞士信贷与一个充满活力的品牌系统统一起来,以突出瑞士信贷的竞争优势。

——莱斯利·斯莫兰(Leslie Smolan),卡蓬·斯莫兰公司的联合创始人

44

为未来的发展做好准备

营销灵活性

一个有效的品牌识别能够定位公司在未来的变化和发展。它需要提供广泛的客户接触点，从网站到发票到车辆或零售环境。一个好的品牌系统能接纳公司营销策略和方法的变革。

品牌架构

任何新产品或服务的营销都通过持久的品牌架构和能够预测未来的总体逻辑来推动。

新鲜度、相关性、可识别性

通过精心设计，控制与创造之间可以达到平衡。这种平衡既能让品牌实现特定的营销目标，也能遵守品牌识别的设计标准，让人们快速识别该品牌。

瑞士信贷：由卡蓬·斯莫兰公司设计

承诺

品牌是需要保护、保存和培育的资产。积极地管理品牌资产需要自上而下的授权和对于其重要性的自下而上的理解。建立、保护和提升品牌需要主观的愿望和规范的方法,以确保其完整性和相关性。

决定用脑做出,承诺用心做出。

——尼多·库比恩(Nido Qubein)

与我们"真正的美丽"的品牌承诺一样,多芬一直致力于呈现真实的女性形象,而不用数字技术改变她们的外貌,并帮助下一代女性与美丽建立积极的关系。而且我们正在把我们的领导力提高到一个新的水平。

——尼克·苏卡斯(Nick Soukas),多芬公司市场营销部的副总裁

多芬已经帮助2 000万年轻人认识到了自我价值,并且到2020年,这个数目还会再增加2 000万。

#真正的美丽(RealBeauty)

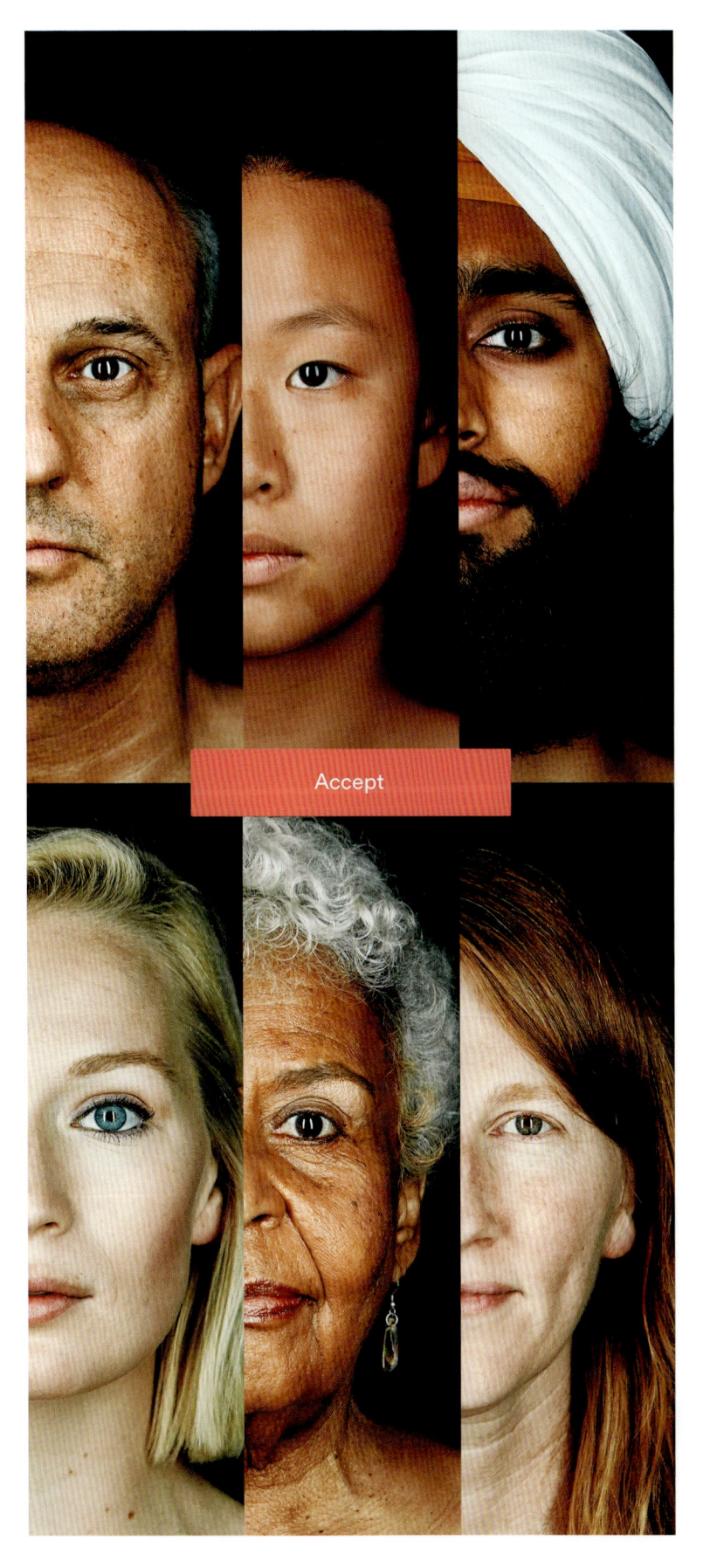

airbnb

作为世界上最大的以社区为导向的酒店公司，爱彼迎在全球190多个国家拥有独特的房源。它发布了一个全面审查的平台，努力消除偏见和歧视。作为对审查结果的回应，它希望确保每个使用爱彼迎的人都同意采取更强有力，更详细的非歧视政策。爱彼迎公司要求每个房主和房客都同意爱彼迎社区承诺（Airbnb Community Commitment），该社区承诺内容如下：

我同意尊重爱彼迎社区中的每个人，且不带任何判断或偏见，不论他们的种族、宗教、国籍、民族、残疾与否、性别、性别认同、性取向或年龄。

同意社区承诺也意味着同意遵守爱彼迎的非歧视政策。如果有人拒绝遵守相关承诺和政策，他们将无法使用爱彼迎平台进行出租或预订房间。

#我们接受你

47

价值

创造价值是大多数组织无可争议的目标。追求可持续发展可以扩大品牌与消费者的价值对话。对社会负责，在注重环保的同时实现盈利是所有品牌的新商业模式。品牌是一种无形资产——品牌识别包含了从包装到网站的所有有形的表达，它维护了这一价值。

企业不仅仅要为利益相关者服务，它对社会和地球都负有同样的责任。

——罗斯·马卡里奥（Rose Marcario），
巴塔哥尼亚公司的CEO

品牌识别是一种资产

品牌识别是一种战略性的商业工具，是抓住每一个机会建立认知、增加认知、传达品牌独特性和特征并体现竞争优势的企业资产。坚持品牌识别，统一标准，并不懈追求品质是企业的首要任务。

通过产权的合法保护，品牌价值得以保存

商标和产品外观在本地和全球市场范围内受到保护。公司的员工和供应商接受了关于合法问题的教育。

> 我们着手创造外观优雅的清洁产品来改变世界，这些清洁产品对于地球是友善的，因为它们去除污垢的效果很好。
>
> ——亚当·劳里（Adam Lowry）和埃里克·赖安（Eric Ryan），Method Products公司的创始人

Method公司成立于2000年，是环境友好型和设计驱动型高端家居、面料和个人护理产品的领导品牌。该环保产品采用天然材料，可生物降解，不含有毒成分。

Method是世界上第一批获得可持续发展认证的公司之一，推出了37种C2C认证产品，成为世界上拥有该认证产品最多的公司之一。Method公司，也就是B型公司的前身，将促进社会和环境变化作为公司的发展目标。

Method公司由卡里姆·拉希德（Karim Rashid）设计的标识性的泪珠瓶，以其美丽的外观和独特的风格推动了清洁产品的革新。产品在北美、欧洲、澳大利亚和亚洲的4万多个零售点均有售。

差异化

大量的品牌都在努力引起消费者的关注。世界热闹嘈杂，充满了各种各样的选择。为什么消费者选择这个品牌而不是其他品牌？光做到与众不同是不够的。品牌不仅需要展示其不同之处，还要让客户更容易理解这种差异。

生活中各个方面充满了太多的选择——无论是无关紧要的还是重要的——它们正在引起焦虑，产生源源不断的压力，并且减少了我们实际获得的幸福感。当今时代，最好的公司帮忙"挑选"他们的产品。

——保罗·劳迪奇纳（Paul Laudicina），科尔尼公司（A.T. Kearney）的名誉董事长

为了变得不可替代，必须时刻保持与众不同。

——可可·香奈儿（Coco Chanel），香奈儿公司

当每个人都改变时，跟着做出改变。

——马蒂·纽迈尔

我们的设计方法使得饮料的包装和芒果作为主角出现，同时也让我们能讲述故事并增添幽默感。

——杰西卡·沃尔什（Jessica Walsh），施德明&沃尔什公司（Sagmeister & Walsh）的合伙人

Frooti是印度最古老、最受人喜爱的芒果汁品牌之一。30年来，Frooti首次发布了一个新的品牌标识，并委托施德明&沃尔什公司为其品牌推广活动设计一种新颖、大胆、有趣的视觉语言，涵盖了印刷、社交、网络、游戏和电视广告领域。施德明&沃尔什公司使用车辆、人和植物的模型创造了一个微型世界。只有Frooti的包装和芒果保持了其实际的大小。

Frooti活动：
施德明&沃尔什公司
特别来宾（Special Guest）
傻大哥公司（Stoopid Buddy Stoodios）

Frooti标识：五角设计公司（Pentagram）

可持续性

品牌是建立信任的使者。我们每天都在以惊人的速度前进，我们的机构、技术、科学、生活方式和词汇处于不断变化的状态。消费者从可识别和熟悉的商标中获得安心感。品牌的可持续性是通过长期坚持一种核心创意和超越变革的能力来实现的。

莫顿盐业女郎已经存在了一个多世纪。而且她看起来永远都是9岁。

——莫顿盐业（Morton Salt）

1914　　　1921　　　1933　　　1941

商标名称及其出现年份

商标	年份
德国卢云堡啤酒（Löwenbräu）	1383年
吉尼斯黑啤酒（Guinness）	1862年
奥林匹克（Olympics）	1865年
三菱（Mitsubishi）	1870年
雀巢（Nestlé）	1875年
巴斯啤酒（Bass Ale）	1875年
约翰·迪尔（John Deere）	1876年
美国红十字会（American Red Cross）	1881年
强生公司（Johnson & Johnson）	1886年
可口可乐（Coca-Cola）	1887年
通用电气公司（General Electric）	1892年
信诚保险（Prudential）	1896年
米其林（Michelin）	1896年
壳牌公司（Shell）	1900年
纳贝斯克饼干公司	1900年
福特公司	1903年
劳斯莱斯（Rolls-Royce）	1905年
梅赛德斯奔驰	1911年
莫顿盐业公司	1914年
国际商用机器公司	1924年
灰狗巴士（Greyhound）	1926年
伦敦地铁（London Underground）	1933年
大众	1938年
宜家家居（IKEA）	1943年
哥伦比亚广播公司（CBS）	1951年
美国全国广播公司（NBC）	1956年
大通银行（Chase Manhattan）	1960年
美国国际纸业公司（International Paper）	1960年
摩托罗拉（Motorola）	1960年
UPS快递公司	1961年
麦当劳	1962年
通用食品公司（General Foods）	1962年
羊毛局（Wool Bureau）	1964年
美孚石油公司（Mobil）	1965年
大都会人寿保险（Metropolitan Life）	1967年
蛋袜（L'eggs）	1971年
伊士曼·柯达公司（Eastman Kodak）	1971年
耐克公司	1971年
桂格燕麦公司（Quaker Oats）	1972年
联合之路（United Way）	1974年
邓肯甜甜圈（Dunkin' Donuts）	1974年
我爱纽约（I Love NY）	1975年
美国公共广播公司（PBS）	1976年
苹果公司	1977年
美国电话电报公司（AT&T）	1984年
亚马逊	1994年
谷歌公司	1998年
维基百科（Wikipedia）	2001年
领英（LinkedIn）	2002年
脸书（Facebook）	2004年
爱彼迎	2008年
优步（Uber）	2009年
拼趣	2010年
Instagram	2010年

1956

1968

2014

2014年，莫顿盐业公司庆祝品牌成立100周年，更新了品牌标识并推出新的包装系统。"停下来思考"以清晰的线条和一丝微笑，以微妙的方式呈现出了"雨伞女郎"的变化过程。

停下来思考：莫顿盐业公司

品牌标识

概述

品牌商标几乎可以用无限种形状和特征来设计，它们可以被归入许多通用类别中。从文字到象征符号，从文字驱动型到图片驱动型，品牌标识的世界每天都在扩大。

这些类别之间的界限是灵活的，许多标识可能结合了多个类别的设计元素。虽然没有硬性和快速的规则来确定适合于某个特定公司的最佳类型的视觉标识，但设计师的设计过程是根据愿望和功能性的标准来测试一系列设计方案的。设计师应该确定一种最能满足客户需求的设计方法，并为每一种不同的方法创建理论基础。

为每个标识赋予价值。

——丹尼斯·库罗朗（Dennis Kuronen）

设计师是公司和消费者之间的媒介。

——乔尔·卡茨（Joel Katz），乔尔·卡茨设计协会（Joel Katz Design Associates）

品牌签名

品牌签名是标识、品牌商标和品牌口号之间的结构关系。一些设计项目将签名分离，使品牌标识与字体分开。其他变化可能包括垂直或水平签名，可以根据应用程序的需要进行选择。

签名 | 商标 | 商标字体

最初的红十字会标识由亨利·杜兰特（Henri Dunant）于1863年设计。

商标的分类

文字标识

关于公司名称或产品名称的独立式首字母缩略词，旨在传达品牌属性或定位。

示例：谷歌、易趣、泰特现代美术馆（Tate）、诺基亚（Nokia）、纽约现代美术馆、拼趣、联邦快递（FedEx）、三星（Samsung）、埃斯蒂（Esty）、可口可乐

字母标识

使用一个或多个字母作为公司名称助记符的独特设计。

示例：联合利华（Unilever）、西班牙环球电视台（Univision）、汤丽·伯琦（Tory Burch）、飞丽博杂志（Flipboard）、B型公司（B Corporation）、惠普（HP）、特斯拉

同义词：Brandmark、Trademark、Symbolmark、Identity、Logo——均为商标之意

图形标识

经过简化和风格化的立即可识别的文字图像。

示例：苹果公司、美国全国广播公司、哥伦比亚广播公司、保罗汽车（Polo）、法国鳄鱼（Lacoste）、灰狗巴士、推特

抽象/象征标识

传达好想法和品牌策略模糊性的象征标识。

示例：大通银行、斯普林特通信公司、耐克公司、汇丰银行、默克公司（Merck）

象征符号

公司名称与图形元素或形式密切相关的标识。

示例：健得公司（KIND）、美国电视录制技术公司（TiVo）、OXO、LEED、埃尔默（Elmer's）、优衣库（UNIQLO）、宜家家居

55

文字标识

文字标识是一个独立的单词或句子。它可能是公司名称或其首字母缩略词。最佳的文字标识是一个清晰的或字体独特的单词，并可能包含抽象元素或图像元素。IBM的缩写形式超越了行业内的巨大技术变革。

新的品牌识别帮助搜诺斯公司（SONOS）从知名的、深受发烧友喜爱的技术品牌重新定位为一家具有更广吸引力的、专注于体验和创意的公司。

——布鲁斯·莫设计公司（Bruce Mau Design）

搜诺斯公司品牌识别：由布鲁斯·莫设计公司完成

IBM: 由保罗·兰德（Paul Rand）设计 纽约现代艺术博物馆: 由马修·卡特（Matthew Carter）设计	IBM	MoMA
博朗公司（Braun）: 由沃尔夫冈·史密特（Wolfgang Schmittel）重新设计 佐佐木（Sasaki）: 由布鲁斯·莫设计公司设计	BRAUN	SASAKI
泰特现代美术馆: 由诺斯设计公司（North Design）设计 巴恩斯（Barnes）: 由五角设计公司设计	TATE	BARNES
拼趣: 由迈克尔·迪尔（Michael Deal）和胡安·卡洛斯·佩冈（Juan Carlos Pagan）设计 搜诺斯公司: 由布鲁斯·莫设计公司设计	Pinterest	SONOS
新诺拉: 由基岩公司（Bedrock Manufacturing）设计 网飞网站: 由网飞公司自行设计	SHINOLA DETROIT	NETFLIX

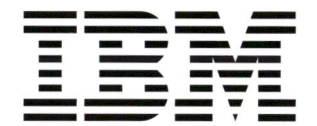

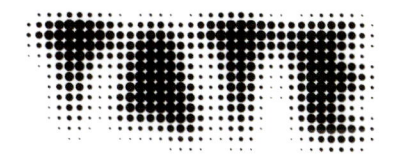

字母标识

单个字母经常被设计师用来作为品牌商标独特的图形视觉焦点。字母通常是一种独特和专有的设计，体现重要的特征和意义。字形是一种助记符，它很容易被应用到应用程序的图标中。

为了回报麦当劳对绿湾包装工队（the Green Bay Packers）的赞助，莫罗奇设计合作公司（Moroch Partners）为粉丝设计了一个巧妙的手套赠品，这款手套看起来很像麦当劳的薯条。官方在绿湾包装工队的主场比赛中发放了7000双这样的手套。这些手套已经在3000多个博客中获得了超过3400万个推特关注。

从A到Z的字母标识

下一页：

以太公司（Aether）：由卡蓬·斯莫兰公司设计
经纪保险公司（Brokers Insurance）：由雷夫公司（Rev Group）设计
喜剧中心频道（Comedy Central）：由工作秩序公司（Work-Order）设计
DC漫画公司（DC Comics）：由朗涛品牌设计公司设计
能量公司（Energy Department Store）：由乔尔·卡茨设计协会（Joel Katz Design Associates）设计
佳线电影公司（Fine Line Features）：由伍迪·皮尔特勒（Woody Pirtle）设计
格尔茨时尚商店（Goertz Fashion House）：由阿尔曼·阿姆奎斯特+琼斯（Allemann Almquist+Jones）设计
高线公园（High Line）：由五角设计公司设计
欧文金融公司（Irwin Financial Corporation）：由切尔马耶夫&盖斯马公司（Chermayeff & Geismar）设计
督贝公司（Tubej）：由罗杰·欧丹品牌设计公司（Roger Oddone）设计
坎伯（Kemper）：由利平科特公司设计
利福集团（LifeMark Partners）：由阿拉斯夫（Alusiv）设计
赫曼·米勒公司（Herman Miller）：由乔治·尼尔森（George Nelson）设计
NEPTCO：由马科姆·葛瑞尔设计公司（Malcolm Grear Designers）设计
达拉斯歌剧院（Dallas Opera）：由伍迪·皮尔特勒设计
Preferred：由乔恩·比昂森（Jon Bjornson）设计
奎斯特诊断公司（Quest Diagnostics）：由Q.卡斯蒂（Q. Cassetti）设计
Radial：由西格尔+盖尔（Siegel + Gale）设计
海铁运输（Seatrain Lines）：由切尔马耶夫&盖斯马公司设计
特斯拉：由普拉达设计工作室（Prada Studio）设计
安德玛：由凯文·普朗克（Kevin Plank）设计
范德堡大学（Vanderbilt University）：由马科姆·葛瑞尔设计公司（Malcolm Grear Designers）设计
西屋电器（Westinghouse）：由保罗·兰德设计
赛诺菲克斯（Xenex）：由火柴人设计
雅虎网站：设计公司不详
Zonik公司：由利平科特公司设计

59

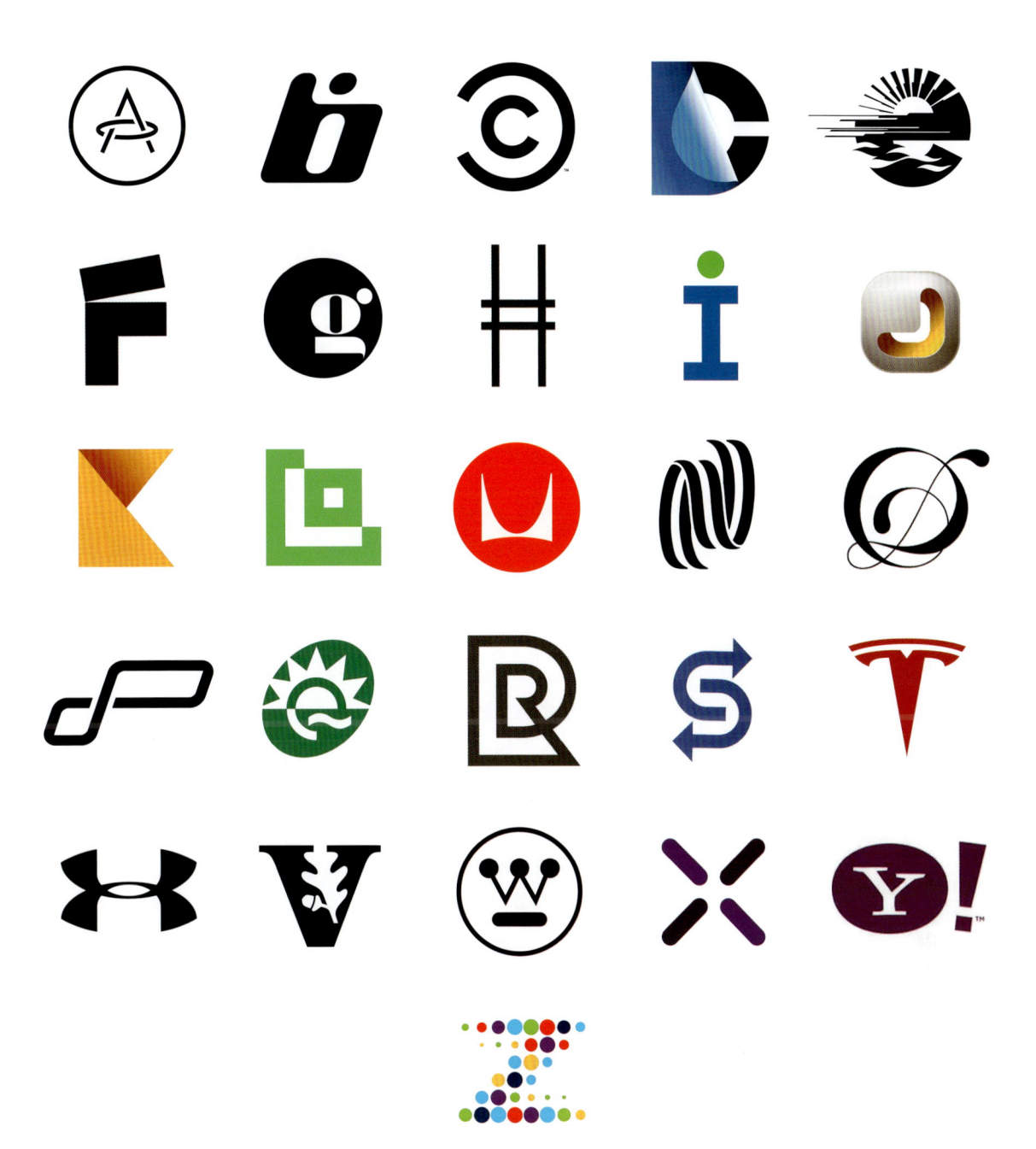

图形标识

图形标识使用文字和可识别的图片。图片本身可能会暗示出公司名称或其业务范围，也可能象征品牌属性。形式越简单，就越难设计出来。技巧高超的设计师懂得如何进行转化和简化，如何使用光影以及如何平衡正负空间。

"一个声音"运动（OneVoice）是一项全球倡议，旨在支持以色列、巴勒斯坦和国际上努力推动建设必要的人力基础设施的基层活动家，从而为公正和谈判解决巴以冲突创造必要条件。

我们试图避免传统的象征和平的图片。我们的标识只是描绘了来自不同方面的人在共同创造美好的事物。

——斯蒂芬·施德明（Stefan Sagmeister），施德明&沃尔什公司的创意总监/合伙人

"一个声音"运动：其标识由施德明&沃尔什公司设计

图形标识

云存储（Dropbox）：由云存储公司的创意团队设计

印象笔记：由印象笔记公司的创意团队设计

美国全国广播公司：由切尔马耶夫&盖斯马公司设计

星巴克：由星巴克全球创意工作室和利平科特公司合作设计

壳牌：由雷蒙德·洛威（Raymond Loewy）设计

推特：由佩科工作室（Pepco Studio）设计

史密森尼博物馆：由切尔马耶夫&盖斯马公司设计

野生中心（The WILD Center）：由菲什联合公司设计

Fork in the Road Foods：由辛里希斯工作室（Studio Hinrichs）设计

黑猩猩邮件（MailChimp）：由乔恩·希克斯（Jon Hicks）设计

大嘴猴（Paul Frank）：由保克·弗兰克·苏尼驰（Pauk Frank Sunich），帕克·拉·范（Park La Fun）设计

调查猴网站（SurveyMonkey）：由调查猴公司设计

哥伦比亚广播公司：由威廉·戈登（William Golden）设计

苹果公司：由罗伯·吉道夫（Rob Janoff）设计

卡洛驰：由马修·埃宾（Matthew Ebbing）设计

右图：
美国自然保护协会：由内驻设计公司（In-house Design）设计

抽象标识

抽象标识使用视觉形式来表达一个大创意或一种品牌属性。这些标识本质上可以体现品牌策略的模糊性，并且对拥有众多不相关部门的大型企业发挥有效的作用。抽象商标对于服务型和技术型公司特别有效；然而，要想将抽象标识设计得非常出色是一件很困难的事情。

Grupo Imagen是一家位于墨西哥的新成立的媒体集团，它将几个主要的在线、印刷、广播和电视品牌联合在一起，共同创造新闻、娱乐、体育和生活方式类节目。

新的标识突出了公司具有包容性和多样性的中心主题，汇集了两种完全不同的几何形状来形成一个字母。

——塞吉·哈维夫（Sagi Haviv），切尔马耶夫&盖斯马&哈维夫公司（Chermayeff & Geismar & Haviv）的合伙人

Grupo Imagen公司：由切尔马耶夫&盖斯马&哈维夫公司设计

抽象标识

凯悦酒店（Hyatt Place）：由利平科特公司设计

默克公司：由切尔马耶夫&盖斯马&哈维夫公司设计

NO MORE公司：由斯特林品牌设计公司设计

Novvi公司：由流体设计公司（Liquid Agency）设计

MIT媒体实验室（MIT Media Labs）：由The Green Eyl公司设计

时代华纳公司（Time Warner）：由切尔马耶夫&盖斯马&哈维夫公司设计

艾丽娜·惠勒：由Rev Group公司设计

达里恩图书馆（Darien Library）：由施特夫·盖斯布勒（Steff Geissbuhler）设计

获取资源（Captive Resources）：由克罗斯比设计协会设计

Criativia公司：由Criativia品牌工作室（Criativia Brand Studio）设计

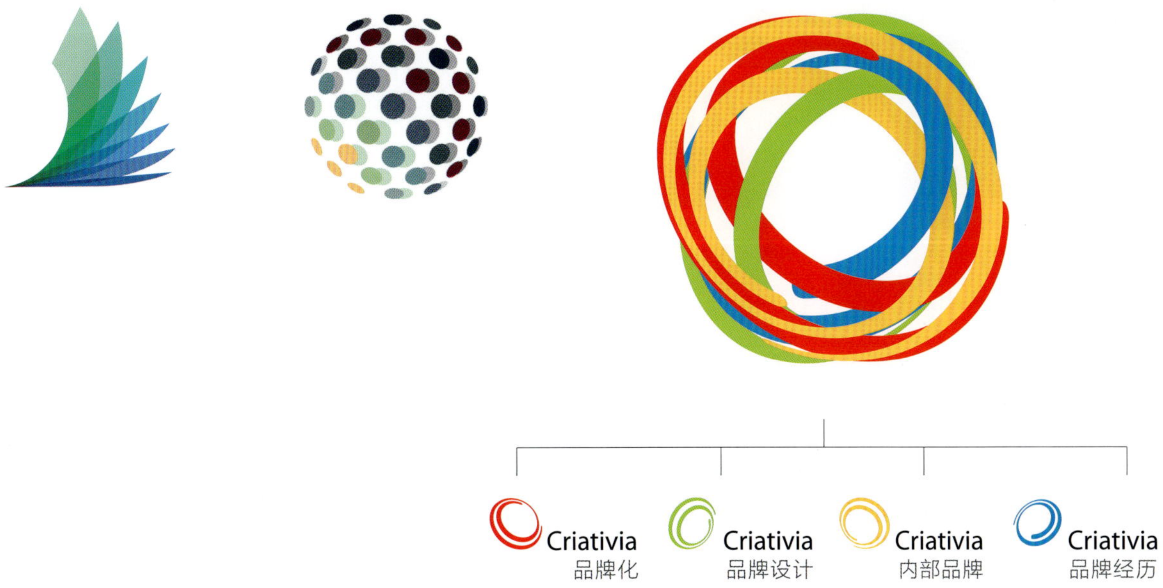

63

象征符号

象征符号是形状与组织名称紧密联系的商标。标识中的设计元素从来都不是相互隔离的。象征符号作为包裹上的标识或制服上的绣花图案都能产生很棒的效果。随着移动设备体积的不断缩小,象征符号在实现小型化的过程中面临着可读性的巨大挑战。

从我们制作的健康小吃到我们工作、生活和回馈的方式,我们的重点是通过一包零食、一次行动(我们承诺不会施加压力)让世界变得更友善。一个简单的信念支撑着这一切:除了利润,我们还有更多要做的事。

——KIND公司

鲁斯克创新（Rush Renovations）：由路易斯·菲利公司（Louise Fili Ltd）设计

宜家家居：设计公司不详

触手可及设计公司（Design Within Reach）：由五角设计公司设计

KIND：设计公司不详

我爱纽约：由米尔顿·格拉泽设计

优衣库：由佐藤可士和（Kashiwa Sato）设计

汤姆鞋：设计公司不详

俄亥俄&伊利湖河道（Ohio & Erie Canalway）：由克劳德·格珊（Cloud Gehshan）设计

布鲁克林啤酒厂（Brooklyn Brewery）：由米尔顿·格拉泽设计

65

动态标识

创造力总能让人找到挑战传统的方法。历史上，品牌资产的获得部分取决于一个商标的使用频率和全球影响力，例如苹果的商标或耐克的旋风标识等。随着人们的生活变得越来越数字化，设计师们已经找到了表达大创意的新方法。工程师们开始与创意团队合作来制定和规划未来。

视觉识别需要真实反映我们所听到和看到的东西，建立在创造力、风险和创新之上，具有包容性、活力和重要性。

——布鲁斯·莫

品牌识别的基础是一个具有模块化框架的黑白像素窗口，以展示学生实际的艺术和设计作品。

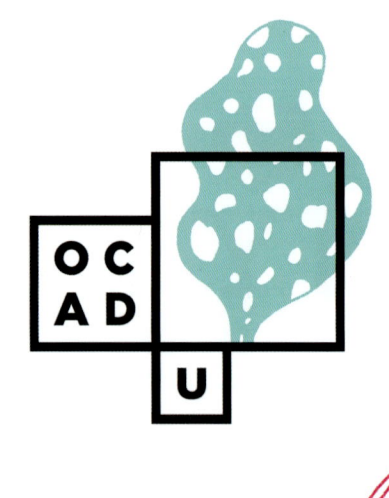

安大略艺术设计学院（OCAD University）的标识：由布鲁斯·莫设计

> 费城艺术博物馆的大胆的新品牌战略需要一个具有突出标识性和表现力的视觉识别。
>
> ——詹妮弗·弗朗西斯（Jennifer Francis），费城艺术博物馆（Philadelphia Museum of Art）的市场营销和传播执行董事

> 我想把"艺术"放在设计的首要和中心位置，使得费城艺术博物馆能够从全球和当地的众多博物馆中脱颖而出。
>
> ——薛博兰

> 与纽约现代艺术博物馆和维多利亚与阿尔伯特博物馆（V&A）不同，费城艺术博物馆的名字不适合用缩写形式来表达。博物馆标识的动态设计是通过将"艺术"一词中字母"A"进行定制设计来突出博物馆中藏品的广度。字母"A"的特殊设计带来了博物馆跨平台交流的趣味元素。新的品牌识别建立了一个灵活的品牌系统，将许多不同的元素联系在一起。

> 在我们的动画资源库中有200多个字母"A"，包括一些经过艺术家设计出来的动画，比如弗兰克·盖里（Frank Gehry）。
>
> ——路易斯·布拉沃（Luis Bravo），费城艺术博物馆创意与品牌互动总监

费城艺术博物馆的标识：由五角设计公司设计

形象标识

形象标识是活灵活现的！它能够体现品牌属性或价值。标识人物很快就成为广告活动的明星，其中一些最佳的形象还成为文化象征。由于具有与众不同的外观和特征，许多人物角色都拥有了可识别的声音，使它们能够跳出无声的货架空间进入你的生活。

虽然将商标人格化的创意很早之前就有并且十分普遍，但是品牌形象一般不会用很久，通常需要定期重新绘制并与当代文化背景相结合。存在了100多年的米其林轮胎先生已经被改造了很多次。随着许多妈妈成为职业女性，贝蒂妙厨（Betty Crocker）被世代相传。哥伦比亚电影公司的品牌形象——哥伦比亚女神被进行了一次重大的改头换面，但从她手握火炬的外观中人们从未看出快乐和满足。每届奥运会都会创作一个吉祥物，赋予成千上万的毛绒动物生气和活力。在盖可壁虎出现之前，谁知道壁虎也能推销汽车保险呢？

Poppin' Fresh，它更广泛地被人们称为面团宝宝（Pillsbury Doughboy），是贝式堡（Pillsbury）公司的广告商标和吉祥物。1965年，位于芝加哥的利奥·贝纳广告公司（Leo Burnett）中负责贝式堡公司业务的一名文案鲁道夫·佩茨（Rudolph Perz）提出了创作品牌吉祥物的创意，于是品牌形象就从一罐冷藏面团中产生了。这个形象的名字是一种对产品质量和新鲜度的称赞。

该图片由贝式堡公司和通用磨坊食品公司（General Mills）提供

历史上著名的形象商标

形象	公司	创造年份
山姆大叔（Uncle Sam）	美国政府	1838年
杰迈玛阿姨（Aunt Jemima）	百事公司	1893年
米其林轮胎先生（Michelin Man）	米其林公司	1898年
花生先生（Mr. Peanut）	绅士牌腰果公司（Planters）	1916年
贝蒂妙厨	通用磨坊食品公司	1921年
千瓦瑞迪（Reddy Kilowatt）	阿拉巴马电力公司（Electric company）	1926年
绿巨人（Jolly Green Giant）	B&G 食品公司（B&G Foods）	1928年
雄狮利奥（Leo the Lion）	米高梅影业公司（MGM Pictures）	1928年
米奇（Mickey Mouse）	沃特·迪士尼公司（Walt Disney Co.）	1928年
温迪（Windy）	芝宝打火机（Zippo）	1937年
铆工露丝（Rosie the Riveter）	美国政府	1943年
斯摩基熊（Smokey the Bear）	美国森林管理局（US Forest Service）	1944年
埃尔默公牛（Elmer the Bull）	埃尔默胶水（Elmer's Glue）	1947年
托尼虎（Tony the Tiger）	凯洛格公司（Kellogg）	1951年
特里克斯兔（Trix the Bunny）	通用磨坊食品公司	1960年
金枪鱼查理（Charlie the Tuna）	星琪金枪鱼公司（StarKist）	1961年
哥伦比亚女神（Columbia Goddess）	哥伦比亚电影公司（Columbia Pictures Corporation）	1961年
麦当劳叔叔（Ronald McDonald）	麦当劳快餐（McDonald's）	1963年
面团宝宝	通用磨坊食品公司	1965年
欧尼·奇宝与精灵（Ernie Keebler & the elves）	凯洛格公司（Kellogg）	1969年
雀巢巧伴兔（Nesquik Bunny）	雀巢巧伴伴（Nesquik）	20世纪70年代
劲量兔（Energizer Bunny）	永备公司劲量电池（Eveready Energizer）	1989年
吉夫斯先生（Jeeves）	Ask Jeeves搜索引擎	1996年
阿弗莱克鸭（AFLAC duck）	美国家庭人寿保险公司（AFLAC Insurance）	2000年
盖可壁虎（Gecko）	盖可保险公司（GEICO）	2002年

这只壁虎操着一口伦敦腔，出现在电视和广告活动中。盖可保险公司是第一家投资广告的汽车保险公司。

盖可壁虎：由马丁公司（The Martin Agency）设计

品牌驱动力

发展趋势

下一件大事已经发生了。当代社会瞬息万变，变幻莫测。随着市场转型，最好的品牌能不断创新以响应社会变革、科技、大众文化、科研和政治格局。伟大的品牌发现了人们自相矛盾的怀旧情绪，人们往往会怀念过去简单纯朴的日子来缓解当下不断变化的焦虑。

> 过早改变几乎不会带来失败，但过晚改变却总是导致失败。
> —— 赛斯·高丁，摘自《设计部落》（*Tribes*）

技术的融合正在模糊物理、数字和生物领域之间的界限。

—— 谢尔盖·布林（Sergei Brin），谷歌公司的联合创始人以及Alphabet公司总裁

技术比人变化得更快。

—— 德里克·汤普森（Derek Thompson），摘自《潮流引领者：浮躁时代里流行度的科学》（*Hit Makers: The Science of Popularity in an Age of Distraction*）

三星公司的虚拟现实头盔（Gear VR）可以帮助客户探寻并完成他们梦寐以求的事，并带他们去他们从未去过的地方。

图片提供：© 2017詹森·诺西托（Jason Nocito）；设计：特纳·达克沃斯

进入主流

人工智能
围棋人工智能程序阿尔法狗（AlphaGo）
谷歌公司
声破天（Spotify）

大数据领域
IBM沃森超级计算机
星巴克
德国电信（T-Mobile）

聊天机器人
日本三井公司（Mitsuku）
Meekan for Slack
脸书时尚购物助手（Chatshopper for Facebook）

云服务
亚马逊网络服务（Amazon Web Services）
微软云（Microsoft Azure）
IBM云（IBM Cloud）

众包
众筹网站：DonorsChoose
Kickstarter
Indiegogo

无人机/个人视频
大疆科技（DJI）
运动相机（GoPro）

性别流动性
封面女郎（Cover Girl）
大卫·鲍伊（David Bowie）
路易·威登（Louis Vuitton）
圣哈里丹（Saint Harridan）

功能纤维
情绪毛衣（Mood sweater）
感测心情会变色毛衣（Sensoree GER）

物联网
亚马逊智能音箱（Amazon Echo）
谷歌家庭（Google Home）
智能家居（Nest）

专注力
冥想应用（Buddhify）
静静（Calm）
顶部空间（Headspace）

移动健康
哮喘病医疗服务公司（Asthmapolis）
可穿戴设备（Personal Kineti Graph）（监测治疗帕金森病）

交新朋友
亚力克莎（Alexa）
语音助手（Siri）

按需随选
享受（Enjoy）
Shyp
Postmates

在线评论
Angie's List
猫途鹰（TripAdvisor）
Yelp

量化生活
Mint
MoodPanda

机器人技术
史宾机器人（Robosapien）
鲁姆巴智能扫地机器人（Roomba）
Sphero SPRK

剪贴软件
Curalate
拼趣
微博客

共享经济
爱彼迎
宠物寄养（DogVaCay）
来福车（Lyft）

空间
太空探索技术公司（SpaceX）
维珍大西洋航空公司（Virgin Atlantic）

订阅箱
Birchbox
Blue Apron
Stitch Fix

虚拟现实
神奇飞跃公司（Magic Leap）
微软全息眼镜（Microsoft HoloLens）
虚拟现实眼镜（Oculus Rift）

可穿戴技术
苹果手表（Apple Watch）
色拉布眼镜（Snapchat Spectacles）

3D打印
Formlabs
LulzBot
麦扣波特（MakerBot）

> 社交机器人将与人互动，而不仅仅是取代人。人与机器将通过我们以前从未有过的方式合作来提供产品和服务——每种方式都有自己的优势。
>
> ——理查德·杨克（Richard Yonck），未来智能咨询公司（Intelligent Future Consulting）设计师

2016年全球前25大独角兽

独角兽是指市值超过10亿美元的创业公司

71

创造差异性

创造差异性已经成为建立品牌的关键。消费者购买的是他们的价值观，而企业在重新思考他们的价值主张。三重底线——人，地球，利润——是一种新的商业模式，代表在衡量企业成绩方面的根本转变。

从古至今，企业的目的是为利益相关者创造价值。而企业新的使命是将经济繁荣与保护环境结合起来，向社会和员工展示关怀。对于很多人来说，可持续发展需要激进的创新：重新规划所做的事情，如何做到以及如何分配。新一代公司将可持续性视为其品牌承诺的核心目标。真实性至关重要。对于那些不遵守自身承诺的品牌，社交网络会迅速曝光它们。

我能做的至少是为那些不能开口说话的生物讲话。

——珍·古道尔（Jane Goodall），
珍·古道尔研究会（The Jane Goodall Institute）的创始人

可持续性

开发新的业务模式。
负责任地去创新。
建立社区和招募志愿者。
减少碳排放。
更智能的设计。
重新思考产品生命周期。
创造长期价值。
重新设计制造过程。
消除浪费。
不要伤害别人。
鼓励有意义的改变。
进行理论研究。
高效使用能源。
认真选择材料。
使用可再生资源。
珍爱健康和生命。
评估供应链。
重新思考包装和产品。
提高环保意识。
诚信经商。
宣传可持续性。
重用，回收，更新。
促进可信的认证。
综合考虑人，地球，利润。
回顾你的使命。
致力于核心价值。
制定环境政策。
要求透明化。
评估商业实践。
设置进程的基准。
创造健康的工作环境。
重新定义繁荣。
购买价格公道的、本土的产品。

珍·古道尔研究所一直致力于保护猿猴和灵长类动物免受疾病和非法走私的威胁。

2004年，维达基金会危地马拉领导团队请求布鲁斯·莫设计公司协助为危地马拉的未来发展提出一个愿景，以此作为号召国民行动的一种方式，并成为一项在经历了30年内战后推动国家积极发展的运动。这一多方面的愿景需要在危地马拉的不同地区采取多项举措，同时需要吸引不同合作伙伴，在国际上引起共鸣。

虽然这项工作是作为设计一种视觉识别和沟通策略开始的，但它也是一个如何在设计过程中运用创造性和分析性思维来解决文化、政治和行为问题的例子。

当然，我们不能解决危地马拉的问题——这只能由危地马拉人自己来完成。但通过分享我们的交流工具，我们可以提供帮助。还有什么比这更好的方式呢？

——布鲁斯·莫

危地马拉标识：布鲁斯·莫公司设计

大数据分析

在未来设计品牌时,算法将会替代你的工作。大创意和品牌战略仍然需要战略性的想象力,需要人工的加入。大数据分析的功能越来越强大,每纳秒处理的数据越来越多(想想泽字节)。品牌分析、机器学习和人工智能方面的每项进步都使我们能够更准确地预测未来,为设计和优化客户体验做出更好的决策。

大数据以惊人的速度、数量和多样性从多个来源进入人们的生活。

——www.ibm.com

熟悉你所在的组织在数据收集方面的优先级和目标。设计师不需要成为数据科学家,但要想建立一个灵活的品牌,就需要知道如何解读数据并在数据分析领域占据一席之地。

——盖默·古铁雷斯(Gaemer Gutierrez),创意总监,商店品牌组合,CVS 健康

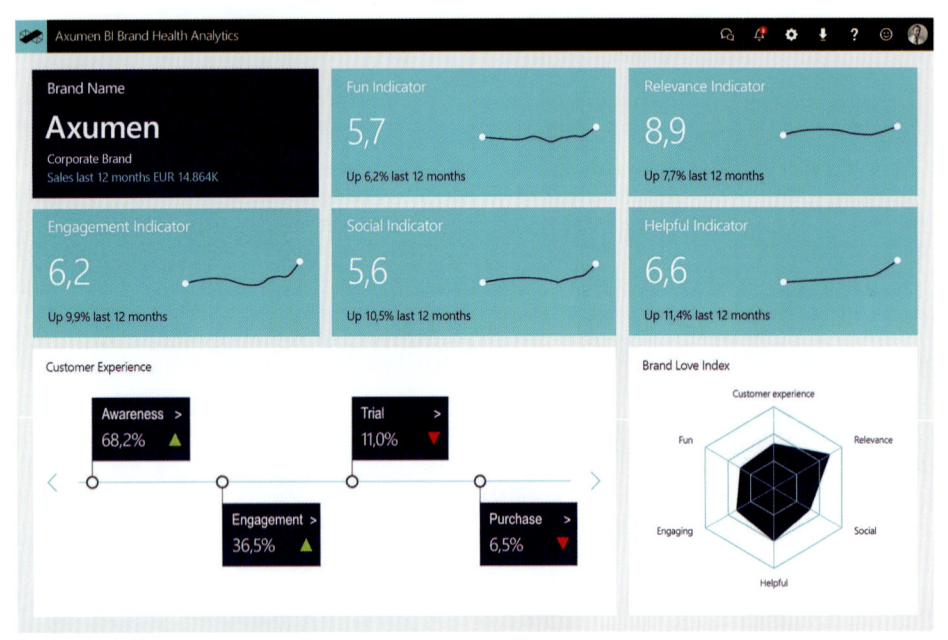

品牌接触点可以留下数字指纹,将品牌转化为数据集群。高级分析和人工智能将这些集群转换为可操作的见解和预测。

——安德斯·布莱肯(Anders Braekken),Axumen人工智能公司(Axumen Intelligence)的CEO兼创始人

数据可视化对于发现模式和行为以及获得独特而有说服力的见解都至关重要。

74

大数据分析是通过检索大批量数据以揭示隐藏模式、未知相关性、市场发展趋势、客户喜好以及其他有用的业务信息的过程。

——拉梅什·唐娜

数字指纹

Axumen人工智能公司

发布产品和服务的级别和评价

发布自己的网站

发布自己的博客

在维基百科上撰写和编辑文章

阅读客户评论和评分

社交媒体上的点赞、关注和分享

在社交媒体上撰写评论和更新

推荐网站和职位给朋友和家人

参加在线论坛

评论其他人的博客

在推特上阅读，撰写和转发内容

在Instagram等媒体上发布照片

收听播客和网络研讨

使用谷歌新闻（Google News）等新闻聚合器

将视频内容上传到YouTube

发布自己的在线文章和故事

关于数据的基本概念

由数字转换公司（Digital Transformation Pro）的管理合伙人拉梅什·唐娜（Ramesh Dontha）提出

描述性分析

描述性分析描述了过去，并为组织运营（品牌绩效、营销投资回报率、财务、销售、人力资本、库存等）提供了历史启示。

预测性分析

预测分析不是准确预测未来，而是预测可能发生的事情的概率。

规范性分析

鉴于可能产生的结果以及这些行动方案可能发生的情况，规定性分析就可能的行动方案提出建议。

算法

算法是用于执行数据分析的数学公式或统计过程。

数据挖掘

数据挖掘就是要找到有意义的模式，并使用复杂的模式识别技术在大量数据中获取市场洞察力。

云计算

云计算本质上是软件和/或数据托管，在远程服务器上运行，并能够在互联网上的任何地方进行访问。

机器学习

机器学习是一种设计系统的方法，计算机可以根据提供给它们的数据来进行学习、调整和改进。

结构化数据与非结构化数据

结构化数据是可以放入关系数据库的任何信息。非结构化数据就是一切不能放入关系数据库的信息——电子邮件、社交媒体帖、人类谈话记录等等。

分析连续性

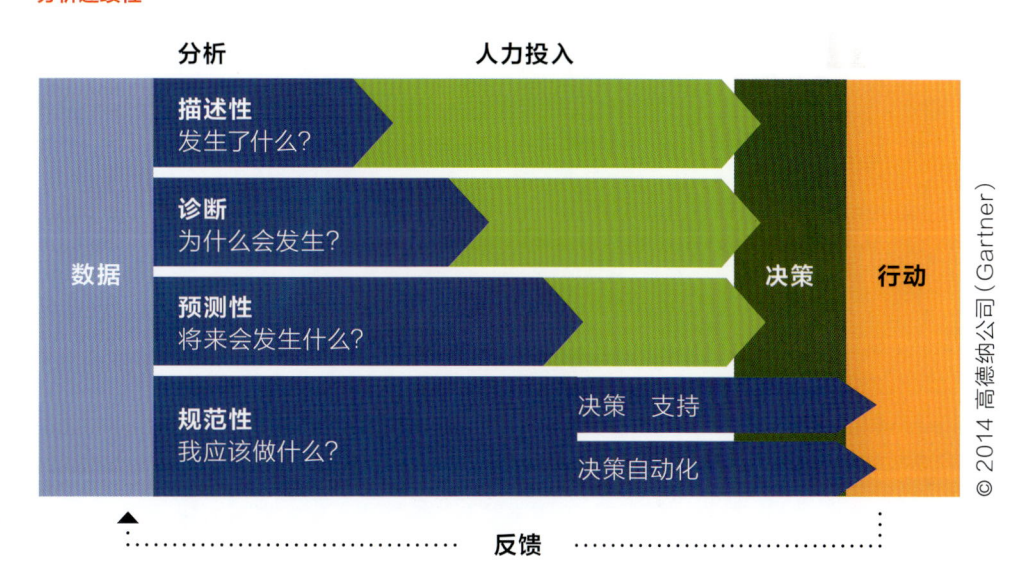

分析		人力投入	
描述性 发生了什么？			
诊断 为什么会发生？			决策 行动
预测性 将来会发生什么？			
规范性 我应该做什么？		决策 支持 决策自动化	

数据 → 反馈

© 2014 高德纳公司（Gartner）

社交媒体

在社交媒体上的投入已成为营销手段中增长最快的一项预算。虽然关于如何衡量社交媒体的金融收益还有很多争议，但有一点很清楚：消费者已经成为品牌建设过程中的积极参与者。推特转发的速度比推出全球营销活动的速度快得多。每个人都是演员、制片人、导演和发行人。

> 最后，你所接受的爱与你所付出的爱相等。
>
> ——披头士（The Beatles）

> 争取赢得客户的尊重和推荐。他们会为你做免费的推销。优质的服务能够开启优质的对话。
>
> ——安迪·赛诺维茨（Andy Sernovitz），摘自《口碑营销》（Word of Mouth Marketing）

衡量成功的标准

定量指标
粉丝/关注者
分享量
点赞量
评论量
访客量
点击量/转换
查看量

定性指标
参与度
对话质量
粉丝忠诚度
洞察力/研究价值
口碑
品牌声誉
影响力

社交媒体分类

传播类
博客
微博
论坛
社交网络
合作
维基百科
社交书签
社交新闻聚合器
评论
信息
聊天室

娱乐类
照片分享
视频分享
直播
音频与音乐共享
虚拟世界
游戏

我思故我在[I think, therefore I(Instagr)am]。

——詹森·席尔瓦(Jason Silva)，大脑游戏(Brain Games)网站的负责人

Youtube网站现已成为使用率第二高的搜索引擎。

现在，"Instagram一代"将当下的体验作为一种预期的记忆。

——丹尼尔·卡尼曼(Daniel Kahneman)，心理学家

好的社交媒体反映了讲课和举办一个盛大的派对之间的区别。

——乔治·艾贝尔斯塔特(George Eberstadt)，转向网络公司(Turn To Networks)的CEO

社交品牌的设计规则
由内容策略专家卡罗琳·泰格(Caroline Tiger)提出

慎重选择

根据资源和目标，限制平台的数量。你的目标受众住在哪些地方？你的团队可以处理多少个渠道？

日历，日历，日历

规划你的信息并编辑你的社交时间表(这个日历是一个活的文档)。

制定子战略

在你的保护伞战略之下，为每种宣传渠道设计一个清晰的策略。脸书可供提高员工参与度，LinkedIn可用于分享行业新闻，推特则是为客户服务的。

跟我一起重复：重新规划意图

一个视频采访可以产生一个博客系列，一个播客插曲，短片，一次下载以及在Instagram上引用#mondaymotivation标签，等等。

雇佣以前曾经当过记者的员工

他们懂得如何找到有价值的新闻。

遵守80/20规则

80%的内容是管理和社区建设，20%的内容是关于自我推销。

小心"自动发布"功能

在遇到危机或机遇时准备好跳入并关闭自动更新。

确立品牌的声音，并坚持下去

你的语气可能会有所不同，但公司的声音需要在所有宣传渠道中保持一致。

添加视觉效果

理想情况下，每一项宣传活动发布都需要具有视觉效果。(一个平面设计师或具有基本设计技能的人对社交媒体团队来说是必不可少的。)

持续学习

这个领域是千变万化的——培养发现新事物和追求发展的渴望。

色拉布(Snapchat)上的TessaWheeler

移动设备

现在电子通信设备已成为人们的第二天性。无论我们走到哪里，我们都会携带它们。我们疯狂地编辑文字，在午夜查收电子邮件，在购物网站比较商品价格，在网飞网站看视频，阅读新闻，开展业务。我们需要的一切都装在了我们的口袋里。电子通信设备就是我们的购物商场、迷你大学和思想的水疗中心。语音助手Siri热切等待着为我们服务，而算法大军则注视着我们的一举一动。

在移动应用程序出现之前，人们在超市排队时以及在火车上的闲暇时间做了什么？

——凯文·李（Kevin Lee），技术专家

网络的发展已经超越了台式机电脑，并且没有打算回头。

——伊桑·马科特（Ethan Marcotte），
《响应式网页设计》（*Responsive Web Design*）

一种成功的互动应该是简单而直观的，但是根据你设计的不同的交互方式和设备，成功也有所不同。比如：语音识别、可穿戴设备、触摸、移动设备、台式机或未来还未被发明出来的技术。

——维贾伊·马修

响应式设计的基本原则
由W&CO公司的创意总监和合伙人维贾伊·马修（Vijay Mathews）提出

采用灵活的网页设计方式来解决当前设备格式的多样性问题，并适应未来的设备格式。

维持一系列解决方案之间的明确关系，以加强该网站的视觉识别特征。

设计带有最大限制条件的设备和格式，以便将设计中的参数用到其他的设计方案中。

利用每种设备的物理属性和输入来开发更多的本土化体验（现在并非所有东西都是点击就行的）。

构建内容的访问可行性以响应环境和行为。用户的环境可以决定用户对内容的需求，无论是在旅途中还是在家中。

建立一种清晰的信息结构层次，使其具有直观的用户体验和格式间的流畅关系。

交互设计不允许使用"一刀切"的方法。这要求必须仔细思考你设计的每个平台，并利用每个平台各自的优势。

——维贾伊·马修

当2016年美国平面设计协会（AIGA）大会的标识由Mother NY公司设计时，W&CO公司开始开发了一个灵活的、可定制的活动网站和原生的（iOS/Android）应用程序平台。该平台包括视频，综合的社交活动以及具有搜索和过滤功能的、详细的关于演讲者和活动的信息。应用程序的体验利用了移动功能，例如将事件添加到日历，实时投票和反馈，以及使用GPS在地图中进行定位等。

美国平面设计协会大会：由W&CO公司和Mother NY公司设计

79

移动应用程序

移动应用程序已成为电子设备的必需品。就像最佳品牌一样,你无法想象没有应用程序的生活。我们的选择被摆放在一个数字收藏柜中,它们揭示了我们是谁,我们重视什么以及如何进行优先事务管理。现在有超过200万个平价的软件具有广泛的功能和交互性。

最好的应用程序是那些能成为你日常生活的一部分的。

——凯文·李

强生官方推出的7分钟锻炼应用程序集成了音频和视频,为用户提供了很好的个性化锻炼体验。这款快速、简单、科学的应用程序拥有超过200万次的下载量,同样也在Apple Watch上上架了。

优秀的应用程序所具有的特征
由Bizness Apps公司的CEO安德鲁·盖兹德科奇(Andrew Gazdecki)提出

可靠且一致的性能,经过仔细的测试

与你选择的所有移动平台和设备兼容

快速的加载时间

持续稳定的性能

有用和/或有趣

应用程序分类

书籍
商务
目录
教育
娱乐
金融
游戏
健康与健身
生活方式
医疗
音乐
导航
新闻
杂志
照片与视频
生产
引用与参考
社交网络
运动
旅行
公共设施
天气

最好的应用程序能够专注于一项任务,并做得非常好。搞砸应用程序的一个最简单的方法是让它尝试和做太多的事情。

应用程序的图标分类

象征型	表征型	现实型	文字标识	字母标识	抽象型
Twitter	Evernote	Evernote Food	Five Guys	Airbnb	Flickr
Target	Chipotle	FatBooth	MoMA	Shazam	Pic Stitch
Starbucks	Lynda	Deluxe Moon	TED	Flipboard	Fitbit
Google Chrome	The New Yorker	Geo Walk	i.TV	NYT Now	7M Workout
Expedia	Instagram	Eebee's Baby	UNIQLO	Pinterest	Spotify

象征型

品牌利用这种方式建立商标权益。最好的应用程序会采用这种形式。

表征型

用一系列的插图风格来传达品牌的特征和个性。

现实型

写实的图像突出应用程序的特征，并使它们脱颖而出。

文字标识

整个品牌的名字在应用程序图标上清晰可见。纽约现代艺术博物馆使用颜色来区分一系列应用程序。

字母标识

单个大写字母可能是实际的商标，或者是名字中的一个字母。拼趣使用带有其名称中一个字母的圆形图标。

抽象型

是表达品牌属性或品牌创意的最独特的应用程序图标形式。

自有品牌

对于许多零售商来说，自有品牌是一种建立品牌资产的强大的营销策略，也能为顾客提供更多购物的理由。目前零售商正在利用更好的设计包装来吸引高端客户并提高利润率。

通过产品的普通、便宜、低质量来认出自有品牌的时代已经结束了。最初，自有品牌是一种旨在提高产品利润率和增加收入的商业战略。自有品牌产品线由商店（通常是大型零售连锁商店）创建并形成品牌。

自有品牌产品本身是由第三方供应商生产的，它们通常为已建立的本土品牌生产其他名牌产品。像宜家这样的公司在其所有产品中都使用主品牌，而像塔吉特这样的公司创造了多个子品牌。CVS公司同时做到了这两点。

我们提高了质量，也提高了价格，我们正在销售更多的产品。因为这是你可以买到的最好的金枪鱼。

——理查德·格兰蒂（Richard Galanti），好市多公司的首席财务官

由于自有品牌在品牌环境中存在，它可以减少用来提高品牌认知的投入，而更多地关注品牌故事。

——布鲁斯·达克沃斯

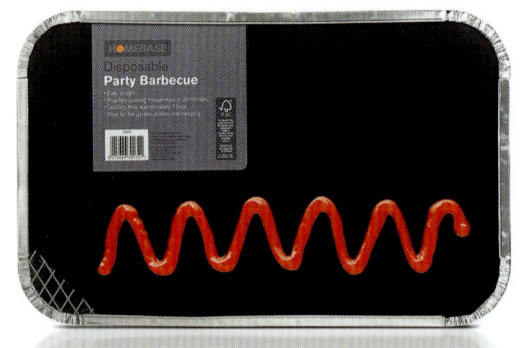

美国城市银行家庭储蓄系统（Homebase）：由特纳·达克沃斯公司设计

英国的特斯科公司（Tesco）为市场提供汽油；加拿大零售商西人超市（Loblaws）旗下的品牌"总裁的选择"（President's Choice）向消费者提供从饼干到金融服务的一切商品；而好市多公司的自有品牌柯克兰（Kirkland Signature）则为顾客提供轮胎以及新鲜食品和酒精饮料。

——罗宾·鲁西（Robin Rusch），《个人标签：品牌是否重要？》（*Private Labels: Does Branding Matter?*）

自有品牌的品牌架构

单个主品牌
整体品牌架构

百思买集团（Best Buy）

家乐福集团（Carrefour）

CVS公司

宜家家居

特斯科公司

乔氏超市

多个子品牌
多元品牌架构

好市多公司旗下
柯克兰
西人超市（Loblaws）
乔氏生鲜（Joe Fresh）
总裁的选择

诺德斯特龙百货公司（Nordstrom）旗下
Classiques Entier
Halogen
Treasure and Bond

西夫韦连锁超市（Safeway）旗下
Eating Right
O Organics
Waterfront Bistro

塔吉特公司旗下
阿彻农场（Archer Farms）
市场食品室（Market Pantry）
梅罗纳（Merona）

莫辛莫公司（Mossimo Supply Co.）
Room Essentials
Threshold
Up&Up

城市旅行者（Urban Outfitters）旗下：
BDG
泡菜蓝（Kimchi Blue）
沉默&噪声（Silence & Noise）
闪烁&消退（Sparkle & Fade）

维特罗斯超市（Waitrose）旗下
Essential Waitrose
Love Life
Good to Go
Waitrose 1

全食超市（Whole Foods）旗下
365有机（365 Organic）
Engine 2 Plant-Strong
Whole Trade

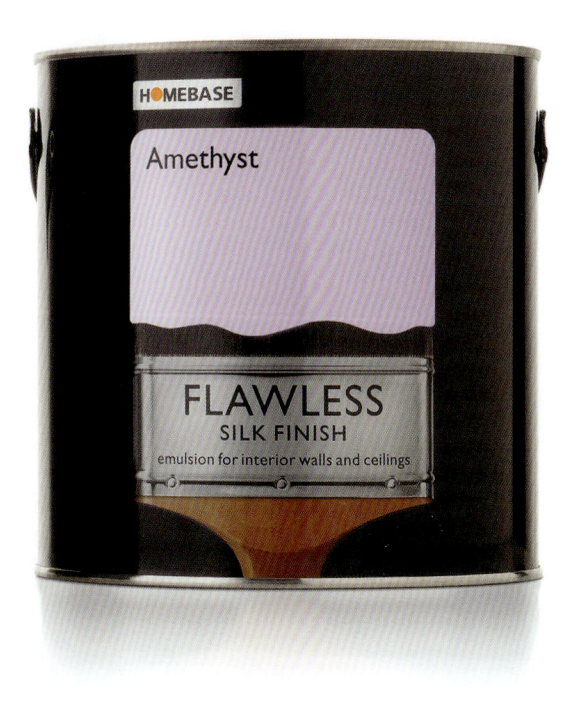

品牌授权

品牌授权是一种策略，它可以使已建立的品牌所有者通过销售品牌标识、名称、口号或其他受法律保护的品牌资产来获取专利费。这是一个吸引新客户和取悦现有品牌的机会。

目前，品牌所有者为知识产权资产寻求新的分销渠道的行为正在扩展到消费和娱乐品牌之外的领域，包括非营利组织、品牌目的地和文化场所。

无论是消费品牌、媒体、漫画人物、艺术家还是设计师（去世的以及在世的），商业要求都是一样的：保护品牌资产，明确品牌的含义并确保每个授权的机会都具有战略性。

品牌授权可以强化核心品牌属性，提升品牌曝光率，吸引新的消费者。

——IMG授权

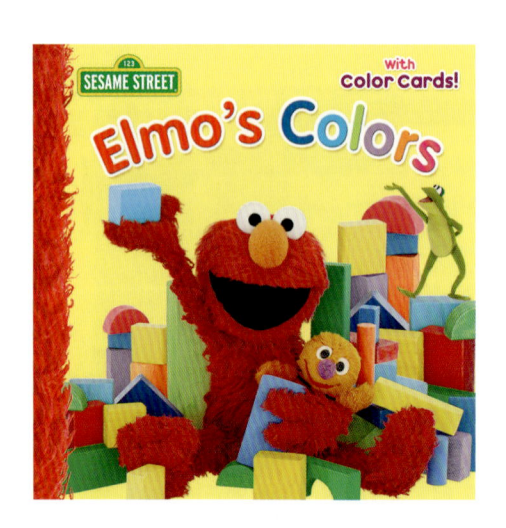

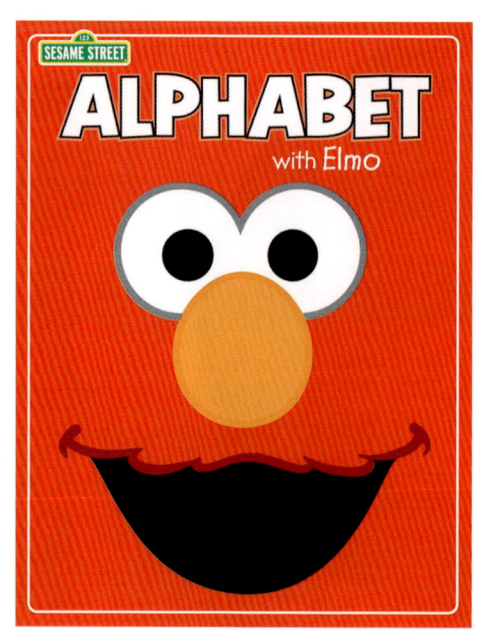

芝麻街公司旗下的非营利组织芝麻街工作室将品牌授权给各种受信任的被授权人和玩具、服装以及其他特色产品的制造商。

芝麻街出版的书籍、视频和益智玩具使得儿童能够将学习延伸到电视观看体验之外。芝麻街工作室将这些授权许可费用于支持其在世界各地开展的各种项目和行动。

品牌授权的益处
由永久授权公司（Perpetual Licensing）提出

对于授权人或品牌所有者：

提升品牌形象

增加品牌的价值

提高品牌的知名度

增强品牌定位和强化品牌信息

吸引新的消费者

建立竞争优势

与客户建立更牢固的联系

获得新的分销渠道

让消费者展现对品牌的热爱

通过商标注册和市场监管来保护品牌

为消费者提供非法和未授权产品以外的选择

通过增加核心产品和已授权产品的销量来提高利润

对于被授权人或产品制造商：

增加市场份额

开拓新的零售渠道

拓展零售商店的货架空间

提高零售商的产品意识

为产品吸引新的客户

建立竞争优势

通过更广泛的产品种类来增加销量

为产品赋予信誉

通过销售授权产品来增加收入

品牌角色
由永久授权公司提出

授权人：

设定授权目标并确定目标

批准年度战略授权计划

批准预期的授权持有者

批准授权产品，包装，市场营销和宣传材料

提供获取可授权资产和/或开发风格指南的途径

在适当的类别注册商标

追究商标侵权人的责任

执行授权协议

被授权人：

设定授权目标并确定目标

批准年度战略授权计划（品牌收购）

批准授权持有人

开发，制造和销售经授权的产品

监控商标侵权者的市场

按季度提交专利税报告和支付专利税

代理人：

制定战略授权计划以展示及获得认可

组织营销材料以吸引被授权方或授权方的兴趣

预测符合要求的授权方和被授权方

就授权协议的条款组织谈判

指导授权合同管理流程

指导可获取资产的获取和/或开发，或创建风格指南

管理产品，包装和宣传材料的审批流程

专利税的管理

监管市场中的商标侵权行为

处理日常的项目需求

我们对于授权业务的处理非常谨慎。这是关于品牌的历史和传统。

——露丝·克罗利（Ruth Crowley），哈利·戴维森公司（Harley-Davidson）的前副总裁

消费者会对他们熟悉的品牌感到舒适，并且倾向于购买这些品牌的新产品。

——大卫·米尔希（David Milch），永久授权公司总裁

品牌认证

随着选择的指数式增长，消费者正在寻找方法来帮助他们做出决定，并将他们的价值观与购买行为联系起来。他们应该信任哪些产品和公司？哪些品牌对环境和社会负责？哪些产品是安全的？这些产品是否可以保护他们的隐私？

为了获得认证，产品必须经过政府机构或专业协会的一系列严格的测试。随着世界范围内的联系不断增强，认证标准的数量不断增加，开发清晰可靠的跨文化认证标准将变得至关重要。

为了达到社会和环境效益，B型公司通过问责制和更高标准的透明度获得了行业认证。B型公司在乙级影响评级系统中获得了最低分数，该系统衡量的是其对员工、供应商、社区、消费者和环境造成的影响，以及其是否合法地扩大其企业责任，包括考虑广大股东的利益。

——杰伊·科恩·吉尔伯特

认证事关重大，因为我们都想分清"好公司"和仅仅是好营销之间的区别。

——杰伊·科恩·吉尔伯特（Jay Coen Gilbert），
B型公司的联合创始人

绿色建筑　　　绿色产品　　　　　　　　　　可持续产业

效率

社会公平　　　　　　　　　　　　　　不用动物实验　　　　　　　　　　　　雨林联盟认证

数据与隐私　　　　　　　　　　　　　　　　　　　　　　　　　　　　　　产品安全

食品

负责任的林业

循环利用

环保

危机沟通

建立一个品牌需要花费数年的时间,但是如果管理不善,一个一秒以内发生的危机就可能摧毁它。危机不论来自内部或外部,都可能对品牌产生负面影响。最有效的声誉管理始于危机发生之前。这涉及在你不得不做出回应之前所采取的行动。

声誉管理是一门要在各种各样的受众中推进和保护品牌的艺术。在数字时代的高风险性传播中,一个精心设计的危机传播方案是你最好的防御措施。这其中包括积极的规划、信息开发、战略沟通咨询和媒体培训,所有这些都将帮助公司在问题升级之前对其进行控制和管理。但是,这样的计划只是第一步。你需要根据计划进行培训并定期更新。

没有哪个组织能够承受低估短期决定的代价。其所产生的潜在影响会作用于长期声誉和商业财富。媒体和公众具有长时间的记忆,他们会记住公司是如何处理危机的,也会记住公司是如何任其发展的。

> 在制定计划和应对潜在的声誉破坏性问题时,要考虑周到,谨慎,并从战略层面出发。
>
> ——维吉尼亚·米勒(Virginia Miller),博尔曼·米勒·菲茨杰拉德公司(Beuerman Miller Fitzgerald)的合伙人

> 如果危机应对问题对高级管理人员来说不重要,那么对中层管理人员或生产线管理人员来说就更不重要了。
>
> ——丹尼·林奇(Denny Lynch),温迪文化传播公司(Communications Wendy's)高级副总裁

> 如果你给公司造成了经济损失,我可以理解。但如果你损害了公司的声誉,我的处理方式会非常无情。
>
> ——沃伦·巴菲特(Warren Buffett)

危机沟通的基本原则
由塔维尼策略与文化传播公司（Tavani Strategic Communications）提出

> 成功属于有准备的人！
> ——维吉尼亚·米勒

> 当你听到雷声的时候再建造避难的方舟就已经太迟了。
> ——佚名

一些关键的规划问题：

你的公司中有危机应对主管和团队吗？

你有没有定期审查危机应对计划？

公司中所有的高层领导人都熟悉这个计划并有针对性训练吗？

你是否将内部和外部的法律顾问纳入计划的制定和培训？

你有明确的组织协议来确定危机吗？

你是否评估过机构内的潜在危机？

你是否准备了关于组织的关键信息和常见问题的回答？

组织内部是否确定并培训了发言人？

你是否制定了社交媒体政策，包括博客、脸书和推特等在线论坛的完善的协议？

你是否考虑过哪些受众可能会受到危机的影响，并且你是否已经确定了与他们中的每一个人进行沟通的方法？

领导层积极的规划步骤：

确定并保留外部沟通顾问。

组织内部危机小组与外部沟通和法律顾问制定计划。

对威胁组织声誉的各种因素进行审查。

熟悉危机应对计划，为危机应对团队定期举办培训课程。

参与模拟危机演习。

建立组织和媒体监测系统。

不断追踪出现的新问题。

在组织内进行关键信息匹配。

确保组织中的每个人都了解企业的关键信息。

每年对危机应对计划进行实践，评估和完善。

危机应对的必要措施：

做好准备： 制定一个你和领导团队接受培训的计划。确保它定期更新。

速度要快： 第一时间发布声明，走在事情发展的前列。不要被迫对网络空间中的虚假或消极信息做出反应。

定义问题： 在危机发生之前或之后尽快将公司的信息发送出去，以便由你来定义问题，而不是由媒体、竞争对手和其他意见评论者定义问题。

坦率地说： 用坚定的言辞来确认行动步骤。

实事求是： 不要推测。如果你知道，那么如实说。如果你不知道，那就承认不知道。向媒体和公众提供信息，做出明智的决定。

保持透明： 在传统媒体和社交媒体论坛上及时、一致地监控、参与和更新信息。

社交媒体：

制定一个社交媒体政策： 在危机发生之前创建一个社交媒体政策，这个时候你和你的沟通及法律顾问还能够客观地考虑这个政策。

提供持续更新： 建立一个微型网站，提供一周七天，一天二十四小时的更新。

全天候提供： 建立一个全天候的社交媒体监控计划。

尊重所有观点： 不要删除组织的官方Facebook或博客上的负面评论。

让你的团队做好应对危机的准备： 在社交媒体上训练组织的危机应对团队。

个人品牌化

个人品牌化的理念鼓励我们去触及人的本性。我们的幽默感、生活方式和个人理想会影响我们在每一个社交媒体上发出的评论，编辑的文字或电子邮件。脸书、推特、领英和Instagram使我们能够用自己的语言和图像来表达自己，这些不仅能反映我们的所见所闻，而且能够反映出我们看待事物的态度。

个人品牌化，如太阳王（Sun King）、拿破仑·波拿巴（Napoleon Bonaparte）和克莉奥佩特拉（Cleopatra）过去常是为骄纵的君王而设计的。现在，无论你是公司高管、设计专家、有抱负的企业家，还是销售助理，都可以体验这种时尚，我们每个人都是"明星"。市场的竞争非常激烈，真实性是至关重要的，因为网络是有记忆的。

为什么个人品牌化变得如此重要？我们生活在一个经济全球化的时代，就业变化是常态。40%的美国人没有传统的全职工作。社交媒体和数字设备模糊了商业与生活、工作与休闲以及公共与私人之间的界限。我们都全天候地与外界连接着。

做你自己，因为别人都有人做了。
——奥斯卡·王尔德（Oscar Wilde）

你必须发出自己的声音。
——弗兰克·盖里

六个职场秘诀：
1. 计划是没有的。
2. 考虑优点，而不是弱点。
3. 与你无关。
4. 持久努力胜过天赋。
5. 犯优秀的错误。
6. 留下印迹。

——丹尼尔 H.潘克（Daniel H. Pink），《职场菜鸟物语》(The Adventures of Johnny Bunko)

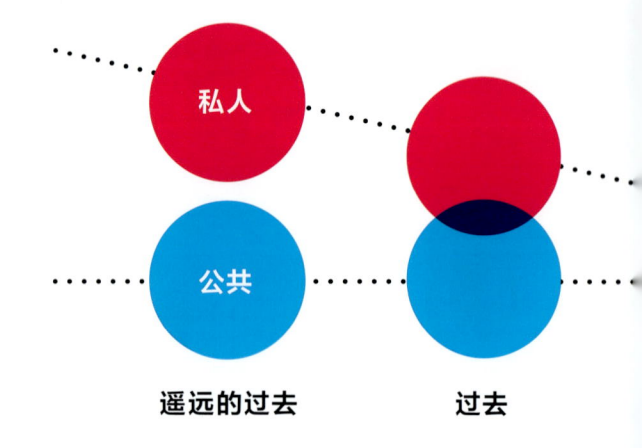

私人

公共

遥远的过去   过去

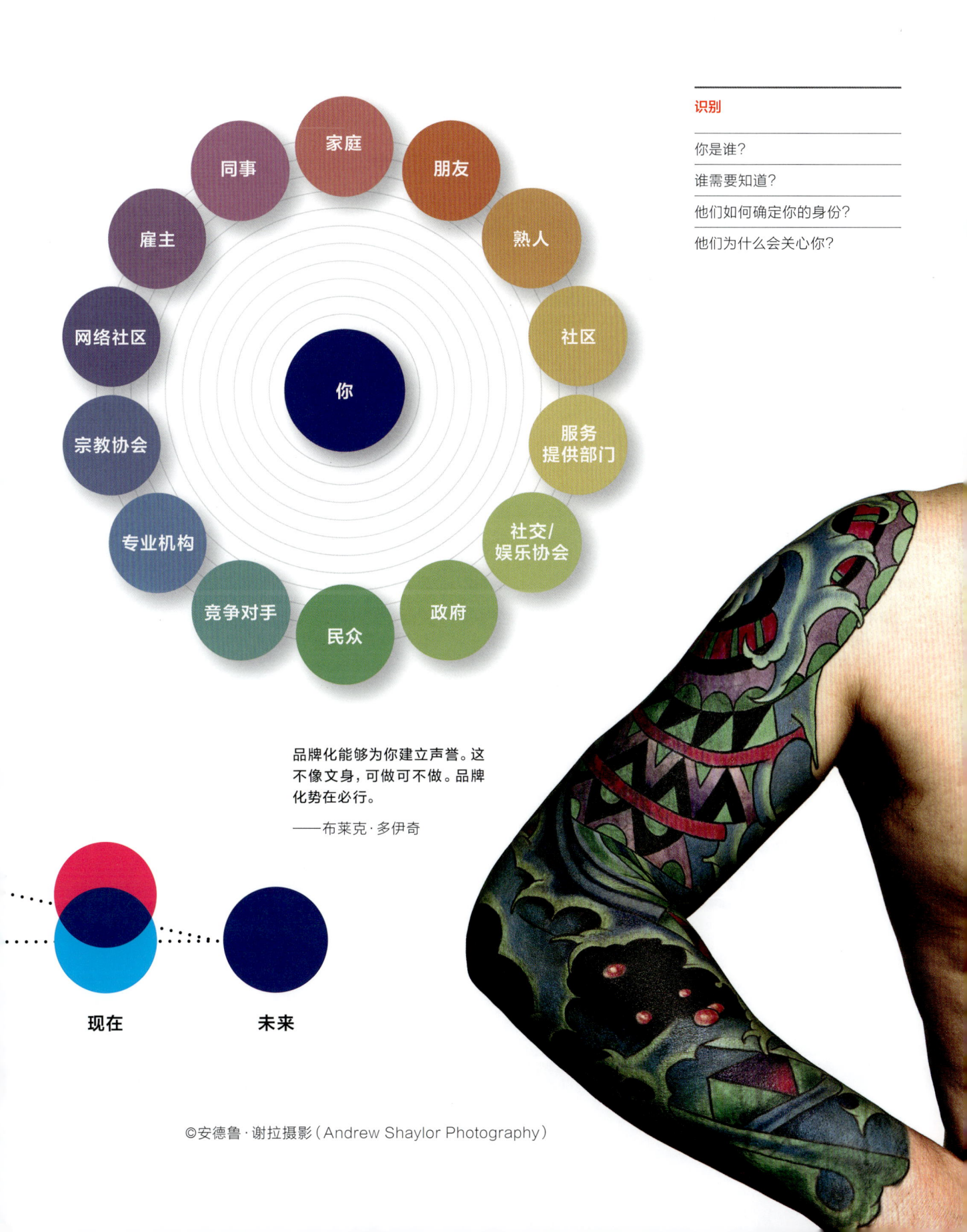

识别

你是谁？

谁需要知道？

他们如何确定你的身份？

他们为什么会关心你？

家庭 · 朋友 · 熟人 · 社区 · 服务提供部门 · 社交/娱乐协会 · 政府 · 民众 · 竞争对手 · 专业机构 · 宗教协会 · 网络社区 · 雇主 · 同事

你

现在　未来

品牌化能够为你建立声誉。这不像文身，可做可不做。品牌化势在必行。

——布莱克·多伊奇

©安德鲁·谢拉摄影（Andrew Shaylor Photography）

中国市场

随着品牌建设者涌入新兴市场,他们最关注的就是中国市场,因为中国市场是世界上最大的消费市场。但从品牌的角度来看,中国市场是最复杂的。中国巨大的地域、语言和文化差异以及对品牌的创新要求,需要公司进行广泛的研究以及本土顾问和合作伙伴的共同参与。

那些在中国比较成功的跨国公司是不会急于求成的。他们首先找到本土的合作伙伴和顾问,花费一些必要的时间在信任、尊重和理解的基础上建立关系。也许没有一个品牌活动能比品牌的命名更能反映文化的复杂性——东西融合、平衡或者是相互强调,如果有的话,那是哪一个呢?品牌名称以及其在方言中的含义进一步促成了多语种品牌的挑战。

解码中国的文化对创造成功和令人难忘的品牌至关重要。

——丹尼诗·萨比特(Denise Sabet),
朗标公司(Labbrand)总经理

在中国实现成功就是适应了中国的市场行情。当一个品牌在中国实现了创新,那么它就为实现全球创新开辟了道路。

——弗拉基米尔·久罗维奇
(Vladimir Djurovic),朗标公司总裁

Kleenex纸巾:由金佰利-克拉克公司(Kimberly-Clark)设计
Kleenex的中文名字(舒洁)意为干净整洁。

在中国市场中需要遵循的基本品牌化原则
由朗标公司提出

一般原则

对中国文化的理解会影响品牌命名、产品设计、品牌识别设计、标语和颜色选择。

由于中国市场发展迅速，对文化和经济变化的关注是至关重要的。

中国是一个多元文化影响交汇的地方，本土和外来品牌共存，本土和国际化变化同时出现。

文化遗产对中国消费者很重要。这是一种古老的文化传承。

在中国，虽然普通话和广东话使用场合较多，但人们还会用到其他方言。

在中国进行的商标注册是有竞争力的。品牌方必须了解中国的知识产权法规，并将其纳入品牌的成长与发展过程。

品牌命名

汉语是一种基于字符的语言，许多汉字能够传达意义和发音。

一个中文的品牌名称应该反映品牌属性，而不必直接翻译原来的名字。

汉语的发音和内涵因地区而异。在中国主要的方言中进行测试以避免消费者产生负面的联想是至关重要的。

创建一个本土化或外来的中文品牌名称取决于品牌的目标受众、竞争对手、所在城市、行业和其他市场动态。

有时候中文名字是为了取原始品牌名称的谐音，但更多的是为了实现一种联想性和相关的意义。

中国文化偏好吉祥、好运、幸福、力量和地位这些元素。

农夫山泉饮料外观：由Mouse Graphics公司设计

品牌化前后对比

随着组织的成长，他们的目标变得更加清晰。创意团队受到以下三个关键问题的挑战：变革的业务需求是什么？需要调整哪些元素来保护品牌资产？这种变化应该是改良性的还是革命性的？大多数品牌的做法是重新定位和重新设计。

改变创造机遇。

——尼多·库比恩

品牌标识重新设计

之前

之后

照片墙　　组合照片　　Boomerang　　微速摄影

我们需要在图标识别和多功能之间实现平衡。我们创建了一个新的Instagram应用程序图标，并为微速摄影（Hyperlapse）、组合照片（Layout）和Boomerang功能创建了一组统一的图标。我们还用更简单、更一致的设计更新了用户界面，帮助人们拍摄照片和视频。

我们希望把握住人们为Instagram带来的生气、创造力和乐天主义，同时忠于Instagram的传统和精神。

——伊恩·斯巴特（Ian Spalter），Instagram公司的设计总监

之前	之后	
AMERICAN ASSOCIATION OF MUSEUMS	American Alliance of Museums	美国博物馆联盟（The American Alliance of Museums）的标识通过丰富多彩的编织设计将团体力量和多样性的概念联系起来。 —— 美国博物馆联盟出版发行（AAM Press Release），美国博物馆联盟: Satori Engine
airbnb	airbnb 爱彼迎标识: 由设计工作室公司（DesignStudio）设计	我们很自豪地介绍贝洛（Bélo）：这是一个为那些想要收获居住新体验、新文化和新对话的人们所设计的象征标识。 —— 布莱恩·切斯科（Brian Chesky），爱彼迎的联合创始人。
Google	Google	我们很高兴能够分享一个新的品牌标识，它旨在使谷歌更容易使用，并为用户提供更多有用的信息，因为他们正处于一个不断扩大的多设备、多屏幕的世界。 —— 乔纳森·贾维斯（Jonathan Jarvis），谷歌公司的创意总监
australian open	AO australian open	澳大利亚网球协会（Tennis Australia）想要一个新的识别标识，以反映其转型为面向未来的具有娱乐性的品牌。 ——尼克·戴维斯（Nick Davis），朗涛设计公司的管理合伙人
MasterCard	mastercard.	万事达的新标识使品牌回归其根本。 ——卢克·海曼（Luke Hayman），五角设计公司

品牌标识重新设计

之前	之后	
MALL OF AMERICA	MALL OF AMERICA	我们面临的挑战是创建一个识别系统来进行超越购物的沟通与交流。 ——乔·达菲
Alaska AIRLINES	Alaska AIRLINES	我们的目标是将阿拉斯加航空公司（Alaska Airlines）从一家值得信赖的区域性航空公司重新定位为值得信赖的全国性航空公司。 ——戴维·巴特（David Bates），浩纳尔·安德森设计公司（Hornall Anderson）创意总监
COLUMBUS SALAME	COLUMBUS SAUSAGE COMPANY	哥伦布·萨勒梅香肠公司（Columbus Salame）进行了重新定位，以吸引更有品位、更高收入的客户。 ——基特·海瑞彻斯（Kit Hinrichs），五角设计公司合伙人
ACLU AMERICAN CIVIL LIBERTIES UNION	ACLU AMERICAN CIVIL LIBERTIES UNION	我们希望帮助美国公民自由联盟（ACLU）看起来更像自由的守护者。 ——西尔维亚·哈里斯（Sylvia Harris），设计策略家
OpenTable	OpenTable	我们的新标识象征着我们对客户的关注。 ——蒂芙尼·福克斯（Tiffany Fox），OpenTable公司合作交流部门的高级总监

OpenTable公司的标识：由明日伙伴（Tomorrow Partners）设计

之前	之后	
		无纸化邮政公司（Paperless Post）需要一个更清晰的在线标识。在改造标识的过程中，我试图保留原来的一个或两个关键要素。在这种情况下，我选择了色彩、邮票和鸟。 —— 路易丝·菲利（Louise Fili）
		我们的新品牌从一种愿景演变而来：真正的转型始于内部。 ——米歇尔·博特

戴尔·卡耐基公司的标识：由卡蓬·斯莫兰公司设计

		我们希望设计能够唤起促进探索的精神和科学。 ——迈克尔·康纳斯
		我们对这个标识进行了现代化改造，标识为品牌赋予了新的乐观主义。 —— 布莱克·霍华德（Blake Howard），火柴人公司的联合创始人
		这个新的名字和标识体现了"红卫人"（redguard）是最大的防爆建筑物制造商，同时也尊重了其以前商标的特征。 ——比尔·加德纳（Bill Gardner），加德纳设计公司（Gardner Design）总裁

品牌标识重新设计

之前	之后	
(星巴克旧标识)	(星巴克新标识)	通过呈现希腊神话中的海中女妖塞壬（Siren），我们使消费者对星巴克这一品牌拥有了更多的个人联想。 ——杰弗里·菲尔茨（Jeffrey Fields），星巴克公司全球创意工作室（Global Creative Studio）的副总裁
(Aetna旧标识) 安泰公司标识：由西格尔（Siegel）与盖尔（Gale）设计	(aetna新标识)	安泰（Aetna）公司新建立的品牌承诺反映了我们的目标，即建立一个联系性更强、更加方便和具有成本效益的医疗保健系统。 ——比兰达·朗（Belinda Lang），安泰公司（Aetna）品牌、数字与营销部门的副总裁
(Bala旧标识)	(BALA新标识)	巴拉（Bala）公司新的标识在原来标识的基础上进行了简化，就如同找到工程中的最佳设计方案一样。 ——乔恩·比昂逊
(Kleenex旧标识)	(Kleenex新标识)	新的标识为品牌增添了最新的、积极的和创新的特征。 ——克里斯汀·莫（Christine Mau），金佰利公司的品牌设计总监
(Santos Brasil旧标识)	(SANTOS BRASIL新标识)	我们为巴西山度士风味咖啡豆（Santos Brasil）主品牌旗下的市场引领者创建了一个整体的品牌架构。 ——马尔科·A.雷森德（Marco A. Rezende），科迪罗设计公司总监

之前	之后	
Kodak	KODAK	我们令柯达回归到其无处不在并广受喜爱的品牌根源——K符号，并重新设计了具有现代与隐喻特征的排版方式。 ——凯拉·亚历山德拉（Keira Alexandra），工作秩序公司的合伙人
social media business council	Social Media .ORG	设计一个更简洁和令人难忘的品牌名称是品牌的战略胜利。 ——克雷格·约翰逊（Craig Johnson），火柴人公司总裁
Pitney Bowes	pitney bowes	我们希望我们新的品牌战略和标识不仅能够反映我们今天的身份，还反映我们未来的发展方向。 ——马克·罗唐巴克（Marc Lautenbach），必能宝公司的总裁兼CEO

必能宝公司标识：由未来品牌公司（FutureBrand）设计

U	U	联合利华公司的新品牌形象表达了与"为生活增添活力"的使命相一致的核心品牌理念。 ——沃尔夫·奥林斯
(植物图)	CONSERVATION INTERNATIONAL	绿色下划线上方简洁的蓝色圆圈象征着我们蓝色的地球，强调了支持和可持续的理念，以及一种独特的人文形式。 ——塞吉·哈维夫，切尔马耶夫&盖斯马&哈维夫公司的合伙人

品牌包装重新设计

之前	之后

Topo Chico公司的新标识和字体重新诠释了其起源于1895年的品牌识别，振兴了品牌本质，并吸引了年轻人和铁杆消费群体。

——英特品牌（Interbrand）

辣椒素公司（Zostrix）产品包装的新设计利用了产品中强大而有效的自然止痛成分，并使该包装更容易在货架上被顾客发现。

——大品牌（Little Big Brands）

Better Together新的品牌识别和包装创建了一个多功能和专门的品牌工具包，以支持公司目前的产品和未来的创新计划。

——蔡斯设计公司（Chase Design Group）

为了传达这种新的冷冻食品无糖分添加并且味道很好的信息，全新的外包装的设计使消费者觉得它很美味，而不会觉得味道很淡或很令人厌烦。

——Snask

之前　　　　　　　　　之后

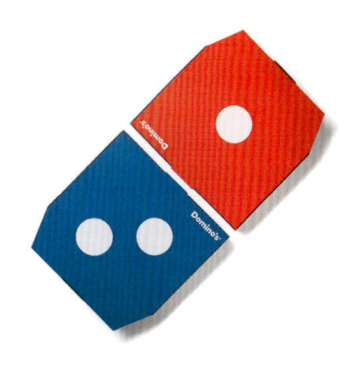

该品牌中标识性的红色和蓝色多米诺骨牌标识是重新设计的关键，而利用品牌标识的比萨式组合则呈现出了画布的效果。

——琼斯·诺尔斯·里奇
（Jones Knowles Ritchie）

百威啤酒需要重新与品牌所代表的东西建立联系。全球化的重新设计证明了每一种包装的工艺和质量的高超水平。

——琼斯·诺尔斯·里奇

克朗代克（Klondike）面临着被列入黑名单的危险。新设计着重于塑造产品口感的吸引力，并以更开放的方式利用品牌资产。

——大品牌

通过从原始的品牌标识中汲取灵感，速易洁（Swiffer）的新标识在保留原来设计元素的基础上，同时实现了标识中字母的现代化；更新后的产品包装也简化了整体的品牌表达。

——蔡斯设计公司

速易洁：由蔡斯设计公司和宝洁公司（P&G）设计。

101

与杰出人才合作,创造对客户有益的东西。

——苏珊·阿瓦德(Susan Avarde),
花旗银行全球品牌形象董事总经理

2 过程

第二部分介绍了一个普遍的品牌设计过程。 它是每一个成功的品牌行动的基础，无论这些过程多么复杂，它们都是必要的。在这部分中，我们会回答：为什么我们需要这么长时间确立品牌识别？怎样敲定品牌的设计？

准备阶段

104 概述
106 过程管理
108 品牌方案
110 衡量成功
112 合作
114 决策
116 知识产权
118 设计管理

阶段1 进行研究

120 概述
122 洞察力
124 市场调查
126 可用性测试
128 营销审计
130 竞争性审计
132 语言审计
134 审计报告

阶段2 明确战略

136 概述
138 精准聚焦
140 定位
142 品牌简介
144 品牌命名
146 品牌重命名

阶段3 品牌识别设计

148 概述
150 品牌识别系统设计
152 外观与感觉
154 颜色
156 更多颜色
158 排印
160 声音
162 应用测试
164 演示

阶段4 创建接触点

166 概述
168 内容策略
170 网站
172 宣传品
174 名片信笺
176 标牌
178 产品设计
180 包装
182 广告
184 环境
186 交通工具
188 制服
190 赠品

阶段5 资产管理

192 概述
194 改变品牌资产
196 启动
198 打造冠军品牌
200 品牌书籍
202 品牌指导方针
204 指导方针的内容
206 在线品牌中心

准备阶段

概述

品牌化过程需要将调查、战略思维、卓越设计和项目管理技能结合起来。它需要非凡的耐心，执着的毅力以及整合大量信息的能力。

不管客户的性质和参与的复杂程度如何，这个过程都是一样的。而品牌形象设计公司和客户双方对于每个阶段进行的程度、分配的资源数量和时间以及团队规模的看法都会有所不同。

这个过程由不同阶段的逻辑起点和终点来界定，这同时也促进决策在适当的时间段内产生。缩减步骤或重新组织这一过程可能会减少成本和时间，这似乎很有诱惑力，但这样做会带来实质性的风险，并阻碍长远利益。在这个过程中如能采取得当的措施可以产生很好的结果。

过程无法改变，但你的脑海中要能够迸发出创意的火花。

——布莱恩·蒂尔尼 (Brian P. Tierney, Esq.)，
蒂尔尼通信公司 (Tierney Communications) 的创始人

品牌化过程

1. 进行研究

明确愿景、策略、目标和价值观

访谈关键的管理部门

调查利益相关者的需求和看法

进行营销、竞争、技术、法律和信息审计

评估现有品牌和品牌架构

递交一份审查报告

2. 明确战略

综合研究成果

明确品牌战略

开发一个定位平台

创建品牌属性

开发关键信息

撰写品牌简介

达成协议

制定品牌的命名策略

撰写创意简报

品牌化过程可作为一种竞争优势：

确保使用经过验证的方法来实现商业目标

加快了解该过程所需投入的时间和资源

在团队中建立信任和信心

将项目管理定位为智能、高效和低成本的

建立信任并强化品牌识别设计方案

建立对品牌化过程复杂性的预期

找到正确方法——建立信任——建立关系——这些至关重要。

——薛博兰

大多数品牌化过程都省略了没人愿意谈论的东西：魔法、直觉和思维跳跃。

——迈克尔·布雷特（Michael Bierut），五角设计公司的合伙人

3. 品牌识别设计

展望未来

集思广益，产生好的创意想法

设计品牌识别系统

开发关键的应用

完成品牌架构

展示视觉策略

达成协议

4. 创建接触点

完成品牌识别设计

设计外观和感觉

启动商标保护

优先考虑和设计应用程序

开发项目

应用品牌架构

5. 管理资产

围绕新战略建立协同效应

制定发布计划

首先在内部发布

然后再正式发布

制定标准和指导方针

打造冠军品牌

105

过程管理

品牌项目必须进行有效的管理，从而在整个过程的每个阶段实现预期的结果。精明的项目管理可以增强利益相关者之间的信心和相互尊重，也可以培养成功所需的团队精神并确保团队走向成功。实现广泛技能资源与目标相协调需要耐心和热情。这将使公司的领导者和他们的品牌顾问必须携手计划、协调、分析、理解和管理时间、资源和资金。

时间因素

品牌项目的周期受下列因素影响：

组织的规模

业务的复杂性

所服务的市场的数量

市场类型：全球、国家、区域、本地

问题的性质

所需要的研究

法律要求（合并或公开发行）

决策过程

决策者的数量

平台和应用程序的数量

这需要多长时间？

无论公司的规模和性质如何，所有客户都会想尽快拿到方案。在这个过程中没有捷径，缩减设计步骤可能不利于实现长期目标。开发有效和可持续的品牌识别需要时间。没有办法立刻给出答案，对品牌化过程做出负责任的承诺是必不可少的。

> 对流程和内容同等关注。
>
> ——迈克尔·赫希霍恩（Michael Hirschhorn），
> 组织动力学专家

> 您的目标是能为您的业务、品牌、组织和文化确定最合适的创意。您需要掌握合适的技能，在正确的时间应对正确的挑战，从而获得正确的价值。
>
> ——约翰·格里森（John Gleason），更好的战略咨询（A Better View Strategic Consulting）机构的负责人

品牌化过程：项目管理

> **团队协议**

确定客户项目、经理和团队

确定公司联系人和团队

明确定义团队目标

进行角色和责任分配

了解政策和程序

发布相关联系方式

> **团队承诺**

团队必须做到：

高效讨论

开放式沟通

保密性

品牌忠诚

互相尊重

> **基准+时间表**

确定可交付成果

确定关键的时间点

制定项目进度计划

根据需要更新时间表

开发任务矩阵

> **决策协议**

建立流程

确定决策者

明确好处和缺点

把所有的决策写下来

> **通信协议**

建立文件流程

决定谁以及如何被复制

把所有的事情都写下来

创建议程

分发会议记录

开发在线项目网站

> 最好的管理者是真正的领导者而非简单的管理者。
>
> —— 金妮·范德史莱斯博士（Ginny Vanderslice），普瑞西斯咨询集团（Praxis Consulting Group）的负责人

谁管理这个项目？

客户方

对于一个小企业来说，创始人或所有者常是项目负责人、关键决策者和有远见者。在一家较大的公司，项目经理可以是任何一位经首席执行官（CEO）指定的人员：市场营销和传播总监、品牌经理或者首席财务官（CFO）。

考虑到存在大量的协调、计划和信息收集工作，项目经理必须是有执行权力的人。他或她也必须能直接与CEO和其他决策者取得联系。在一个大公司里，CEO通常会组成一个品牌团队，这个团队可能包括来自不同部门或业务线的代表。虽然这个团队可能不是最终的决策团队，但他们必须能够和最终决策者直接对话。

品牌形象设计公司方

在大型品牌咨询公司中，专门的项目经理是关键的客户联系人。从市场研究人员和业务分析师到命名专家和设计人员，不同的专业人员处理不同的任务。在中小企业中，负责人可能是主要的客户联系人、高级创意总监和高级设计师。公司可以根据自身需要聘请专家，从市场调研公司到命名专家，创建一个满足客户独特需求的虚拟团队。

项目领导的最佳实践
由普瑞西斯咨询集团的金妮·范德史莱斯博士开发

承诺： 创造一种让人感到鼓舞，能够达到最佳工作状态的文化，每个成员都对其他团队成员和项目成果负责。建立信任。

重点： 看到和保持大局，同时也将其分解成更小和有序的片段。尽管有挑战和制约，仍然继续前进。

纪律： 设计和追踪众多任务，并平衡时间和成本因素。

良好的沟通能力： 清晰并在保持尊重的前提下进行沟通，包括大局和细节，及时与团队成员沟通进度情况。

共鸣： 理解并回应项目中所有参与者的需求、价值观、观点和思维方式。

有效的管理技能： 确定需求、优先事项和任务。做出决定。标记问题。明确预期结果。

灵活性（适应性）： 当事情出错时，保持专注并控制好形势。必要时，可中途改变策略。

创造性解决问题的能力： 把问题看作是待应对的挑战而不是障碍。

洞察力： 了解政策、程序、企业文化、关键人物和政治。

> **文件**
> 给所有文件标注日期
> 记录每个草图的产生过程
> 给关键文件分配版本号

> **信息收集**
> 确定责任
> 确定日期
> 明确专有信息
> 开发任务矩阵
> 开发审计
> 确定如何收集审计材料

> **法律协议**
> 确定知识产权资源
> 了解合规性问题
> 收集保密声明

> **演示协议**
> 提前发布目标
> 在会议上提出议程
> 确定演示媒体
> 开发统一的演示系统
> 获得批准和签署
> 确定接下来的步骤

品牌方案

你的组织是否准备投入时间、资金和人力资源来振兴品牌?花时间计划和建立信任,并设定明确目标。确保你的团队了解品牌基础。制定一套指导原则,让你在整个品牌化过程中始终处于关键位置。

可持续的品牌坚持自身的核心目标,并灵活地响应时代需求。

——珊堤尼·蒙瑞

我们的品牌和声誉是由每天和客户接触的员工建立的。我们的工作是让这些员工成为品牌大使。

——格朗·麦克劳克林(Grant McLaughlin),博思艾伦咨询公司(Booz Allen Hamilton)的市场与公关部副总裁

指导原则
由联盟营销集团管理合伙人珊堤尼·蒙瑞开发

品牌是具有声誉和商业价值的资产。

开发和保护品牌是品牌资产建立过程中的一项长期投资。像其他资产一样,品牌需要被关心和保护,以保持其价值并使其随着时间的推移而升值。

品牌的作用是言辞一致地表达公司的核心目标。

品牌信息和识别的设计是一门基于科学的艺术。艺术就是把品牌所在的位置和顾客联系起来,对数据和实验做出回应,指导品牌的选择和表达方式。

一个品牌是由内而外构建的。

将员工置于品牌体验的核心,使他们能够协助赋予品牌生命。从领导到一线员工,每个人都需要帮助顾客进行品牌体验。

你的客户以你无法做到的方式来扩大你的品牌。

当顾客喜欢你的品牌时,他们更有可能告诉其他人。在他们的交际圈里,你的品牌会受到一心一意的关注,而单靠你的营销是无法快速做到这点的。

每个接触点都很重要,但最重要的只有一小部分。

品牌体验是单个客户体验的总和,这一点使品牌体验过程中的每一次互动都变得非常重要。研究表明,要想获得顾客的青睐,就应创造某些令人愉悦的顾客体验。

品牌和人类一样,本质上是有机的。

一个好的品牌战略能构建品牌的DNA。当客户需求发生变化,或品牌扎根于现实世界和虚拟世界时,品牌会选择性地突出某些属性。

成功的十个必要条件

确保你的领导团队认可品牌行动理念和流程

设定目标、责任和明确的终点

全程保持沟通

使用符合现实基准的纪律

坚持以消费者为中心

专注于一个小型的决策小组

确保你已准备好做出品牌承诺

确定衡量成功的标准

解释为什么品牌很重要

永不止步

转型需要在战略、品牌和文化的交叉点上下功夫。我们的目标是帮助领导者实现愿景，并支持员工、客户和其他利益相关者们追求这一愿景。

——山下凯斯（Keith Yamashita），SYPartners公司的创始人兼董事长

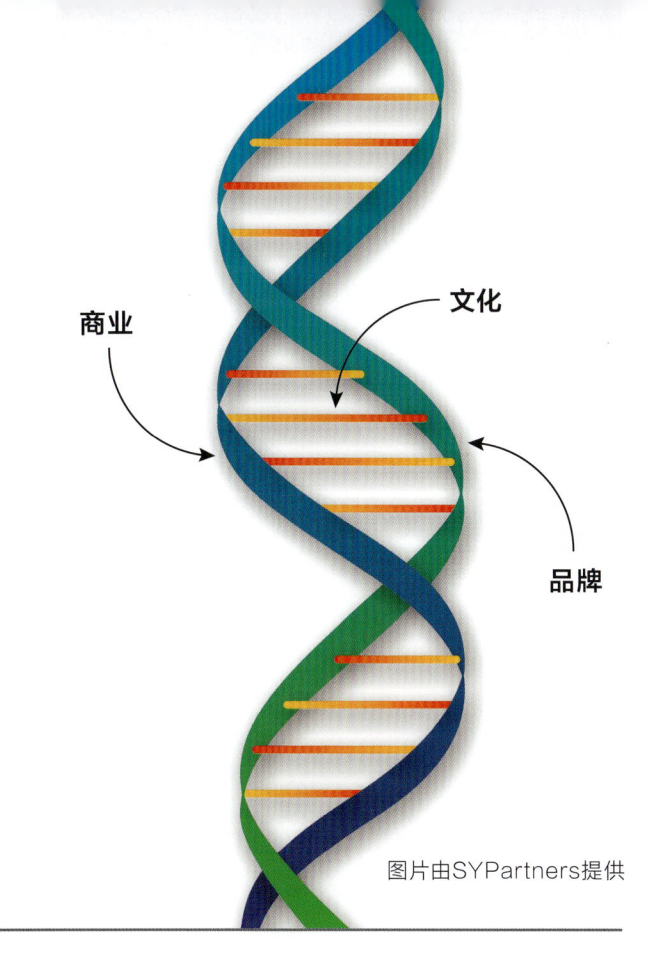

图中标注：商业、文化、品牌

图片由SYPartners提供

核心品牌元素
由联盟营销集团执行合伙人珊堤尼·蒙瑞开发

核心目标	公司除了盈利之外的存在理由
愿景	领导人讲述的能解释公司如何实现目标的故事
价值	核心文化信仰和理念
品格	品牌基调、使消费者接受和产生共鸣的声音
能力和特点	评估品牌实现目标的能力
核心竞争力	一系列能够使品牌有效地发挥作用的相关能力、承诺、知识和技能
竞争	共性和个性点
目标受众	可定位的人群，特别是决策者
需求和异议	需求：我们希望实现的、但目前还未能满足的客户需求 异议：目标受众可能会拒绝我们，或不响应
宏大的创意/品牌实质	能提供灵感和有侧重点的经久不衰的独特的短语
价值定位	功能、情感和社会价值的集合（我们如何满足观众的需求）
支撑点	目标受众们为什么相信我们会做得最好？他们为什么要采取行动？
期望的结果	在消费者语言中，利益相关者最希望得到的一个陈述

衡量成功

品牌识别系统要长期投入时间、人力和资本。每一次良好的品牌体验都有助于建立其品牌资产，而且更有可能获得回头客和长期客户。通过使消费者的消费体验变得更简单和更有趣，销售会变得更容易，并对客户体验更加警觉，进而实现部分投资回报。清晰的品牌定位、清晰的品牌识别设计流程和赋予员工智能工具都有助于成功。

决策者经常会问："我们为什么要做这笔投资？你能向我证明它有所回报吗？"人们很难孤立看待新标识、更好的品牌架构或整合的营销系统的作用。对企业来说，建立自己的衡量成败的标准很重要。那些不期望立竿见影的效果，而是考虑长远的利益的人，才是真正了解增量变化和专注价值的人。

现在的企业和自己的品牌一样强大，没有其他别的东西能像品牌一样可以为企业领导者提供如此巨大的潜在影响力。

——吉姆·斯滕格尔，
《成长：世界一流公司如何用理想促进发展和盈利》(*Grow: How Ideals Power Growth and Profit at the World's Greatest Companies*)

自豪
令人惊奇的因素
我明白了
信心
老板满意
CEO明白了

人力资本

一旦员工理解了我们的愿景，他们就会满腔热情地承担责任，这使公司永葆活力，不断发展。

——简·卡尔松（Jan Carlzon），斯堪的纳维亚航空集团前CEO《真实时刻》(*Moments of Truth*)

需求

品牌是创造欲望，塑造体验和转变需求的强大资产。

——瑞克·怀斯（Rick Wise），利平科特公司的CEO

发展

在所有竞争激烈的市场中，推动利润和发展的因素是什么？划分业务的依据是什么？对员工、客户、合作伙伴和投资者而言——是品牌。

——吉姆·斯滕格尔

领导

如果能够及时进行企业品牌重塑，并能创造性地执行，品牌就可以成为领导者最有力的指挥工具——广泛有效地引起新的关注，重新设定方向，并延续员工忠诚度。

——托尼·斯佩思（Tony Spaeth），品牌识别顾问

品牌管理度量指标　来源:《先知》(Prophet)

感知指标
意识

顾客是否注意到你的品牌?
显著性
品牌认知度

熟悉度+考虑

顾客对品牌有什么看法和感觉?
差异化
相关性
可信度
喜爱程度
质量感知
购买意向

绩效指标
购买决策

客户如何行动?
客户领导
客户购买
试用
重复
偏爱
价格溢价

忠诚

随着时间推移,顾客的行为是怎样的?
客户满意度
客户留存
每个客户的收入
在品牌上所花的钱占客户钱包的份额
客户生命周期价值
转介
投资回报率(ROI)
成本节约

财务指标
价值创造

客户行为如何创造有形的经济价值?
市场份额
收入
运作现金流市值
市场总值
分析师评级
品牌价值评估

独立接触点的度量指标

网站

总访问次数+新访问次数百分比
特殊访客
网站停留时间+跳出率
搜索引擎着陆页
关键绩效指标
反向链接引荐流量
平均转化率
订单价值+每次访问价值
访客人口统计信息+频率
访问者流量
页面浏览量
网站搜索跟踪
关键字+每个着陆页的跳出率
访问量+根据关键字测得的访问者参与度
搜索引擎展示次数、查询次数和点击次数

社交媒体
定量指标
粉丝数

分享数
点赞数
评论数
访客量
点击次数/转化次数

定性指标
参与度
对话质量
粉丝忠诚度
洞察力/研究价值
口碑
品牌声誉
影响力

知识产权
保护资产
防止诉讼
符合规定

直邮广告
回复率

贸易展览
领导地位的数量
销售数量
询价数

许可
收入
保护资产

物品陈设
触及
印象
意识

公共关系
通话
意识

广告
意识
转化
收入

包装

相对于竞争的市场份额
采用新包装后销售额的变化
与整体项目成本对比销量变化
由于工程和材料而节省的成本
眼球追踪研究,追踪他们首先看到的(货架影响)
更多的货架空间
主体使用/观察消费者/现场测试
为新零售商服务
新闻报道;通话
产业线延伸数
产品布局
销售周期
顾客反馈
对采购决策的影响
网站分析

在线品牌中心
用户数量
每个用户的访问次数
每次访问的时间
下载的资产文件的数量
网站使用的实际投资回报率
更快的决策
更有效的排序
更合规

标准+指南
更一致的实施
更有效的内容管理
更有效的时间利用
更快的决策
减少校正
减少法律介入
更有效地保护品牌资产

重新考虑度量指标

设计

英国设计委员会(The Design Council)对英国上市公司过去十年的股价进行研究发现:如果公司能进行有效的用户设计,其盈利会超过富时指数的200%。

持续稳定投资的回报并不是一时的成功,而是持久的竞争力。
——英国设计委员会

循证设计
以可信研究作为设计决策的基础,基于证据的

量化设计对结果(如健康、满意度、安全性、效率)的影响可以产生关于建筑环境的新证据。
——艾伦·泰勒(Ellen Taylor), AIA, MBA, EDAC, 健康设计中心卵石项目总监

合并

在英国,收购公司所支付金额的70%以上是来自企业品牌价值等无形资产。
——特洛布里治咨询集团(Turnbridge Consulting Group)

可持续发展

环保包装
减少电子垃圾和普通垃圾
减少产品设计中的有害物质
节约能源
减少碳排放
坚持环保政策

合作

伟大的成果需要远见、承诺和合作。协作不是一致或妥协。它源于对解决问题的深思和真正的关注，并形成了一个相互依存和相互联系的方法。它也承认不同观点和不同学科之间的冲突。

大多数品牌识别项目都涉及不同部门的人员，其议程各不相同。即使小组织的成功也会受到阻碍。协作需要中止判断的能力，认真倾听，并超越政治偏见。

开源是一种协作、激发创造力和解决问题的新模式，现在用于产品开发和品牌创新。开源的特点是在客户与商家、创造者与最终用户、员工与志愿者以及竞争对手之间公开分享信息，互惠互利。维基百科和Linux操作系统是开源方法的典范。

抛弃刻板印象。知识产权律师确实有创造性的想法，投资银行家也可以有怜悯之心，设计师也可以解决数学问题。

——布莱克·多伊奇

你的俱乐部拥有世界上最多的明星队员，但如果他们无法进行协作，俱乐部就会变得一文不值。

——贝比·鲁斯（Babe Ruth）

通过像斯莱克（Slack）流线合作那样，组织团队进行沟通，实现应用程序、工具和信息共享。

伟大的品牌设计是从对品牌的一切美好，但同时又不完整的共识中演变而来的。放下所有的恐惧，并建立新征途是一个团队的承诺。

——珊堤尼·蒙瑞

像亚瑟王的圆桌会议一样，高效的团队承认并尊重不同的专业知识，分享权力，积极辩论，为一个共同目标团结起来，并利用集体智慧实现雄伟的目标。

——莫伊拉·卡伦

当我和一位作家一起工作的时候，我们放下了自己的激情和个人的观点，深入地倾听对方的意见，并允许第三方引入一个新的视野。

——埃德·威廉姆森（Ed Williamson），艺术总监

合作原则
由温盖特咨询公司（Wingate Consulting）的琳达·温盖特（Linda Wingate）开发

领导者必须相信协作并承认它在组织层面带来的好处。

倾听所有的观点，真诚分享你的观点，把所有的问题摊开说。

促进参与。

每个人的贡献都很重要。

发展强大的专业关系，建立高度的信任和默契；淡化头衔和组织角色。

参与对话，找到学习和交流的共同目的和语言，构建决策指导原则。

平等获取信息，创建一个共同的工作流程，客观地检验假设和数据。

创建团队协议。

保证合作、参与和所有权，认识到奖励属于团队而非个人，摆脱"你输我赢"的竞争心态。

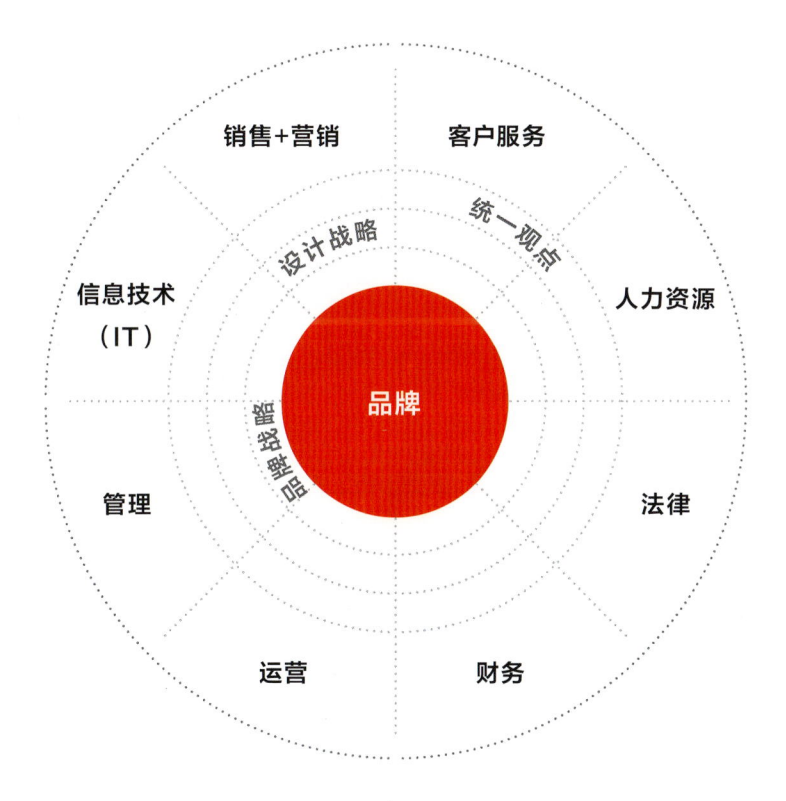

销售+营销　　客户服务
设计战略　　统一观点
信息技术（IT）　　人力资源
品牌资产　　品牌
管理　　法律
运营　　财务

为了优化品牌客户体验，CEO在分散品牌决策方面发挥重要作用，要么领导企业重组（宝洁），提高运营效率（亚马逊）和改善工作环境（谷歌），要么基于共同目标来统一品牌（苹果）。

——萨拉赫·哈山博士（Salah S. Hassan），乔治华盛顿大学商学院战略品牌管理教授

决策

决策过程需要建立信任，并帮助组织做出正确的选择来建立自己的品牌。大多数人可以回想起由于政治、根深蒂固的成见或者过多的决策者而做出错误决定的情况。社会科学专家认为，大群体的决策往往不如小群体做出的决定。组织发展专家认为，共识可以产生更高质量的决策，因为组织利用的是其成员的资源。

这个过程需要一个领导者，他可以从一个更广泛的群体中引出创意和意见，而不用屈从于集体思考。最终的决策者，无论组织规模大小，都应该包括CEO。在整个过程中，CEO必须参与关键决策，例如就目标、品牌策略、名称、标语和品牌标识达成共识。

品牌化过程经常将关键利益相关者重新聚焦在组织的愿景和使命上。如果做得好，整个组织的人们都会感到行使了自己的权利，并开始"拥有"新品牌。

决策需要相信自己、品牌化过程和团队。

——芭芭拉·莱利博士（Barbara Riley），钱伯斯集团有限公司（Chambers Group LLC）的管理合伙人

一个品牌咨询公司，要想真正地与组织及客户产生共鸣，就需要争取从局外人变成内部人士以建立信任。

——安德鲁·塞克恩（Andrew Ceccon），FS投资公司（FS Investments）的执行董事

成功的关键因素

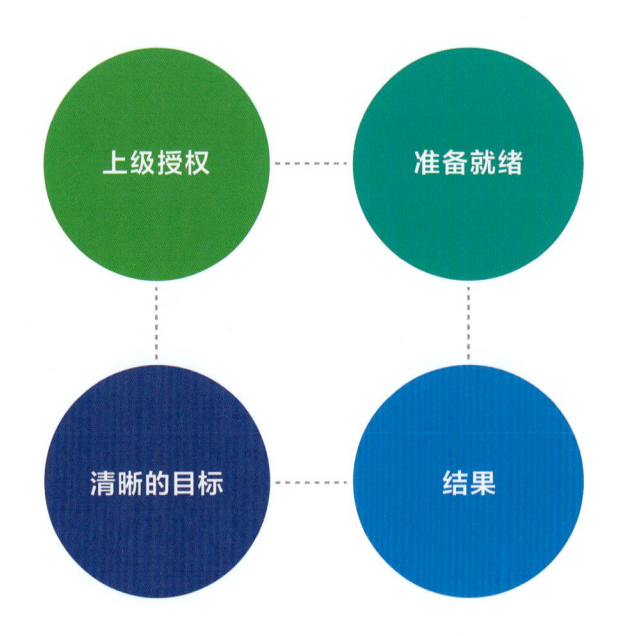

- 上级授权
- 准备就绪
- 清晰的目标
- 结果

危险信号

CEO（或全球品牌经理）没有时间与你会面。

亲眼看见某个产品，才能了解它。

我们将要展示给所有的合作伙伴，看看他们是否喜欢它。

我们将通过焦点小组来帮助我们做出正确的决策。

我们知道这是更好的设计，但CEO的丈夫不喜欢这个设计。

我们希望向CEO展示573个品牌名，并让她决定她最喜欢哪一个。

投票表决最中意的品牌名。

决定你如何做出决策并保持坚定

基本特征

CEO领导一个包括营销品牌冠军的小团队。

整个品牌化过程清楚地传达给主要利益相关者。

决策与愿景、目标是一致的。

所有成员都被信赖与被尊重。

目标和定位策略在创意策略之前达成一致意见。

所有相关的信息和关注点都被表达和追踪。

利弊得到充分讨论。

做出承诺来让组织内部每个层级的人员了解品牌。

焦点小组被用作工具，而不是思想领袖。

首先在内部传达决策。

保密行为应得到赞扬。

具有挑战性的情况

CEO不参与。

新的决策者在品牌化过程中期参与进来。

团队成员的意见不被尊重。

为节省金钱和时间成本而省去过程中的关键步骤。

个人审美与功能标准混为一谈。

兼并和收购

金融风险很高。

当保密性至关重要时，很难收集意见。

时间框架被压缩，气氛紧张。

就像国际象棋比赛一样复杂。

每个人都需要领导的关注。

持续关注客户利益至关重要。

成功的关键因素

CEO支持这一举措。

公司准备好投入时间、资源和智慧。

有一个大家都理解和同意的奋斗目标。

设计结果是有价值的，团队中的所有人对成功的标准达成一致。

如果你和你尊重的人一起经历了一个品牌化过程，那么决策就不是信仰的飞跃而是计划。

——芭芭拉·莱利博士

许多决策都是在安静的会议室里进行的，在那里，新的工作看起来很激烈或者恐怖。但是品牌体验这项工作，需要在户外运行。这是一个嘈杂而繁忙的世界。你可以投入很多钱，却发现客户不知道其中的差异。当你通过共识建立品牌时，你可能会失去自身的独特性。

——苏珊·阿瓦德

知识产权

品牌通过建立他们可以表达、维持和合法保护的差异来胜过竞争对手。独特的产品和包装设计、改进的功能以及标识、名称、口号、颜色甚至是声音等品牌标识都可能作为商标受到保护。当品牌标识能够立即被人识别和令人难忘时，其长期价值将会增加。

专利鼓励新发明的开发和宣传，版权促进和保护创意，而商标有助于确保消费者不会被类似的标识所迷惑或误导。尽管在美国习惯法中，商标权是从仅仅使用商标作为来源标识符而产生的。在某些情况下，品牌需要进行联邦商标注册以实现全国独家的权利。商品和服务分为45个产业类别，一个商标可以在一个以上的类别中注册。知识产权是通过获取、监控、执行和将各种形式的知识产权货币化来为品牌资产提供保护的法律学科。在品牌化过程一开始就进行商标搜索和分析，是识别和减轻风险的宝贵手段。商标所有者有责任监控市场以防商标被他人滥用或侵权。许多品牌利用商标监视服务来主动保护其资产。

商标和服务标识
保护品牌标识符，如名称、标识、口号和配乐

商业外观
保护产品外观，产品包装或企业内部设计，这些都被消费者当作品牌标识

版权
保护原创的创意表达，如视觉艺术、文学、音乐、舞蹈和计算机软件

实用专利
保护机器和品牌化过程中发明的新的和有用的实用功能

设计专利
保护产品的独特装饰方面，如形状或外观

商业机密
保护有价值的秘密信息，如客户名单、方法、流程和配方

单个项目可以用多种形式的IP进行保护

> 在确定某个商标或品牌口号的创意合法之前，不要对其盲目崇拜。
>
> ——卡西迪·梅里安姆（Cassidy Merriam），
> 商标和版权律师

流程：商标搜索和注册

> 建立品牌差异化
确定一个新品牌如何在市场上脱颖而出
开发出能够定义独特和创新的品牌元素的差异点
进行市场调查以评估竞争格局
确定备选方案，在商标被明确之前不要对其盲目崇拜

> 制定法律战略
决定应该保护什么，例如：名称、符号、标识和产品设计等
确定所需的注册类型：版权？商标？联邦，州还是国外？
确定商标将被用于何种商品或服务
确定所有的监管约束

> 使用合法资源
确定知识产权顾问和商标搜索服务
将知识产权顾问分配给品牌团队
将知识产权行动纳入品牌化进程
确保合同规定设计公司而不是品牌方公司拥有商标设计的版权

> 搜索潜在目标
对未来的商标进行全面搜索
搜索即将进行注册得到和已经获得批准注册的商标，以及普通法的运用
就预期的商标是否可能被注册或侵犯他人权利征寻意见
确定你是否需要在国外搜索

商标基础知识

非传统商标

李维·斯特劳斯（Levi Strauss）独特的牛仔裤口袋拼接设计

蒂芙尼的知更鸟蛋蓝色包装

可口可乐标识性的瓶子设计

英特尔（Intel）的启动声音

报事贴（Post-it）的黄色金丝雀

法律与秩序（Law & Order）的"砰""砰"音效

黑武士（Darth Vader）的呼吸声

超级英雄（superhero）这个词

爱马仕铂金包（Hermès Birkin）

星巴克的星冰乐（Frappuccino）

德国电信（T-Mobile）的品红

UPS快递公司的棕色

一个品牌与竞争对手差异越大，越容易从法律角度对商标进行保护。

某些受监管企业（如卫生保健、药品和金融服务）的品牌名称、包装、标签和市场营销材料，发布之前需要由理事机构批准。

无论是商标所有者自己使用，还是在签署合同协议的情况下由第三方使用，商标的所有者——无论是个人、公司、合伙企业还是其他类型的法人实体——都控制着商标的使用权，以及使用的商品或服务的性质和质量。

商标权是受到管辖权限制的。一个国家所规定的权利不会在其他国家受到保护。权利需要在每个正在或将要开展业务的国家中进行评定。

在美国，你可以根据商标的商业用途确立商标权，而且不需要注册，因为在部分有限的地理区域内习惯法权利来自实际使用，并允许习惯法使用者质疑他人的注册或申请。然而，在大多数其他国家，商标是需要注册的。

联邦商标注册提供了以下优势：其所有者在全国范围内使用该商标所代表的商品和服务的专有权，在联邦法院提起有关商标诉讼的权利，以及通过注册的方式阻止侵权的外国商品进口的权利。

由于许多品牌拥有者在采纳或申请注册商标之前进行了许可搜索，因此联邦注册通常会阻止第三方在搜索中无意采用类似或相同的标记。

美国专利和商标局（USPTO）数据库可用于搜索现有的联邦商标申请和注册情况，但需要知识产权律师来评估此举带来的法律机会和风险。

在美国，可以通过"意图使用"提交商标申请，从而能够从申请之日就给予所有者优先权，而不是该商标首次被使用的时间。

只要商标被使用，商标权就可以永久存在，但必须更新。在美国，注册必须每十年更新一次。

Ⓡ

注册商标： 联邦注册符号，只有在USPTO实际注册商标后才可以使用，在申请未决时无法使用。

TM

商标： 用于向公众提醒你的商标拥有权。它可以在申请未决时使用，或者在您没有向美国专利商标局提交申请时使用。

SM

服务标识： 用于提醒公众你所拥有的独特服务的所有权。无论您是否向美国专利商标局提交申请，都可以使用。

> **寻求商标保护**

完成商标清单所需的注册

酌情申请州、联邦或国家的商标注册

制定适当的商标使用标准

监控竞争对手的活动，以确定可能存在的商标侵权行为

确保与第三方的协议涵盖了如何行使知识产权的内容

> **考虑**

与IP相关的问题：

域名

社交媒体账户

公开权利

消费者隐私问题

员工政策

合同

监管机构

> **教育+审计**

教育员工和供应商

发布标准以明确正确的用法

进行年度知识产权审计

让遵守适当的商标使用规则变得更容易

考虑商标监视服务

设计管理

经验丰富的设计总监越来越多地加入高级管理团队来监督和建立品牌，管理设计团队，并确定所需的专家。将设计作为核心竞争力的公司往往在营销和沟通方面更为成功。

品牌识别项目通常由拥有合适资质、经验、时间和人员的外部公司负责。外部咨询公司最大的错误做法是：在最初的研究阶段未将内部设计团队包含进去。

内部团队能够洞察到促成改变发生背后的挑战。此外，品牌识别设计项目的成功实施取决于内部团体是否拥护和实施该系统。内部团队必须与外部公司保持沟通并提出问题，说明和报告未预见到的情况。外部公司应定期审查新的工作进度，并参加年度品牌审计，以确保品牌保持新鲜感和相关性。

如果你认为好的设计成本昂贵，那你应该看看公司为糟糕设计所付出的代价。

——拉尔夫·施佩思博士

内部创意团队需要通过对品牌的深入了解来充分利用其内部优势，为公司发掘战略价值。

——莫伊拉·卡伦（Moira Cullen），百事公司全球饮料设计部门副总裁

波士顿公共电视台（WGBH）认识到设计需要直接向CEO报告。

——克里斯·普尔曼（Chris Pullman），波士顿公共电视台设计部副总裁

内部团队与他们所负责的品牌同呼吸，共命运，而且通常对品牌所代表的内容有更清晰的认识。

——亚历克斯·森特（Alex Center），可口可乐公司的设计总监

> 当知识、投资和自豪感与愿景、创造力和对表达的精通融合在一起时，内部工作室将成为品牌不可或缺的一部分。
>
> ——杰弗里·菲尔茨（Jeffrey Fields），星巴克全球创意工作室副总裁

内部设计团队的特点和挑战

基本特征	最大的挑战
由创意或设计总监管理	对品牌实力所传递的含义缺乏理解
由高级管理人员评估	战胜政治制约
由经验丰富的设计师（创意和技术专家）组成	接触高级管理层
多功能（在所有媒体都有经验）	获得管理层的尊重
多层次（高级和初级）的体验	克服委员会设计观念
明确的角色和职责	打破"高质量意味着高成本"的神话
明确的流程和程序	在制定重要的品牌决策时缺席
恪守品牌标识标准	人少工作多
能够在系统内具有创造性	
能够解释设计方案的基本原理	
与高级管理层和集团内部开放沟通的渠道	
具有跟踪进度和项目的系统	

> 根据内部客户的需求以及自身内部能力，组织内的设计团队通常会以不同的成熟度运作并发展到不同水平。
>
> 设计团队的水平增长来自明确的标准、培训和交流，以及分享知识的能力。
>
> ——珍·米勒

设计管理模式

由珍·米勒咨询公司珍·米勒（Jen Miller）开发

描述	角色
内部设计部门推动公司重点事项和品牌愿景，引领品牌标准的发展。品牌标准定期更新并进行可用性的审计，同时衡量品牌的忠诚度。	品牌建设者
内部设计团队与外部机构合作进行品牌开发，并担任执行团队的主要顾问和发展品牌活动的客户。团队包括专职的品牌大使。	创新者
外部机构开发品牌标准。内部设计部门帮助确定公司重点事项，并指导基于品牌知识的工作。创意总监监控品牌忠诚度。	战略家
内部设计部门根据品牌标准进行设计和执行，衡量有效性，并通过最佳实践增加价值。	顾问
内部设计部门根据业务要求和可用品牌标准执行品牌愿景。	服务供应商

阶段一：进行研究

概述

打造一个品牌需要商业头脑和设计思维。打造品牌的首要任务是了解组织的使命、愿景、价值观、目标市场、企业文化、竞争优势、优劣势、营销策略以及对未来的挑战。

1. 进行研究

回答问题简单，提出合适的问题比较困难。

——卡琳·克罗南（Karin Cronan），
克罗南（CRONAN）合伙人

面对面的谈话是新的奢侈品。

——苏珊·伯德（Susan Bird），
Wf360 TED驻地创始人和CEO

学习必须专注和快速。客户雇用具有智慧的公司以确保其设计方案与业务目标及策略相关。

理解有多种来源——从阅读战略文件和业务计划到访问关键利益相关者。要求客户提供相应信息是第一步，它应该先于任何主要管理层或利益相关者的访谈。聆听组织的未来愿景和策略，以形成新品牌识别创造过程的核心。

与主要利益相关者的访谈能为组织的声音、节奏和个性提供非常有价值的见解。通常情况下，这些想法和策略在访谈前可能从未被记录过。

此外，也可以从客户的角度来体验组织，以获得理解，并且了解产品供应，接受销售订单或使用产品的难易程度。目标是揭开公司的本质，理解组织应如何适应更激烈的竞争环境。

要询问的基本信息

在开始任何访谈之前,这些商业背景材料能够帮助团队了解更多关于该组织的信息。如果是上市公司,请咨询一下财务分析师对该公司业绩和未来前景的看法。

使命	现有的市场调研
愿景	文化评估
价值声明	员工调查
价值定位	CEO演讲
组织结构图	媒体发布
战略规划文件	新闻剪报
业务计划	历史
营销计划	域名和商标
年度报告	社交媒体账户

访谈关键利益相关者

关键的管理层面的访谈最好面对面进行。记录访谈内容有利于眼神交流和获得更好的访谈效果。如有必要,可以通过电话进行访谈。

建立信任是另一个议程。访谈中,问题的质量和融洽的氛围为良好的关系奠定了基调。提倡在访谈中进行简洁明了的发言。如果可能的话,不要事先准备问题,因为当下的答案可能会更有见地。在进行任何访谈之前,阅读关于公司的基本信息是至关重要的。

在访谈中传达出你已经检查过提供的文件这一信息是很重要的。待访谈的名单是与客户共同制定的。访谈时间最好不要超过45分钟。访谈前应该设置以下问题。

> 我们应协调使用自己的两只眼睛、两只耳朵和一张嘴。
>
> —— 伊尔丝·克劳福德(Ilse Crawford),伊尔丝工作室(StudioIlse)设计师和创意总监

访谈的核心问题

你所处什么行业?

你的任务是什么?你最重要的三个目标是什么?

为什么创建这个公司?

描述你的产品或服务。

谁是你的目标市场?

按照重要性的顺序优先考虑你的利益相关者。你想给每个观众留下什么印象?

你的竞争优势是什么?为什么你的客户选择你的产品或服务?你比别人做得好的地方是什么?

谁是你的竞争对手?你最欣赏的一个竞争对手是谁?你欣赏他的原因是什么?

你如何推销你的产品或服务?

影响你的行业的主要趋势和变化是什么?

未来五年你的公司将如何发展?未来十年呢?

你如何衡量成功?

什么样的价值观和信仰使你的员工团结在一起,并成为他们工作的动力?

你的产品或服务成功的潜在障碍是什么?

是什么让你在晚上保持兴奋继续工作呢?

置身于未来。如果你的公司可以做你想做的任何事情或变成任何你想成为的样子,那会是什么?

如果你能传达一条关于你公司的信息,那会是什么?

洞察力　阶段1

观察世界，不带偏见地聆听他人的想法会为你开辟更多可能性。工作本身就成了主角。

虽然研究是一门收集和解释数据的商业学科，但是洞察力来自更加个性化和直观的地方。

设计是在有意和无意之间的舞蹈。品牌化过程中最大的挑战就是要意识到，除了专注和注意力之外，你无法控制任何东西。相信这个过程并且保持专注总会带来非同寻常的结果。

好好感受吧。

努力设想，相信并为卓越而战。
每次一个领导，一个人，一个挑战。

——山下凯斯

你的超能力是比团队中其他人可以做得更好的那方面。团队集中发挥各自优势的一种方法就是了解并激发每个成员的超能力。

——超能力卡
SYPartners

我们现在正在从以信息时代的逻辑、线性思维、类似计算机的能力为基础的经济和社会，转变到一个以富有创造力、同理心、全面的图像能力为基础的经济和社会的概念时代。

—— 丹尼尔·平克，《全新思维》(*A Whole New Mind*)

倾听
一对一访谈
客户
态势分析法（SWOTS）
愿景

聚焦点
目标
分类
差异
大方向
市场细分
思维导图
定位

观看
客户体验
人种学
数字人种学
可用性研究
神秘购物
眼球追踪
作为客户

梦想
理想的未来
游戏
叙事
愿景
情绪板
即兴创作

计算
市场规模
意识
态度
认知
声誉
数据
人口统计

编织
竞争分析
趋势分析
模式
基准
知觉图
审计报告

设计
想象
实现
庆祝
简化

需要思考的问题

皮特·德鲁克（Peter Drucker），管理顾问

你的业务是什么？
谁是你的客户？
公司的产品或服务对客户有什么价值？
未来我们的业务会是什么？
我们的企业应该是什么？

山下凯斯

我们为什么存在？
我们将成为什么？
是什么让员工对自己的工作充满热情？
什么刺激了客源增长？
推动我们公司发展的理念是什么？
我们在做的事情中，有哪些是与同行做得不一样的？
我们要成功需要什么条件？
阻碍我们成功的因素是什么？

吉姆·柯林斯（Jim Collins），《从优秀到卓越》（From Good to Great）

你热爱什么？
你在世界上最擅长什么？
什么驱动了你的经济引擎？

马塞尔·普鲁斯特（Marcel Proust），作家

如果你能改变一件关于你自己的事情，你最想改变什么？
你认为你自己最大的成就是什么？
你最显著的特点是什么？
你眼中完美的幸福是什么样子的？

贝斯坎普（Basekamp）

我们为什么要这样做？
我们要解决什么问题？
这样做真的有用吗？
我们为产品增加价值了吗？
这会改变消费者的行为吗？
有更容易的方法吗？
机会成本是多少？
是不是真的值得呢？

克里斯·哈克（Chris Hacker），艺术中心设计学院教授

我们真的需要吗？
是否旨在最大限度地减少浪费？
它可以更小或更轻或者用更少的材料制成吗？
它的设计目的是耐用还是实现多功能？
它使用了可再生资源吗？
产品和包装是可再充填的，可回收的或是可修复的吗？
它是由对社会和环境负责任的公司生产的吗？
它是在本地制造的吗？

丹尼·沃特莫（Danny Whatmough），博主

设计目标是什么？
你将如何建立一个社区？
你打算说什么？
谁来管理它？
你将如何衡量成功？

斯塔尼斯拉夫·拉济维斯基（Stanisław Radziejowski），船长

长大后你想成为什么？

当我们停止思考并放空大脑的时候，洞察力就会出现。当我们散步、睡觉或洗澡的时候，可能一个棘手的问题就有了答案。当我们的期待值降到最低的时候，零碎的想法消失，而全局观念就会出现。

——利萨·莱德尔

洞察带来引人注目的客户新体验。

——迈克尔·邓恩（Michael Dunn），《先知》的首席执行官

市场调查 阶段1

聪明的研究可以成为改变的催化剂,错误的研究可能阻碍创新。市场调研是收集、评估和解释那些影响顾客对产品、服务和品牌偏好的数据。潜在客户和客户的态度,意识和行为的新见解,往往表明了未来发展的机会。最近可用性研究变得更加主流化。

虽然任何人都可以访问网络上的二手研究,但数据本身并不能提供答案。解释本身才是一种技巧。跨国企业有许多专有的研究工具和客户情报能力能帮助其制定品牌战略。小品牌公司经常与市场研究公司合作,并在很多情况下能得到有关客户偏好或市场细分的现有研究报告。品牌团队的每个成员都应该是一个神秘的购物者。

最好的市场研究人员能够洞察到大局,勤于关注细节,并知道如何产生可操作的结果。

—— 劳里·阿什克拉夫特(Laurie C. Ashcraft),阿什克拉夫特研究中心(Ashcraft Research)的总裁

> 研究是要看其他人看到的,并思考别人没有产生过的想法。
>
> ——艾伯特·圣捷尔吉(Albert Szent-Györgyi)

定性研究

定性研究揭示了消费者的看法、信念、感受和动机。调查结果可能会提供关于品牌的新见解,并且其往往是量化研究的基础。

公告板
参与者参与在线面板,他们可以在上面发布任何他们想要发表的东西。合并期间,员工可以匿名回复。

人种学
顾客的行为体现在日常的工作、家庭、环境或零售商店中。

焦点小组
关于预定主题的小组讨论由主持人与具有共同特征的选定参与者牵头。

神秘购物
训练有素的神秘顾客以匿名身份评估购物体验、推销技巧、专业性、结账技巧、售后和总体满意度。

一对一访谈
与公司领导、员工和客户进行单独的深入访谈,最好是面对面的。通过这种方法可以获得丰富的信息和趣闻轶事,这对品牌化过程特别有价值。

社交聆听
社交聆听能够监测社交网络上关于品牌的评价。

初步研究
收集旨在满足特定需求的新的定性或定量信息。

> 像IPod这样主导品牌的图像刺激了由宗教符号激活的大脑的同一侧。
>
> ——马丁·林斯特龙（Martin Lindstrom），《购买》（Buyology）

> 在评估概念时，理解消费者的感受比理解他们的想法更有价值。
>
> ——艾美莉亚·瑞拉帕尼（Emelia Rallapalli），卵石战略（Pebble Strategy）的创办人

定量研究

定量研究创造了统计上有效的市场信息。其目的是从足够多不同的人身上收集足够的数据，使公司能够有足够的信心预测可能发生的事情。

在线调查

信息是通过网络从聚集一堂的受访者中收集的。通常情况下，潜在的受访者会收到一封邀请他们参与调查，并附上调查链接的电子邮件。

可用性测试

设计师和人因工程师使用软件或屏幕共享来观察和监控参与者。对用户进行仔细选择，对结果进行深入分析。

产品测试

产品经过测试以复制现实生活或获得实时的用户体验。无论是准备或享用食品，还是驾驶新车，产品测试对品牌的长期成功至关重要。

神经营销学

神经营销应用神经科学的原理，并使用生物测量学来研究消费者的大脑如何响应营销刺激。

市场细分

消费者和企业分为集群，每个集群都有自己的特殊利益、生活方式以及对特定商品和服务的亲和力。消费者的划分通常由人口统计学和心理学信息来定义。

股权跟踪

对品牌优势进行实时追踪。大多数大品牌都会进行持续的市场资产跟踪，包括关键品牌评级、品牌和广告意识以及品牌使用趋势。

数字分析

自动从网上收集信息。

> 研究人员使用信息对公司及其品牌，所服务的市场和公司寻求的机会进行量化、定性分析、定义、基准分析，并对其进行批判。
>
> ——丹尼斯·邓恩博士（Dennis Dunn），B2B Pulse公司的负责人

二次研究

解释和应用现有的统计、人口统计或定性分析的数据。

竞争情报

网络上的许多商业数据库服务提供有关行业、私营和上市公司的数据和信息，以及它们的股票活动和管理信息。

市场结构

这项研究能够界定不同行业的结构。它为产品的属性（如大小、形式或风格）提供了层次结构。它确定了目前不存在品牌竞争的"白色空间"或市场机会。

联合数据

这种标准化数据由尼尔森公司（Nielsen）和国际化资源标识符（IRI）等供应商定期记录和销售。它用于确定市场份额和采购周期。

可用性测试 阶段1

可用性测试是设计师、工程师和营销团队用来开发和改进新旧产品的研究工具。这种方法可以扩展到客户体验、采购、交付和客户服务的任何部分。与其他研究方法不同的是，可用性测试依赖于对产品的"实时"客户体验。通过对少数典型用户的仔细观察，产品开发团队可以立即获得产品的优缺点反馈。通过记录用户对该产品的实际使用体验，开发团队可以在产品发布到市场之前将设计缺陷隔离和修复。

这种方法的好处是，它使最终用户的需求成为产品开发过程的核心，而不是成为开发设计人员的事后的考虑。

真正的可用性是不可见的。如果事情进展顺利，你不会注意到它。如果有一件事情进展不顺，你就会注意到它。

——达娜·契斯内尔（Dana Chisnell），
UsabilityWorks创始人，公民设计中心联合总监

可用性测试在整个品牌化过程中是一个很好的工具。提前测试，并经常在一小部分具有代表性的用户中进行测试。如果您正在修改或更新某些内容，请先测试当前版本。

——金妮·瑞德斯博士（Ginny Redish），瑞德斯联合公司（Redish & Associates. Inc.）

品牌化过程：可用性测试　来自杰弗里·鲁宾（Jeffrey Rubin）和达娜·契斯内尔的《可用性测试手册》

> **制定测试计划**
> 回顾测试目标
> 沟通研究问题
> 总结参与者特征
> 描述方法
> 列出任务
> 描述测试环境、设备和物流信息
> 解释主持人角色
> 列出你将收集的数据
> 描述结果报告方式

> **建立环境**
> 决定位置和空间
> 收集并检查设备、工件和工具
> 确定核心研究者、助手和观察员
> 确定文件技术

> **寻找并选择参与者**
> 定义每个用户组的行为和动机选择标准
> 描述用户特征
> 为每个用户组确定标准
> 确定参加测试的人数
> 筛选参与者
> 安排并确认参与者

> **准备测试材料**
> 为主持人写一个测试脚本
> 确定参与者执行的任务场景
> 进行背景调查问卷以收集人口统计数据
> 制定前测问卷和访谈
> 建立用户体验进行测试后的问卷调查

无论是产品，软件还是服务，观看或倾听用户与你的这些设计进行交互，都是一项无可替代的工作。

——达娜·契斯内尔

焦点小组的设计结果是了解到网站访客认为他们自己可能做什么，可用性测试显示了访客实际上做了什么。

——凯利·古托（Kelly Go-to）和艾米丽·葛代尔（Emily Cotler），
《网站重设2.0：有效的工作流程》（Web Re Design 2.0: Workflow that Works）

可用性测试需要什么
由金妮·瑞德斯博士开发
《解放文字：编写有用的网页内容》（Letting Go of the Words: Writing Web Content that Works）

真实的问题： 你已经考虑过你想要学习的东西，并计划好测试，以便为你提供答案。

真实的人： （至少有一部分）参与的用户是你想找的网站访问者或应用程序用户。

真实的任务： 你让用户在网站或应用程序上做的事情是他们真正想要做的，或对他们而言是现实的。

真实数据： 你可以观看、聆听、提出中立的问题，并在工作时做笔记。（在远程未经审核的测试中，你可能只会知道他们所做的事情——点击数据——不知道为什么，也不能提问。）

真实的洞察力： 当你审查数据时，只要放弃了你的假设和偏见，你便能看到哪些产品运作良好，哪些运作不畅。

真正的变化： 你运用所学，继续保持那些运作良好的产品，并改善能够变得更好的产品。

可用性测试的好处
由达娜·契斯内尔开发

通知设计方案

创造令人满意的（甚至令人愉快的）产品

消除设计问题和挫折

创建可用性测试记录，以方便未来记录。

使用可用性方法的开发团队所负责的产品能够更快上市

把客户放在品牌化过程的核心

提高客户满意度

创造有用且易于使用的产品

创造用户更喜欢的功能

提高盈利能力

降低产品使用寿命期间的开发成本

增加销售额和重复销售的可能性

最大限度地减少风险和投诉

> **进行模拟测试**

公正地对待测试

与参与者进行适当的探讨和互动

当参与者挣扎的时候不要"拯救"他们

让参与者填写测试前问卷

让参与者填写测试后问卷

询问与会者

询问观察员

> **分析数据+观察**

总结性能数据

总结偏好数据

按组或版本总结分数

找出造成错误和挫折的原因

分析错误来源

将问题按照优先顺序排列

> **报告结果+建议**

关注影响力最大的解决方案

提供短期和长期的建议

考虑业务和技术方面的限制

指出需要进一步研究的领域

制作视频集锦

呈报调查结果

营销审计 阶段1

营销审计用于有序地检查和分析所有的营销活动、沟通和品牌识别系统，既包括现有的系统，也包括不流通的系统。随着时间的推移，这个过程会放大品牌及其多重表现形式。为了制定组织未来的品牌愿景，你必须了解该品牌的历史。

不可避免的是，随着时间的推移，一些有价值的东西——一个标语、一个符号、一个短语、一个观点——即使当时可能有其存在的价值，到后来仍会被抛弃。现在，有些过去的东西可以重新被提出或者采用，一个公司自创立以来可能就使用一种颜色或者标语。我们要考虑是否沿用这些设计。

对组织重新进行定位，振兴和重新设计现有的识别系统，或出于合并的要求开发新的识别，这些都需要对组织过去使用的沟通和市场营销工具进行检查。有用的、成功的，甚至是垮掉的工具，都对创造一个新的识别有益。企业合并对审计方案的制定提出了最大的挑战，因为原本是竞争对手的两家公司现在拥有了共同的利益。

首先检查客户体验，然后将注意力转向战略、内容和设计的结合。

——卡拉·霍尔（Carla Hall），
卡拉·霍尔设计集团（Carla Hall Design Group）的创意总监

流程：营销审计

> 了解大局	> 准备材料	> 创建一个系统	> 征求信息	> 检查材料
服务的市场	现有的和档案的材料	组织	上下文/历史背景	业务文件
销售和分销	品牌识别的设计标准	检索	营销管理	电子通信
营销管理	商业文件	文档编制	沟通功能	销售和营销
沟通职能	销售和营销	审查	对品牌的态度	内部通信
内部技术	电子通信		对待品牌识别的态度	环境
挑战	内部通信			包装
	标牌			
	包装			

准备材料

以下是需要准备的各种材料。建立一个有效的组织和检索系统是非常重要的，因为很可能你将会积累大量的资源。重要的是要有人提供一些背景资料，说明哪些是有效的，哪些是无效的。

组织审计：创建一个项目组

创建一个项目组，并把一切信息贴在墙上。
设计一个标准的系统来捕获调查结果。
拍一张"调研之前"的照片。

品牌标识

使用过的品牌识别的所有版本
所有签名、标记和标识
公司名称
部门名称
产品名称
所有标语
所有拥有的商标
标准和准则

商业文件

信头、信封、标签和名片
发票和声明
提议封面
文件夹
形式

销售和营销

销售和产品说明
时事通讯
广告活动
投资者相关材料
年度报告
研讨会文献
展示

数字通信

网站
内联网
外联网
视频
横幅
博客
社交网络
应用程序
电子邮件签名

内部沟通

员工沟通
短期宣传品（只在短期内有用的物品，如T恤、棒球帽、笔等）

环境应用

外部标牌
内部标牌
商店内部陈设
横幅
贸易展位

零售

包装
促销
购物袋
菜单
商品
展示

> **检查品牌识别**
标记
商标
颜色
图像
排版
外观和感觉

> **检查事情如何发生**
流程
决策
沟通责任
内部和网站管理员
生产
广告代理

> **文件学习**
股权
品牌架构
定位
关键信息
视觉语言
顿悟

竞争性审计　阶段1

竞争性审计是一个动态的数据收集过程，审计市场上的品牌、关键信息和品牌识别（从品牌标识和标语到广告和网站）。现在在互联网上收集信息比以往任何时候都要容易。但是，不要止步不前。设法以顾客的身份去体验竞争，这往往会获得有价值的见解。

对竞争的洞察力越强，竞争优势就越大。在竞争环境中，对公司进行定位是一件在营销和设计上都必要的事。"为什么客户会选择我们的产品或服务而非其他人？"是一种营销挑战。"我们在外表和感觉上有所不同"是设计的当务之急。

根据公司的性质和项目的范围，审计的广度和深度可能会有很大的差异。通常情况下，公司有自己的竞争情报。需要对作为关键数据来源的定性或定量研究进行审查。

审计是有助于全面理解业务，催生品牌方案的一个机会。

——大卫·肯德尔（David Kendall），
美国电话电报公司用户体验设计部和数字设计部（Principal, User Experience Design, Digital Design and UX AT&T）的负责人

流程：竞争性审计

> **识别竞争对手**
谁是主要的竞争对手？
可以将他们归入哪一类？
谁是最类似客户的人，他们在哪些方面类似？
哪些公司间接竞争？

> **收集信息+研究**
列出需要的信息
检查现有的研究和材料
确定是否需要额外的研究
考虑访谈、焦点小组和在线调查

> **确定定位**
检查竞争力定位
确定功能/好处
确定优点/弱点
检查品牌个性
检查分类

> **确定关键信息**
使命
标语
描述符
广告和宣传品上的主题

> **检查视觉识别**
符号
意义
形状
颜色
排版
外观和感觉

130

使用竞争性审计

在研究阶段结束时进行审计。

利用学习来开发新的品牌和对品牌策略进行定位。

使用审计来制定设计过程。

考虑竞争对手不使用的意义、形状、颜色、形式和内容。

在展示新的品牌标识策略时使用审计以展示差异化。

了解竞争

他们是谁?

他们的品牌代表什么?

他们服务的是什么市场/受众?

他们有什么优势?

他们有什么劣势?

他们进行营销和培养客户的方式是什么?

他们如何定位自己?

他们如何描述他们的客户?

他们的关键信息是什么?

他们的财务状况如何?

他们持有多少市场份额?

他们如何使用品牌标识来影响成功?

他们的外表和感觉如何?

膳食套餐订购服务的竞争性审计

膳食套餐订购服务已经将做晚餐变成了一种轻松的烹饪体验。

——罗宾·高夫曼(Robin Goffman),企业家

> **文件识别**
> 识别签名
> 营销宣传材料和网站
> 销售和促销工具
> 品牌架构
> 标牌

> **检查命名策略**
> 核心品牌名称
> 产品和服务的命名系统
> 叙述语和领域

> **检查品牌层次结构**
> 什么类型的品牌架构?
> 子公司或子品牌与核心品牌如何进行整合或独立?
> 产品和服务是如何组织的?

> **体验竞争**
> 导航网站
> 访问商店和办事处
> 购买和使用产品
> 使用服务
> 听听销售情况
> 致电客户服务

> **综合学习**
> 得出结论
> 开始寻求机会
> 组织演示

语言审计 阶段1

语言审计可以被称为语音审计、信息审计和内容审计。不管名称如何，它都是审计的珠穆朗玛峰。每个组织都希望进行一次这样的审计，但很少组织能完成或是走出大本营一步。尽管语言是营销审计的内在组成部分，但许多公司在设计出新的品牌标识计划之后才开始处理"声音"。

对内容和设计的同时关注，能揭示语言使用的方方面面。分析客户体验、设计和内容的交叉部分是一个密集而严格的工作，要求左脑和右脑协同工作。

"世界你好……剑桥"提供了一个口头和视觉的格式，剑桥大学谈论了全球在过去和现在取得的成就，并介绍将来会取得的成就。这封信件出现在校园的横幅和海报上。该框架用于大学的门户网站，用作口头主题，遍布演讲、动画和电影等领域。

> 有力的写作通常十分简洁。
>
> ——威廉·斯特伦克和怀特，
> 《风格的要素》

Dear World...

Yours, Cambridge

设计过程：检查语言

公司名称——正式
公司名称——非正式
描述符
标语
产品名称
设计过程名称
服务名称
部门名称
鉴定

任务
愿景和价值观
关键信息
指导原则
客户承诺
历史
推介
引用
渴望

意义 声音 音调 重点 准确度 清晰 一致性 定位 框架 层次 标点 使用大写 风格
基础

评估沟通的标准

由西格尔（Siegel）和盖儿（Gale）开发

坚持品牌价值

信息的语调和外观是否与您的品牌属性保持一致？

定制

内容是基于您对客户已有的了解吗？

结构清晰 易于沟通

沟通的目的是否显而易见？这种沟通是否易于使用？

教育价值

你要借此机会来预测陌生的概念或术语吗？

视觉吸引力

这种沟通方式看起来是否引人入胜并符合公司的定位？

营销潜力

沟通是否抓住机会以有意义的、明智的方式交叉销售产品？

忠诚度支持

是否对一直支持你的企业的消费者表示感谢或者奖励他们？

效用

沟通是否与产品的功能相契合？

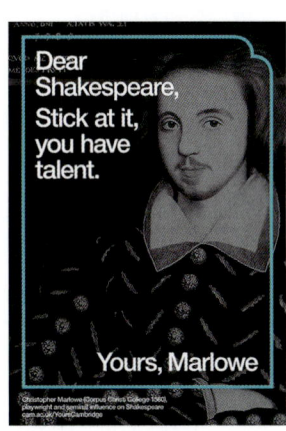

剑桥大学：约翰逊库

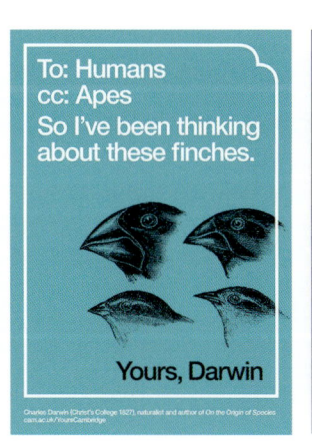

该运动庆祝了全世界在八个世纪中取得的成就，以吸引世界一流的学者，并资助改变世界的提案。

——迈克尔·约翰逊

导航: 行动召唤 电话号码 网址 电子邮件签名 语音邮件消息 标题 地址 图表 表格 说明

信息: 新闻发布 常见问题 新闻资料箱 年度报告 手册 利益相关者交流 呼叫中心脚本 客户服务脚本 销售脚本 展示 通知 网页内容 博客内容 爆炸电子邮件 广告活动 直邮

133

审计报告 阶段1

审计报告标识着研究和分析阶段结束。这是向关键决策者做出的正式报告，该报告综合了从访谈、研究和审计中获得的关键学习成果。最大的挑战是将大量的信息组织成一个简洁和富有战略性的介绍。审计报告对高级管理人员来说是一个有价值的评估工具，也是创造性的团队做出负责任、差异化工作的重要工具。这是一个在整个品牌化过程中作为参考的工具。

审计报告对决策有着重要作用。尽管对于一些管理团队而言，市场营销和沟通可能不是首要考虑因素，但是能洞察到媒体之间缺乏一致性，或者看到竞争对手在其营销系统中使用的规则，都是一件令人大开眼界的事情。审计的目的是开拓可能性。

> 我不相信我们正在与我们最大的竞争对手使用相同的库存图像。
> ——匿名

> 我们看到的是机遇，而其他人看到的是品牌声音传播了多远。
> ——乔·达菲

> 分析需要能够倾听，在字里行间阅读，观察别人看不到的东西，观察模式，建立联系和发现机遇。
> ——布莱克·多伊奇

品牌化过程：综合学习

> 访谈	> 品牌精髓	> 市场调研	> 营销审计	> 语言审计
利益相关者的类别	战略	品牌认知度	标识和签名	语音和语调
主要信息	定位	调查结果	品牌架构	清晰度
客户洞察		焦点小组的发现成果	横跨营销渠道、媒体和产品线	命名
摘录		认知性的图表	外观和感觉	标语
		态势分析法	图像	关键信息
		差距分析	颜色	导航
		标杆管理	排版	层次
				描述符

134

基本特征

让领导关注可能性	为流程增添价值和紧迫感
快速启动强劲的交流	与创意团队保持沟通
确定定位和表达之间的差距	发掘被忽视的好点子、图像和文字
揭示不一致之处	建立在未来做正确的事情的决心
揭示对更多的差异化的需求	

"反饥饿行动"在超过45个国家中实行。视觉审计报告中展示了当地国家名称和首字母缩略词的复杂混合。

——迈克尔·约翰逊

"反饥饿行动"的审计报告：约翰逊库

> 竞争性审计

定位
商标
品牌架构
标语
关键信息
外观和感觉
图像
颜色
排版

> 知识产权审计

商标
合规事宜

> 设计过程审核

现有指南
技术
合作

阶段二：明确战略

概述

第二阶段包含系统的检查和战略假设。它是关于分析、发现、综合、简化和明确的工作。这种理性思维和创造性智慧的结合是最好的策略，能探索别人没探索过的地方。

2. 明确战略

一只眼看望远镜，一只眼看显微镜。

——布莱克·多伊奇

在第二阶段，研究和审计的所有知识都被提炼成一个统一的思想和定位策略，就目标市场、竞争优势、品牌核心价值、品牌属性和项目目标达成一致。多数情况下，问题的定义及其挑战已经发生了改变。虽然很多公司都有自己的价值观和特征，但是他们可能没有花时间来表达和完善它们，或者把它们分享到一个非管理性质的场合。这里顾问的角色是确定、表达、阐明、完善和回顾设计的种种可能性。

第二阶段会产生一些可能的结果。在企业并购中，合并后的企业有必要制定新的品牌战略。其他情况下一个跨业务线仍然需要有效的统一的创意。创建一个品牌简介，关于其发现和顿悟的讨论也会随之产生。当客户和顾问之间保持公开和坦诚时，这种真正的合作就可以产生非凡的结果。这个阶段成功的关键因素是信任和相互尊重。

战略情景

不同的场景决定了第二阶段的服务范围。

明确的业务战略

当特纳·达克沃思于1999年第一次与杰夫·贝索斯（Jeff Bezos）会面时，他们的客户需要一个标识来反映这个有远见的商业策略，以销售书籍以外的东西。战略是明确的，设计公司的目标是把亚马逊网站打造成一个以客户为中心的友好型网站。

对品牌战略的需求

在2003年，维多利亚与阿尔伯特博物馆（V&A）还没有一个强有力的品牌。博物馆与简·温特沃斯联营公司（Jane Wentworth Associates，简称为JWA）合作制定品牌战略。它的愿景是成为世界领先的艺术和设计博物馆。然后，JWA制定了一个长期的员工参与计划，以帮助每个人理解品牌策略所代表的意义，并使他们有信心将其付诸实践。

激活商业策略的需要

朗涛设计公司与明特团队（Mint）合作开发了一个体现品牌精神的识别系统，并确保品牌工作激活了业务战略。2014年，朗涛帮助Intuit翻译了明特的商业战略，以表达一个更伟大和感性的创意。

从空白页面开始

NIZUC度假村和水疗中心开始只是一块开发商相中的地皮，开发商渴望它能与成熟的奢侈品牌竞争。2014年，卡蓬·斯莫兰公司创造了一个品牌故事，并将它作为NIZUC品牌的基础，将这个地产打造成奢华的世外桃源。

合资企业需要一个名称和策略

VSA Partners于2000年为贝尔南方移动公司（Bell South Mobility）和SBC无线电报公司的合资企业创建了一个品牌战略和一个新名称辛格乐（Cingular），新名称将代表11个前品牌和2 100多万客户。自从VSA将无线空间从一种特定功能的购买决策进化为一种生活方式的选择以来，品牌战略便将辛格乐定位为人生态度的体现。

为了引发与创业公司的创始人关于其品牌战略的谈话，我在他们的产品类别的图像中体现了他们的品牌属性。

——乔恩·比昂森

精准聚焦 阶段2

审视公司目前的业务战略、核心价值、目标市场、竞争对手、分销渠道、技术和竞争优势是永远没有尽头的，退一步着眼大局是至关重要的。经济、社会政治、全球或社会趋势对未来品牌有什么影响？过去使公司取得成功的驱动因素是什么？

与高级管理人员、员工、客户和行业专家的访谈可以让我们获得对公司的独特性的深入了解。通常情况下，首席执行官会为公司的未来和所有可能性规划一幅明确的蓝图。一个优秀的顾问会举起一面镜子说："这是你告诉我的，我从你的客户和你的销售人员那里又听到同样的话。这就是这些话如此强大的原因。"重要的是要去挖掘有价值的东西。

> 当你精准聚焦时，一个品牌就变得更强大。
> ——阿尔·里斯（Al Ries）和劳拉·里斯（Laura Ries），《22条不变的品牌定律》（*The 22 Immutable Laws of Branding*）

如果你想建立一个品牌，你必须想方设法给客户留下难忘的印象。用一个词代表你的品牌，这个词是其他品牌从未拥有过的。就像顾客认为"奔驰"代表威望，"沃尔沃"代表安全一样。

——《22条不变的品牌定律》

随着信息量的增加，人们在寻找一个清晰的信号——一种给予语音模式、形状和方向的信号。

——布鲁斯·莫

愿景
价值观
使命
价值主张
文化
目标市场
市场细分
利益相关者的看法
服务
产品
基础设施

理解

市场策略
竞争
趋势
定价
分销
调研
环境
经济状况
社会政治
优劣势
机会
威胁

持续前进

参与有意义的对话

公司通常不会花时间重新审视自己是谁以及自身的立足点。这个过程的美妙之处在于它让高层管理者有一个明确的理由将梦想付诸行动。这种做法是值得的。杰出的顾问知道如何促进核心领导者之间的对话，在这些领导者之间探索各种品牌情景，并从品牌属性层面进行分析。

揭开品牌本质（或简单的事实）

公司做的什么事情能够称得上是世界上最好的？为什么客户选择它而不是它的竞争对手？他们在做什么生意？它与最成功的竞争者有什么不同？你会用哪三个词形容这家公司给人的印象？它的优点和缺点是什么？在这个阶段，这些答案的清晰度是一个重要的驱动因素。

开发一个定位平台

信息收集和分析之后的工作是定位策略的发展和完善。感知映射是一种经常通过头脑风暴来确定定位策略的技术。企业可以在哪个方面进行竞争？它能拥有什么？

创造宏大的创意

宏大的创意总是可以用一句话来表达，尽管用一本书也写不完。有时候，它能成为品牌口号或战斗口号。宏大的创意一定是简单明了的。它必须有足够的模糊性来容纳未来无法预测的发展。它必须建立一种情感联系，并且无论对于CEO还是雇员，它都必须易于谈论。大创意很难进行构思。

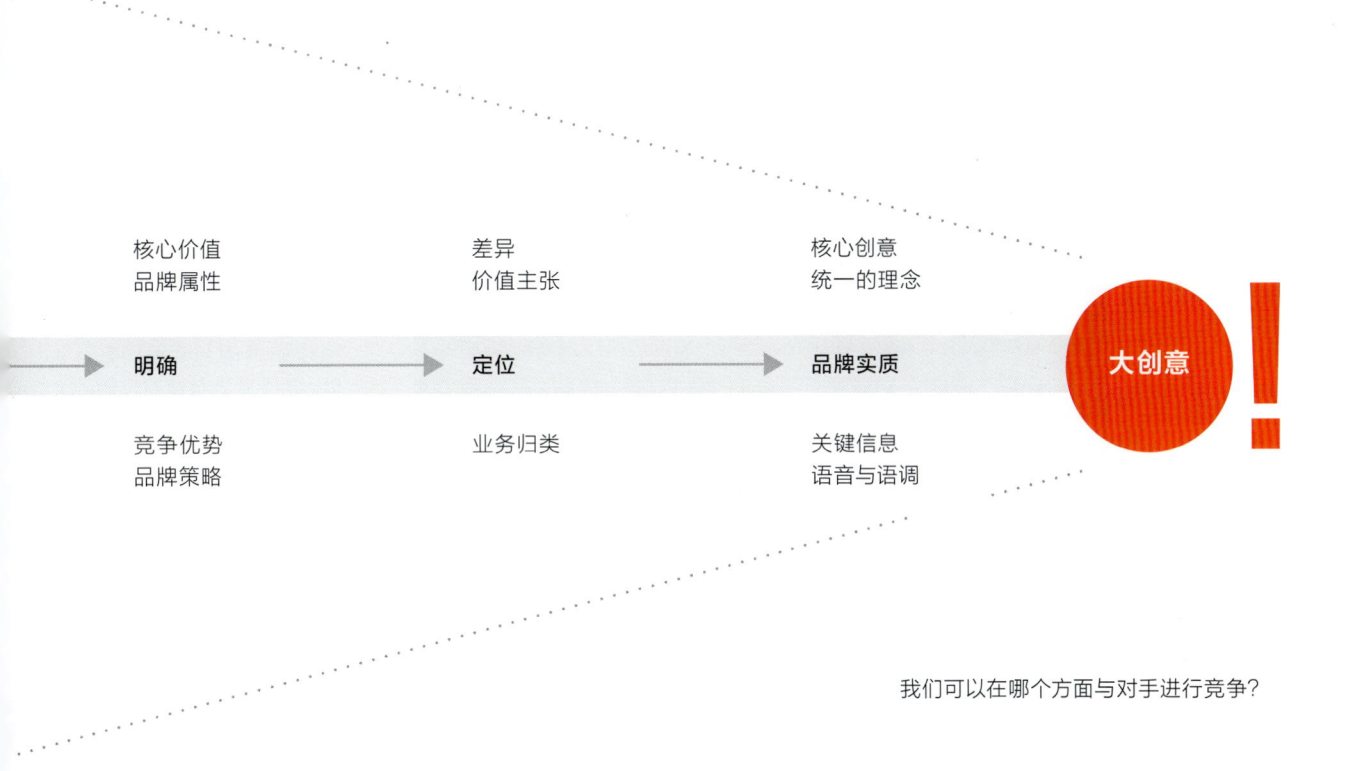

核心价值　　　　差异　　　　　核心创意
品牌属性　　　　价值主张　　　统一的理念

明确 → 定位 → 品牌实质 → **大创意！**

竞争优势　　　　业务归类　　　关键信息
品牌策略　　　　　　　　　　　语音与语调

我们可以在哪个方面与对手进行竞争？

139

定位 阶段2

一个品牌的定位受到每一次接触的影响——不仅仅是与客户的接触，而且是与员工、利益相关者、竞争对手、监管机构、供应商、立法者、记者和公众的接触。了解客户需求、竞争、品牌的优势、人口变化、技术和趋势是至关重要的。

当下，受Facebook和Twitter的舆论发展趋势、社会和政治变化，以及国际商业环境的微观变化的影响，一个品牌的定位在不断发展。多样化、改变和重新定位的能力是至关重要的。由于一些老牌的产品和服务过时，新的机会就出现了。像美国乔氏超市、西南航空和亚马逊这些品牌让顾客相信，我们的品牌了解你的生活方式。爱彼迎、来福车（Lyft）和克雷格网站（Craigslist）改变了消费者的习惯，也扰乱了原有的经济秩序。众筹改变了人们与朋友、陌生人联系的方式，以及他们所追求的可能性。

> 伟大的品牌受指挥，但不受控制。21世纪的品牌不是靠说出来的，而是靠做出来的。
> ——克里斯·格拉姆斯，《无广告品牌》（The Ad-Free Brand）

在过度饱和、不断变化的市场中，品牌定位创造了新的就业岗位。

——利萨·莱德尔

在线实验

马蒂·纽迈尔，萨格勒布机场

这项实验帮助品牌建设者发现他们显著的差异。"如果你不能用几个字概括你品牌的与众不同之处，就不要想着修改你的陈述，还是去改变你的公司吧。"诺伊迈尔说："太阳马戏团（Cirque de Soleil），这个唯一一个没有动物的马戏团就是一个很好的例子。"

OUR [offering] IS THE ONLY [category] THAT [benefit].

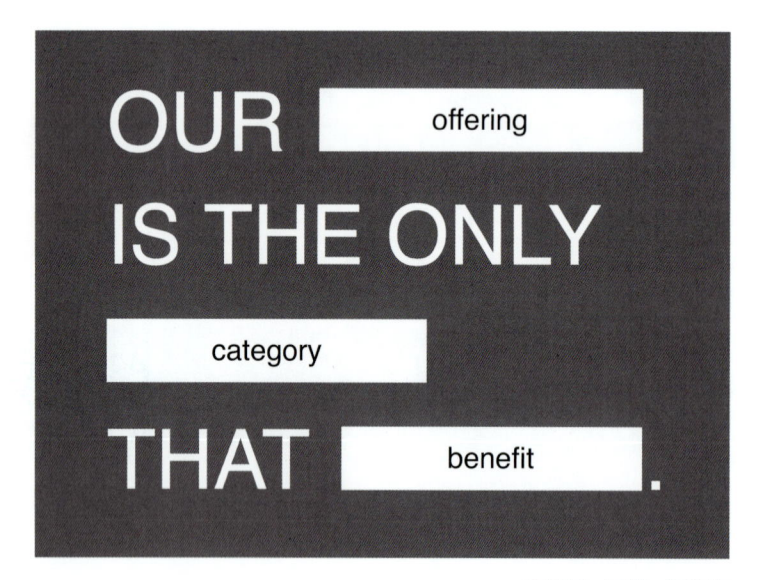

来源于：马蒂·纽迈尔

140

优越的竞争定位
摘自凯文·莱恩·凯勒（Kevin Lane Keller）的《品牌策划》

确定竞争的参考框架
竞争的参考框架规定了一个品牌与哪个品牌竞争，哪个品牌应该成为分析和研究的焦点。

打造独特的品牌差异点
消费者往往会积极评价与自己有紧密联系的品牌属性，并认为竞争品牌无法达到与之相同的高度。

建立品牌共同点
淡化竞争者差异，展现品牌所属类别。

创建一个品牌口头禅
简短的三到五个字的词组，能够捕捉关于品牌的关键的差异点和无可辩驳的本质或精神。

定位设计过程的必要性
《无广告的品牌》由克里斯·克拉姆开发

认识到每个人关于品牌的看法都很重要，而不仅仅是顾客。

让尽可能多的人去倾听和代表品牌发言。

把团队带进来，让品牌走出去。

鼓励人们赋予品牌生命，而不只是谈论它。

以协作和参与设计过程取得成果。

表明品牌化是一个持续的对话和正在进行的工作。

认清在数字和互联世界中建立一个品牌要涉及引导、影响和存在，而不只是耍嘴皮子。

与潜在客户、合作伙伴和贡献者一起测试创意。

品牌支柱
由火柴人公司开发

目的
除了赚钱，你的目的是什么？
你早上起床的动力是什么？
激励你的员工的东西是什么？

区别
你做了哪些你的竞争对手没有做的事，或发表了哪些你的竞争对手没有发表的东西？
你独特的个性是什么？
你的客户为什么要选择你而不是别人？

价值
你的客户真正需要什么？为什么？
他们的功能和情感驱动力是什么？
你们如何实现更深层次的连接？

执行
你如何证明你的长处？
你如何持续巩固你在市场上的地位？
你如何确保积极的客户体验？

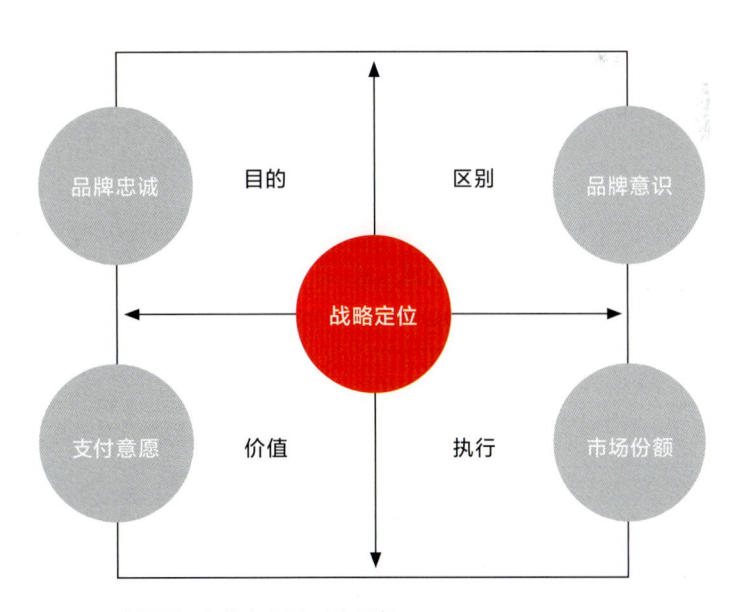

来源于：火柴人公司，2017年

品牌简介 阶段2

关键性的一步是要让关键决策者对品牌有一个共同的理解，这往往很难做到。用一页纸阐释你的品牌，这样有助于讨论和决定，而不是费20页纸去唠叨一些没人想看，更别说尝试去记忆的内容。最好的品牌简介是简明扼要的，是突出战略性的，并能够在品牌化过程早期就得到组织内部最资深人士的认可。

当一份品牌简介被批准后，该项目就更有可能走上正轨并取得成功。品牌简介是集体合作的成果——集体思考品牌属性和定位的协议，预期终点和过程标准。一旦品牌简介达成一致，下一步就是撰写创意简报，这是创意团队的路线图。但在品牌简介被批准之前，不要将它写下来。

我们利用品牌简介让领导层之间建立关于品牌核心成分的对话。

——布莱克·霍华德

品牌简介是一个基础性的文件，清楚地表达了我们是谁，我们为什么存在。

——马特·汉斯（Matt Hanes），能源用途咨询委员会（Acru）的创始人

美国关节炎基金会（the Arthritis Foundation）聘用了火柴人公司，希望它能重新点燃基金会的目标，增强工作人员和志愿者之间的联系。

美国关节炎基金会：火柴人公司

142

品牌简介的组成部分

由联盟营销集团执行合伙人珊堤尼·蒙瑞开发

	目的	包括什么
核心目的/任务说明	解释为什么公司的存在意义不仅仅是盈利	简短、可读、令人难忘的一两句话
听众	确定目标受众和理想的客户	目标受众，最高级别的需求，以及对愿望和挑战的重要见解
价值主张	概述功能、情感和社会效益（我们如何满足受众需求）	与最高级别需求相关的最高级别的益处
价值	记录定义企业文化的核心信念和价值观	用选择性词汇来描述品牌价值
人格特征	指导品牌表达策略和个性	用选择性词汇来形容品牌的特征、声音和独特的个性
主要竞争对手	比较异同点	具有相同目标的主要竞争对手
业务/产品/服务	描述交付成果	列出三到四个最重要的建议
证明点	解释我们为什么会成功	支持价值主张的有力证据
大创意	表达一个引人注目的、中心的和统一的概念	简洁且令人难忘的短语

品牌简介和创意简介之间的差别

由联盟营销集团执行合伙人珊堤尼·蒙瑞开发

	品牌简介	创意简介
主要目的	品牌资产/声誉管理/清晰度	实现项目目标
时间线	常青	产品/服务，业务特定目标
决策所有者	CEO /领导团队	营销/创意总监/设计团队
度量标准	品牌健康，与企业目标挂钩	与项目目标相关的目标
主要受众	领导班子和全体员工	创意团队
用途	组织协议，品牌战略，坚持品牌	品牌信息，识别设计，重新设计或命名

创建一个简洁的和战略性的图表

创建一个大家都认可的品牌简介是一项艰巨的任务，但非常值得投入时间，因为它是一个可持续使用的工具。实现品牌简介的可视化。发出11×17的简短说明，以启动对话。版本的数量可能会让你感到惊讶，但没关系。

品牌简介的变化

大公司为市场细分或业务线创建简报。

版本控制

写一份简介是一个反复的过程。保存每个版本的日期和版本号。

品牌命名 阶段2

给品牌命名并不是出于一时冲动，而是一个复杂的、创新的和反复的过程，需要语言学、市场营销、研究和商标法方面的经验。即使对于专家来说，为如今的公司、产品或服务寻找一个可以受法律保护的名字也是一个巨大的挑战。

一开始通过头脑风暴想出数百个名字，然后需要技巧和耐心去剔除令自己不满意的名字。

品牌名称需要根据定位目标、性能标准和部门内的可用性进行判断。想要爱上一个名字是很自然的事情，但是意义和联想是随着时间的推移而建立起来的。

就品牌名称达成一致并不容易，特别是在选择有限的情况下。情境测试是一个不错的选择，可以帮助决策。

品牌命名20%关乎创意，80%关乎政治。

——丹尼·奥尔特曼

为数字资产命名就像玩三维拼字游戏一样。你需要从更多的角度来玩味文字，而且需要在开始抓取字母之前确定你的预算，因为最好的文字同样意味着不菲的价格。

——霍华德·菲什

设计过程：命名

> **重新定位**
> 检查品牌目标和目标市场需求
> 评估现有名称
> 检查竞争对手的名字

> **组织**
> 制定时间表
> 确定团队
> 确定头脑风暴的技巧
> 确定搜索机制
> 制定决策过程
> 组织参考资源

> **创建命名标准**
> 性能标准
> 定位标准
> 法律标准
> 监管标准，若有的话

> **头脑风暴的解决方案**
> 构思多个品牌名称
> 按类别和主题划分
> 进行模仿和混合
> 多产
> 探索主题的变化/迭代

记住

名称可以在不同类别的商品和服务中注册。

如果一个名字听起来平淡无奇,并且要靠后期大量的营销费用来使产品脱颖而出,那就别选这个名字。

——丹尼·奥尔特曼

关于名字的最大问题是它是否传达了品牌故事。

——卡琳·修玛(Karin Hibma),克罗南公司合伙人

灵感来源

语言
含义
个性
词典
谷歌搜索
词汇
拉丁语
希腊语
外语
大众文化
诗歌
电视
音乐
历史
艺术
商业
颜色
符号
隐喻
类比
声音
科学
技术
天文学
神话
故事
价值
梦想

关于命名的基础知识

品牌是宝贵的资产。

当你进行头脑风暴时,并没有所谓的愚蠢想法。

要联系语境来检查名称。

考虑声音、节奏和易读性。

有条不紊地跟踪名称选择。

确定最聪明的搜索技术。

在否定某个名称之前查看所有的判定标准。

意义和联想是随着时间而建立的。

利益相关者行动的声音

为每个候选名称准备一张纸。

在上下文语境中使用该名称来构思五到十个产品声明。
示例:这是我所信任产品的新名称。

将每个声明发给关键利益相关者。
示例:这是我所信任产品的新名称。客户特莎·惠勒(Tessa Wheeler)

让每个决策者大声朗读一个声明。

谈谈你为什么喜欢这个名字。

谈谈这个名字接下来会带来的挑战。

> **进行初步筛选**
> 定位
> 语言
> 合法
> 普通法数据库
> 在线搜索引擎
> 在线电话目录
> 域名注册
> 创建一个简短列表

> **进行情境测试**
> 说出名字
> 留下语音邮件
> 用电子邮件发送名称
> 把它放在名片上
> 放在广告标题中
> 把它放进利益相关者的声音中

> **测试**
> 确定所信赖的方法
> 检查危险信号
> 发掘商标冲突
> 检查语言内涵
> 检查文化内涵
> 进行语言分析

> **最终合法的品牌名称**
> 国内
> 国际
> 域名
> 监管
> 注册

品牌重命名　阶段2

重命名的十个原则
由马歇尔策略（Marshall Strategy）开发

清楚为什么需要改变品牌名称。在更改名字过程中，你应该有一个令人信服的理由并确定新名称具有明确的商业利益，可以为法律、市场或其他方面的变革提供强有力的支持。新名称将有助于所有参与者超越个人情感，做出更为成功和有意义的努力。

评估变更的影响。名称变更比创建新名称更复杂，因为它影响已建立的品牌资产和所有现有的品牌传播。你应该对股权和通信资产进行全面的审计，从而充分了解名称变更将如何影响公司的投资和运营。

明确自己的选择。反观改变名称的初衷，新的品牌名称可能无法做到面面俱到。当你有另外的备选名字来考虑解决你的沟通问题的时候，接受品牌名称的改变就容易多了。

确定在命名品牌之前你想表达什么。命名是一个高度情绪化的问题，难以客观地判断。首先就新名称想表达的内容达成一致，你要集中精力选择最能表达你所想的名称。

避免时髦的名字。根据定义，这些名称会随着时间的推移而失去吸引力。仅仅因为听起来酷就选择一个新的名字，这个名字很快就会失效。

空白的名字需要填充。捏造的或无意义的名字需要更多的投入，来建立名字之外的理解、记忆和拼写含义。像谷歌和亚马逊这样的名字就具有直接意义和相关性，而像客齐集（Kijiji）和线约会（Zoosk）这样的名字就显得很空洞。

避免名字太具体。这可能是需要改变名称的首要原因。识别特定地理位置、技术或趋势的名称在一段时间内可能是有价值的，但从长远来看，它们可能会限制公司的发展能力。

明白一个新的名字不是万能的。名字是强大的工具，但是它们不可能讲清楚整个品牌故事。简单地改变名字，而不重新考虑所有的品牌传播，是肤浅的。你可以考虑新标语、设计、沟通和其他环境建设工具如何与新名字一起发挥作用，从而创造一个丰富的品牌故事。

确保你可以拥有它。在决定采用一个品牌名称之前，你最好请一位经验丰富的知识产权律师来检查专利和商标局、普通法用法、网址、Twitter处理和地区/文化敏感问题以保护你的品牌名称。

充满信心地过渡。确保你引入新的名字作为价值导向的一部分，给你的员工，客户和利益相关者带来明显的好处。"我们改变了品牌名称"这个信息本身是平淡无奇的。尽可能迅速和有效地执行改变，充满信心地实施。因为在市场上存在两个品牌名称会让内部和外部的受众们都感到困惑。

如果你想制定一份有意义的品牌声明，仅仅改变品牌名称是不够的。这个名字应代表一个独特的、有益的和可持续的故事，而这个故事能与客户、投资者和员工产生共鸣。

——菲利普·杜布罗（Philip Durbrow），马歇尔策略中心的董事长兼首席执行官

公司变更名称的原因有很多，但在任何一种情况下，一个能带来商业效益和品牌效益的明确的改名理由是至关重要的。

——肯·帕斯捷尔纳克（Ken Pasternak），马歇尔策略中心的总经理

值得注意的重命名

老名字	新名字	中文名
Andersen Consulting	Accenture	埃森哲
Apple Computer	Apple	苹果
BackRub	Google	谷歌
The Banker's Life Company	Principal Financial Group	信安金融集团
Brad's Drink	Pepsi-Cola	百事可乐
Ciba Geigy+Sandoz (merger)	Novartis	诺华
Clear Channel	iHeartRadio	美国广播
Comcast (Consumer Services)	Xfinity	超无限
Computing Tabulating Recording Corporation	IBM	国际商业机器公司
Datsun	Nissan	日产
David and Jerry's Guide to the World Wide Web	Yahoo!	雅虎
Diet Deluxe	Healthy Choice	健康之择
Federal Express	FedEx	联邦快递
GMAC Financial Services	Ally Financial	联合金融
Graphics Group	Pixar	皮克斯
Justin.tv	twitch	抽搐直播
Kentucky Fried Chicken	KFC	肯德基
Kraft snacks division	Mondelez	蒙大利兹
Lucky Goldstar	LG	乐金
Malt-O-Meal	MOM Brands	MOM牌
Marufuku Company	Nintendo	任天堂
MasterCharge: The Interbank Card	Mastercard	万事达信用卡
Mountain Shades	Optic Nerve	视神经
MyFamily.com	Ancestry	血统
Philip Morris	Altria	奥驰亚
Service Games	SEGA	世嘉
ShoeSite.com	Zappos	美捷步
TMP Worldwide	Monster Worldwide	巨兽
Tribune Publishing	Tronc	特龙
Tokyo Telecommunications Engineering Corporation	Sony	索尼
United Telephone Company	Sprint	斯普林特

有效地缩短

许多组织都在缩短名字,以便人们更容易地谈论它们。

基督教青年会(YMCA):简称the Y

伟创力公司(Flextronics):简称Flex

加州理工学院(California Institute of Technology):简称Caltech

147

阶段三：品牌识别设计

概述

完成了调查分析，品牌简介已经得到认可，便开始进入创意设计过程的第三阶段。设计是一个反复的过程，旨在将意义和形式相结合。最好的设计师同时关注战略想象力、直觉、卓越设计和经验。

3. 品牌识别设计

我们永远不知道这个过程会揭示什么。

——汉斯·阿里曼（Hans-U. Allemann），
阿里曼，阿尔姆克维斯特和琼斯联合公司
（Allemann, Almquist&Jones）的联合创始人

形式和对立形式。松弛和紧张。乍看起来似乎并不完整的扩展含义。你需要同时了解企业内部和外部的情况。

——马科姆·葛瑞尔（Malcolm Grear）

你的设计应该关注耐用性、功能、实用性、正确性和美观。

——保罗·兰德

最好的识别设计师懂得如何用符号、形式、字形的敏锐感和设计的历史来有效传达品牌的含义。

——汉斯·阿利曼

商标虽然是一个最重要的元素，却永远无法讲完整个品牌故事。充其量，它表达了业务的一个或两个方面。品牌识别必须得到视觉语言和词汇的共同支持。

——斯蒂夫·盖斯布勒

阶段 3　概览

将重要的事情摆在第一位
了解品牌代表什么，提供什么，客户是谁，与竞争对手有什么不同，以及竞争优势。清楚设计目标、限制、时间表、交付成果和通信协议。创意简介并不能取代品牌简介。

审查所有的研究
设计团队对所有内部材料和外部竞争情况的审计都至关重要。如果设计团队没有进行访谈或者任何研讨会，就必须重新审视主要研究结果。将自己全身心投入品牌及其可能性和挑战中。

确定关键应用程序
确保你有一个关于最重要的应用程序的列表，以便在真实情况下测试你的解决方案的可行性。这在设计过程中很有帮助，而且在向最终决策者汇报时也很重要。如果你已经有了设计方案，就把它呈现出来。

看看顶级标识设计
它会成为一个文字或符号吗？这个符号是抽象的吗？是基于画报还是字母呢？如果它是一个符号，它将需要什么样的标识？什么时候使用口号？如果这是重新设计，请考虑扩大现有品牌资产的方法。

品牌架构
根据组织的复杂性，这个时机恰好适合为品牌延伸和子品牌设计合乎逻辑的、有凝聚力的品牌架构。思考这个架构将如何预测未来的发展。

色彩
你正在研究色彩发挥作用的方式——首先查看顶层元素，然后继续查看整个综合的系统。一系列色彩需要在真实的数字应用程序中使用，对于全球化公司来说，色彩需要与不同文化中的积极元素联系起来。

排印
大多数品牌都有一种或两种在不同平台上一致使用的字体系列。请记住，有些字体是耗费大成本选定的。以上提到的字体系列不一定是标识中使用的字体。一些公司选择设计自己的专有字体。

外观和感觉
内容、颜色、版式、图像和意象是品牌视觉语言的一部分。五角设计公司合伙人迈克·布雷特对此表述得最好："你应该在掩盖标识的情况下仍能识别出其出自哪家公司，因为这个外观和感觉是非常独特的。"

可视资产
品牌所需的视觉资产应考虑内容策略。确定的视觉类型能帮助企业讲述品牌故事。你正在设计一种独特的视觉语言，它是摄影作品、插画、视频，还是抽象图案？

展示
严谨的计划对于确保成功至关重要。将每种设计方法作为独特的策略进行呈现。谈论意义，而不是美学，而且永远不要展示超过三种意义（保罗·兰德就只会展示一种）。在真实的应用程序中和竞争对手一起展示你的设计方案。

我最好的想法永远是我的第一个想法。我只需花几秒钟就可以把我的想法画出来，但这是我花了34年的时间才学会的。

——薛博兰

将印刷肖像作为标识——就像是一个企业的门面。我详细地与客户交谈，了解他们的身份和对他们来说重要的东西，然后将这些东西转化出来。一个伟大的标识看起来毫不费力，但可以代表很多东西。

——路易丝·菲利

标识或符号应该表达组织、产品或服务的基本本质，用视觉表现它的性质、期望、文化和存在的原因。

——巴特·克罗斯比

品牌识别系统设计 阶段3

符号设计

用视觉来表现复杂的创意需要技巧、专注、耐心和不断的规范。设计师在确定最终选择之前，要先查验数百个创意。即使在最终选择的创意出现之后，测试其可行性也需要开启另一轮的探索。

有些公司中多个设计师同时关注一个创意，而有些公司的设计师每人制定一个不同的创意或定位策略。每种原始的想法都催生新的创意。由于企业标识需要成为主力，所以这个过程中的早期试用非常重要。在重新设计符号的项目中，设计师要审视现有商标，并理解公司文化的象征意义。

> 让一个庞大而多元化的人群认可一个新的全球化标识，那么设计师需要成为一个战略家、精神病医生、外交官、表演家甚至斯文加利（Svengali）式人物。
>
> ——薛博兰

标识设计

标识是确定字体中的单词，可以是标准的、经过修改的或完全重新绘制的。如果它是独立的，它就被称为文字标记。当一个标识与一个符号以正式的关系并置时，它就被称为签名。最好的签名有特定的隔离区来界定自身的存在。一个公司可能有许多签名：横向、纵向、有或没有标语。

最好的标识是通过精巧的排版探索之后的结果。各种规模和各种媒体的易读性是必不可少的。每个印刷决策都是由视觉和性能考虑以及印刷本身传达的信息来决定的。

名字应该全部使用大写还是小写？罗马字体，用斜体还是粗体？风格用经典还是现代？

检查的内容

含义
属性
首字母缩略词
灵感
历史
形式
对立形式
抽象
图形
字体
文字标记
组合
时间
空间
光线
静止
运动
转换
透视
现实
幻想
垂直
曲线
角度
交叉点
模式

浩纳尔·安德森公司知道，新的标识需要传达出弗雷德·哈奇（Fred Hutch）开展的科学研究和开发工作可以帮助治愈癌症这一信息。他们探索的一种设计方案是令观众感觉好像是通过显微镜在观察细胞培养一样。点和破折号也可以被看作是数据和现代研究方法。有些人还将地球仪看作该组织的全球性影响力的体现。

由于浩纳尔·安德森公司开始改进这个概念，设计团队开始参考他们最初的研究。其中一名研究科学家曾提到，研究癌症就是在寻找一个变化的时刻——当细胞开始表现得异常的时刻。这种见解使得所有的思路都碰撞在了一起。构成H的两根竖笔画之间的连接笔画标识着这一时刻的到来，最终的标识也就此诞生。

弗雷德·哈钦森癌症研究中心（Fred Hutchinson Cancer Research Center）：浩纳尔安德森公司

151

外观与感觉 阶段3

外观与感觉是可以使系统变得有个性且立即被识别的视觉语言。它也表达了一种观点。这种色彩、图像、排版和构图的支持系统使得这整个设计项目具有连贯性和独特性。

在最好的方案中,设计师会创造出一种在顾客心中产生共鸣的整体外观,并且这种外观可以超越视觉环境中的混乱因素。视觉语言的所有要素都应该有意识地进行设计来推进品牌战略,各自为政,统一协作,各有特色。

在掩盖标识的情况下你仍能识别出其出自哪家公司,因为这个外观和感觉是非常独特的。

——迈克尔·布雷特

外观可以由颜色、尺寸、比例、排版和动画效果来定义。感觉则是由体验和情感来定义。

——艾博特·米勒(Abbott Miller),五角设计公司的合伙人

关于外观与感觉的基础知识

设计
设计是可见的智慧。设计与内容的结合是唯一可以永久持续的结合。

色调
品牌识别系统可能包含两种色调:主要色调和次要色调。不同种类的商品线或产品可能有自己的颜色。一种色调可以具有一个柔和的色彩范围和一个主要的色彩范围。

图像
无论图像是以照片、插图或是图片的形式出现,在图像内容范畴内,风格、焦点和颜色都需要考虑进去。

印刷
品牌识别系统需要将字体系列中的一种或两种字体结合起来。我们经常可以见到某个高辨识度的品牌采用了某种特殊字体。

感受
包括材料的质量(你摸起来感觉怎样——质感和重量如何),与观众互动的质量(如何打开或移动),以及听觉和嗅觉质量(这个东西听起来闻起来质量如何)

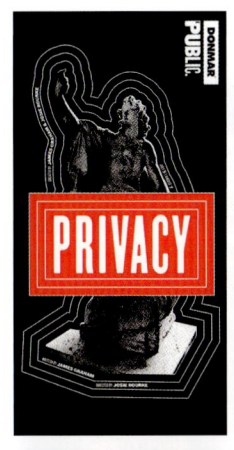

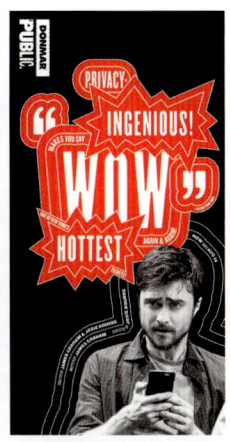

在公共品牌中开发这些迷你标识有助于保持新鲜感。明年，我们会重新再做一遍。

——薛博兰

五角设计公司的合伙人薛博兰自1994年开始负责公共剧场（Public Theater）的平面设计工作，其中包括2008年更新的标识。这个项目逐年发展起来，并始终提倡联合整个机构，再一次强调了公共剧场将艺术和流行文化结合起来的传统。

公共剧院：五角设计公司

153

颜色 阶段3

颜色可被用来唤起情绪并表达个性。它刺激了品牌联想的产生，并促进品牌差异化。作为消费者，我们已经对熟悉的可乐红产生了依赖。我们也不需要阅读蒂芙尼礼品盒上的文字来获悉礼品的购买地点。我们一旦看到某种颜色，一系列关于产品的印象就会浮现在脑海中。

在我们视觉感知的顺序中，大脑在识别形状之后和读取内容之前识别颜色。对颜色进行选择需要我们对色彩理论有一个深刻的理解，而且需要我们对品牌被认知和区分的方式有一个清晰的认识，以及理解色彩在不同媒体中的连贯性和意义。

虽然有的颜色是被用来统一品牌识别的，但有的颜色可以区分不同种类的商品，从而在功能上清晰地展示品牌架构。研发色系是为了满足广泛的通信需求。

色彩创造情感，触发记忆，带来感动。

——格尔·托伊（Gael Towey），
格尔·托伊公司（Gael Towey & Co.）的创意总监

色彩是主观和感性的。它通常是设计项目中最不稳定的元素。

——肖恩·亚当斯（Sean Adams），《设计师的色彩词典》（*The Designer's Dictionary of Color*）

关于品牌标识中色彩的基础理论

使用颜色来促进识别和建立品牌价值。

颜色在不同的文化中有不同的内涵。要针对这个问题进行调研。

颜色受到各种复制方法的影响。对色彩效果进行测试。

设计师是跨平台设置色彩一致性的最终仲裁者。这个很难做到。

确保不同应用程序间的色彩一致往往是一个挑战。

购买产品的决定有60%是基于颜色。

你可能永远无法对色彩有足够的了解。这取决于你对色彩所持有的基本理论知识：暖色调、冷色调、色调、明暗、饱和度、互补色调、对比色。

色彩的品质能够确保品牌标识资产得到保护。

Teabox希望将茶叶去神秘化,并以一种更加亲切的方式展示茶叶,让消费者可以探索不同的品种、地区和口味。就像葡萄酒一样,茶是非常复杂的。该公司试图完善喝茶的体验,把品茶当作品酒一样来对待,但是他们要建立一个可以接受的认证,来帮助教育消费者,吸引新一代的茶爱好者,并吸引蓬勃发展的手工食品市场。

Teabox是一家茶业商贸公司,它们正尝试通过向消费者直接推销的方式,来改革这种拥有最悠久历史的饮品所带给人的体验。

——考沙尔·杜加尔(Kaushal Dugar),Teabox公司的创办人

我们想创造一种奢华的、可触的品牌体验。不同色系可以体现茶的具体类型,定制的字体可以模拟传统的茶叶箱美学。

——娜塔莎·珍(Natasha Jen),五角设计公司

Teabox: 五角设计公司

155

更多颜色 阶段3

测试颜色策略的有效性

我们采用的颜色是否与众不同?

我们采用的颜色与竞争对手采用的颜色有区别吗?

我们采用的颜色是否适合于公司的业务类型?

我们采用的颜色是否与品牌战略相一致?

你想要利用颜色来传达什么?

颜色是否具有可持续性?

你赋予颜色的意义是什么?

这种颜色在目标市场上具有积极的内涵吗?

这种颜色在国外市场上具有积极的还是消极的内涵?

这种颜色是否让人想起其他产品或服务的颜色?

颜色会有助于人们认识或者记住这个企业吗?

你有没有考虑特别配制的颜色?

这种颜色是否可以被合法保护?

这种颜色在白色背景中还能发挥作用吗?

你能否将黑色标识的颜色进行颠倒,并仍然保持原来的设计意图?

可以用什么背景颜色?

尺寸如何影响颜色?

你能在不同媒体上实现色彩的一致性吗?

你是否已经在一系列显示器,如PC和Mac以及其他设备上测试了颜色?

你知道所有不同的生产方法所产生的颜色都不同吗?

你是否检查过有涂层和没有涂层的纸张上的彩通配色系统颜色?

这种颜色会在标牌中起作用吗?

网页上的颜色的等价色是什么?

你是否在使用环境中测试了颜色?

你有没有创建适当的彩色电子文件?

我们采用的色彩范围不仅在视觉上令人兴奋,它还代表了我们社区的多样性、活力和激情。每一种颜色都受欢迎,整个系列协调一致地为品牌带来凝聚力,并为我们的信息增添活力。

——GLAAD品牌指导方针

GLAAD: 利平科特

156

颜色系统

我们采用的颜色系统是否足够灵活以适应各种动态应用？

我们采用的颜色系统是否支持品牌的一致化体验？

我们采用的颜色系统是否支持品牌架构？

我们采用的颜色系统是否与竞争对手不同？

你是否检查过以下几方面的优势和缺点：

使用颜色来区分产品

使用颜色来识别不同商品类型

使用颜色来帮助指导决策

使用颜色来实现信息分类

你能重现这些颜色吗？

你有没有分别开发一种网页色调和一种印刷色调？

你有没有给你的颜色命名？

你是否创建了易于使用颜色系统的品牌识别设计标准？

兼并，收购，重新设计

你检查过颜色使用的历史吗？

有哪些色彩的价值是需要保留的？

颜色是否与新的品牌战略相一致？

是否有象征性的颜色来传达公司合并所带来的积极结果？

为公司开发一种新的颜色是否会在未来传递新颖和立竿见影的信号？

撤销现有的颜色将会给现有的客户带来混乱吗？

关于颜色的冷知识

柯达是第一家对签名颜色进行商标注册的公司。比安奇（Bianchi）为自家自行车设计了一种特殊的绿色。

"五个人"（Five Guys）是一家休闲快餐厅，它们承诺给顾客提供更好的汉堡和炸薯条。商标中红色占主导地位——餐厅有红白方格瓷砖铺成的墙壁，还有固定的红灯，员工穿着红色的T恤，戴着红色的棒球帽。"五个人"已经在美国、加拿大、欧洲和中东等地区开设了近1500家连锁店。这个名字的灵感来源于餐厅创始人的五个儿子。

157

排印 阶段3

排印是有效的品牌识别设计项目的核心组成部分。许多品牌因其独特和一致的排印风格获得了很高的辨识度。印刷技术必须支持定位策略和信息层级结构。

几百年来，那些知名的印刷工、设计师和字体开发公司已经创造了数十万种字体，并且每天还在创造新的字体。一些品牌识别设计公司经常为客户设计专有字体。选择正确的字体需要对选择范围有一个基本的了解，以及对如何实现有效排版有一个深刻的理解。功能性问题在不同的形式、不同的药品包装、不同的杂志广告以及不同的网站之间都显示出差异性。字体需要灵活且易于使用，并且必须提供广泛的表达功能。清晰和可读性是其驱动因素。

先进的印刷技术提高和丰富我们的知识，并重新定义了我们的阅读方式。

——埃迪·奥帕拉（Eddie Opara），
五角设计公司的合伙人

字体是神奇的。它不仅传达一个词的信息，而且传递一种潜意识信息。

——艾瑞克·斯毕克曼（Erik Spiekermann），《停止偷羊》（*Stop Stealing Sheep*）

库珀·休伊特字体属于当代无衬线字体。一开始五角设计公司委托切斯特·詹金斯（Chester Jenkins）设计了它们的"北极星浓缩"字体（Polaris Condensed），但他还为新近改造的博物馆创建了一种新的数字化字体。所有博物馆通讯和标牌上使用的字体都可以免费下载，供公众免费使用。

库珀·休伊特字体：
五角设计公司+切斯特·詹金斯

关于字体家族设计的基础知识

选择字体时我们会考虑可读性、独特性以及字体粗细和宽度的范围。

智能排版支持信息层次结构。

必须选择字体家族来补充签名，不一定要复制签名。

最佳的设计标准就是确定了一系列的字体，但赋予用户选择的灵活性，可以选择适当的字体、粗细和大小来传递信息。

限制公司使用的字体数量是符合成本效益的，因为获得字体的许可是需要走法律程序的。

系统中字体家族的数量是一个选择问题。许多公司同时选择衬线和无衬线的字体，一些公司就只选择一种字体。

基本的标准中有时候会使用特殊字体来应对特殊的情况

公司网站可能需要设计自己的一套字体和印刷标准。

优秀的排版师会检查包括数字和项目符号在内的这些细节。

许多公司为内部使用的文字处理文档和电子演示文稿设计单独的字体。

某些行业会就某些消费品和通讯产品的字体尺寸制定规范。

字体设计需要考虑的方面

衬线字体
无衬线字体
尺寸
粗细
曲线
节奏
凹版印刷
凸版印刷
大写字母
标题
副标题
文本
标题
标注
说明文字
项目符号列表
引导
线长
字母间距
数词
符号
引号

字体要求

传达感觉，反映定位

涵盖了应用程序需求

可以在一定尺寸范围进行工作

可以在黑白背景和彩色背景下工作

与竞争对手要有区别

与签名兼容

在线和离线都清晰可辨

有个性

可持续发展

反映文化

字体冷知识

奥巴马的政治运动使用了由托比亚斯·弗雷里琼斯（Tobias Frere-Jones）设计的哥谭体（Gotham）。这也是"9·11"纪念馆所使用的字体。

弗洛狄格体（Frutiger）是为机场设计的。

马修·卡特设计了贝尔哥特式字体（Bell Gothic），以增加电话簿中文字的易读性。

元字体（Meta）由元设计（Meta Design）为德国邮局设计，但从未被使用过。

沃尔夫·奥林斯为伦敦的泰特现代艺术馆设计了泰特体。

有一部关于赫尔维提卡体（Helvetica）的纪录片。

字体授权

理解网站、应用程序、软件包或品牌标识系统以及其他部分使用的任何一种字体的许可条款至关重要。

声音 阶段3

随着带宽的增加，声音正迅速成为品牌界的下一个前沿话题。我们的许多电器和设备都可以与我们进行交谈。语音激活提示可以让我们在没有人工交接的情况下预定联邦快递服务。无声的世界一去不复返了。

无论你是在巴黎的佛陀酒吧(Buddha bar)还是在诺德斯特龙的鞋店，声音都会把你带入状态。声音也发出信号："向首领致敬"宣布了总统的到来，而兔巴哥（Looney Tunes）漫画总是以"这……这……是所有人"而结束。外国口音几乎可以为任何品牌增添光彩。暂停信号可能就意味着是一首简短的巴赫颂歌，一个幽默的销售语调，或广播电台（你不会觉得很讨厌吗？）。

标识应该被听到以及被看到。

——杰夫·伦廷（Geoff Lentin），
TH_NK的新业务经理

亚马逊可以通过语音技术来消除品牌的存在。如果查看Google上的搜索词条以及亚马逊Alexa上的语音命令，你就会发现这些命令中使用品牌前缀的时间百分比正在下降。

——斯科特·盖洛威（Scott Galloway），纽约大学斯特恩商学院市场营销学教授

Google的互动式标识旨在纪念音乐家和发明家莱斯·保罗（Les Paul）的生日。48小时内4 000万首歌曲被录制并播放了87万次。

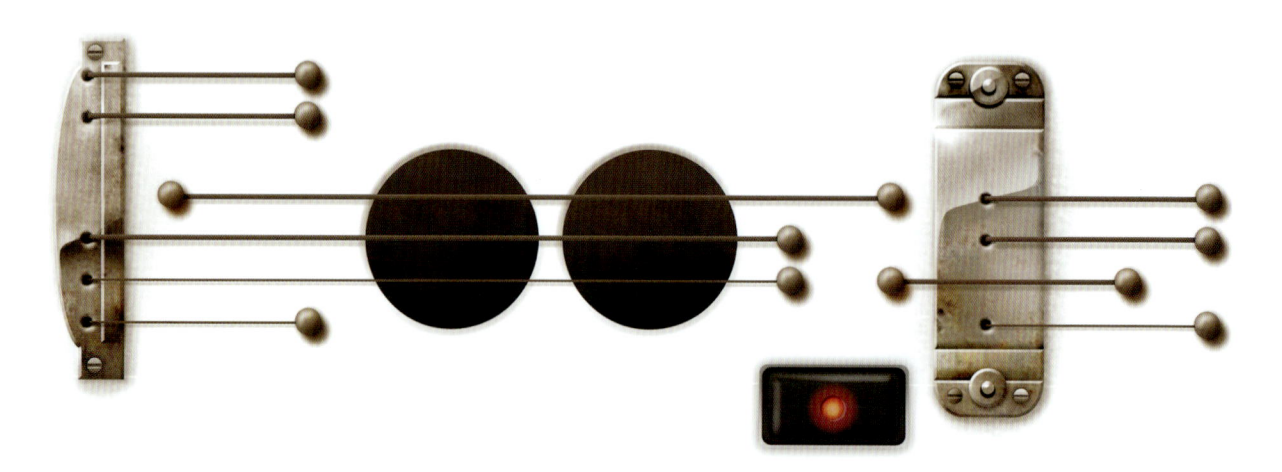

Google涂鸦设计：赖安·杰米克(Ryan Germick)和亚历山大·陈（Alexander Chen）；工程师：克里斯多夫·霍姆（Kristopher Hom）和乔伊·赫斯特（Joey Hurst）

品牌声音

聊天机器人

模拟人类作为对话伙伴的计算机程序，

也被称为：

谈话机器人（Talkbots）

对话机器人（Chatterbots）

机器人

聊天盒子（Chatterbox）

IM 机器人（IM bot）

交互式智能体

什么是音频架构？
音频架构是指音乐、语音和声音的集合，以创造公司和客户之间的体验。

——穆扎克（Muzak）

摩托车

哈雷-戴维森摩托车试图为其独特的呜呜声注册商标。当马自达米亚塔（Miata）设计出第一款价格适中的跑车时，发动机的声音就可以让人联想到经典的高档跑车。

零售环境

从咖啡馆到超市，再到时尚精品店，音乐都被用来吸引特定的顾客，使人们产生购买欲或陶醉的感觉。

配乐

蕴含在音乐中动人的信息在消费者头脑中挥之不去。

信号

英特尔芯片有它自己的音乐信号，美国在线公司的"电子情书"中的小曲也成为文化的一部分，以至于被用作梅格·瑞恩（Meg Ryan）和汤姆·汉克斯（Tom Hanks）1998年主演的浪漫喜剧的名字。

网站和游戏

声音越来越多地被用来帮助导航以及取悦用户。电脑游戏的声音效果增强了冒险效果，用户还可以自定义头像。

会说话的产品

人们正在发展各种技术，让药丸分配器能够温柔地提醒用户服用药物，让汽车可以提醒车主及时加油，获得服务以及左转。奔驰上的提醒音肯定听起来不同于大众。

多媒体演示

互动性和新媒体需要声音的整合。客户评价是由真实的顾客提供的。向员工展示关于公司发展前景的视频片段。

发言人

在整个广告历史中，公司会启用著名人物来代言产品。另外，一个嗓音独特、性格友善的接待员可以成为一个小公司的发言人。

录制的信息

知名的博物馆正在着力寻找适合音频解说的声音。一旦将声音确定下来，公司就会专注于某种有针对性的信息。

角色

美国家庭人寿保险公司的AFLAC鸭的呱呱声令人难忘，但其他许多公司所开发的角色，如埃尔默胶的埃尔默，都是没有声音的。

看过《2001：太空漫游》的人将永远忘不了那个说："打开舱门，哈尔。"的声音。

关于品牌声誉的基础知识

摘录自英特品牌集团品牌频道的基姆·巴尼特（Kim Barnet）撰写的《索尼：发现声音》（Sonic Branding Finds Its Voice）

声音需要辅助现有品牌的表达效果。

声音可以强化品牌体验。

音乐可以激发情绪回应。

声音，特别是音乐，加快了大脑的回忆速度。

音乐可以超越文化和语言。

听觉和视觉品牌化的效果正在实现互补。

许多企业创作了原创音乐。

许多音频效果是潜意识的。

应用测试　阶段3

选择一组真正的应用来测试概念在系统中工作的可行性是非常重要的。没有哪个商标展示在一张白纸上。决策者需要以客户看到的方式来看待标识。他们需要考虑这个标识会将公司带入怎样的未来。设计师需要在展示设计概念之前进行严格的测试，并展现其灵活性和耐久性。

一个典型的小型公司项目可能包括一张名片、一个主页、一个广告、一个宣传册封面、一张信笺，还有一些有趣的东西，比如一个棒球帽。在大型项目中，设计师需要展示品牌延伸的有效性，以及标识服务于业务线和市场的能力。

可能性是无穷无尽的。

——大卫·鲍伊

建立在劳拉·津德尔对于自然主义者说明的热情之上，我开发了一种既简单又可以扩展的视觉语言。

——乔恩·比昂森

测试设计概念

选择最明显的应用。

选择最具挑战性的应用。

检查标识的灵活性。

检查如何表达一致性。

签名是否有效？

这个概念与竞争对手的概念有区别吗？

它是可扩展的吗？

小尺寸看起来清晰吗？

可以在不同的媒体中工作吗？

网络上是否适用？

是否有利于品牌延伸？

它服务于公司，还是服务于分支部门？

它是否与标识中的广告语相称？

它可以在其他不同的文化中发挥其作用吗？

关于品牌识别设计测试的基础知识

使用真实场景和真实文本进行应用测试。

继续思考关于恰当的含义，可持续性和灵活性的这些重大的问题。

开始考虑其对整个颜色和字体家族系统的影响。

经常审视最佳情况和最坏情况。

请记住，这是一个反复的过程。

如果有什么地方不够好，立即处理。如有必要，请回顾核心概念。签名可能需要重新设计。

记录日期进程并为整个起草阶段标注版本号。在这个阶段要重视组织性。

提前考虑设计效果：这种设计在智能手机上看起来的效果如何？

向值得信赖的同事（设计师和非设计师）征求反馈意见，以了解所有自己没注意到的内涵。

预测你提出设计策略所需要的东西，并开始设想演示。

继续积极思考未来：五年或十年的时间比你想象得要快。

劳拉·津德尔：乔恩·比昂森艺术+设计

演示　阶段3

主要设计的第一次演示是一个决定性的时刻——几个月工作后迎来的高潮时刻。人们对它的期望和其自身的风险都很高。在计划和分析阶段，客户通常会表现得不耐烦，因为他们非常注重最终目标。安排这次会议通常有一种紧迫感。即使工作的实施阶段并没有立刻到来，每个人却都做好了准备。

仔细的计划是必不可少的。最聪明、最有创意的设计方案可能会在处理不当的情况下被彻底摧毁。决策者群体越大，会议和决策过程就越难进行。即使是只向一个决策者来进行展示也要提前计划好。

最好的演示会把重点放在议程上，让会议在预定时间内进行，并提出明确和合理的期望，同时又以预先确定的决策过程为基础。最好的演示者会提前进行练习。他们做好了处理会议中可能出现的任何异议的准备，并可以策略性地讨论相应的解决方案，使其与公司的整体品牌目标保持一致。较大的项目通常涉及在多层面上建立共识。

带着感情感慨，带着理智辩护。

——布莱克·霍华德

演示设计概念　由火柴人公司提出

引入一个新的应用程序软件，让搬去外地居住的城市居民获得新的点对点传送服务，让你可以与当地的司机同日送货。但是为这款软件取什么名字呢？

灵感来源于粗暴的袋鼠，但是这个名字并不能获得好的反响。我们需要一个厉害的角色来匹配。

一个名叫"汉克"的魁梧打手应运而生。他喜欢踢人屁股，移动一些东西，然后把这些东西抱出去。

这个视觉形象结合了鲜艳的色彩、复古风俗剧情，以及我们可爱的帅哥汉克。

不要指望作品能够自己说明问题。即使是最巧妙的设计方案也必须有人进行营销。

——苏珊娜·杨（Suzanne Young），沟通策略师

关于演示的基础知识

事先就议程和决策过程达成一致。

弄清楚谁将参加会议和他们将扮演的角色。未参与设计过程早期阶段的人可能会与这个过程脱轨。

提前分发议程。确保包括会议的总体目标。

事先制定一个详细的大纲并提前做好练习工作。

提前查看房间的实际布局，以决定你想要进行演示的位置以及你希望观众就座的位置。

提前到达布置房间，并在那里迎接所有的与会者。

如果公司要为会议提供任何设备，请提前进行测试。熟悉房间内的照明和室温控制。

演示策略

以回顾迄今所做的决策开始会议，包括总体目标、目标受众的定义和定位声明。

将每种方法作为具有独特定位概念的策略来进行呈现。从意义的角度，而不是美学的角度来进行探讨。每个策略都应该在几种实际的环境（主页、名片等）中展现，并与竞争对手并列进行呈现。

始终要有一种明确的观点。当提出多种（不超过三个）解决方案时，准备好解释你会选择哪一个，以及为什么。

准备好处理异议：把谈话从审美评议转向讨论功能和营销标准。

永远不要呈现任何你不相信的东西。

永远不要进行投票。

准备展示下一步，包括设计开发、商标注册和应用程序设计。

在演示后面附上一份备忘提纲，列出所有已做出的决定。

袋鼠：由火柴人公司设计

阶段四：创建接触点

概述

第四阶段是关于设计细化和设计开发。品牌标识设计概念被大家认同后，紧迫感会引发一系列问题："我们什么时候能拿到名片？"，以及"我们还需要多长时间才能在网上看到我们想要的东西？"

4. 创建接触点

设计是可见的智慧。

——卢·丹齐格

做你力所能及的事永远不会太迟。

——乔治·艾略特（George Elliot）

既然我们已经做出了关键的决策，大多数公司就想要积极着手推进了。对标识设计公司的挑战是既要保持这一势头，同时又确保关键的细节已经敲定了。

在第三阶段，我们假设的应用是为了测试创意，并帮助推广核心的设计概念。目前首要的工作是完善和确定标识中的设计要素并创建识别。这项工作需要注重细节，创建的文件也是永久性的。对各种尺寸和介质的签名进行最后的测试是至关重要的。关于字体家族、颜色笔画和次要视觉元素的决策在这个阶段需要最终确定下来。

在设计团队进行微调的同时，公司也在组织最终需要设计和制作的应用列表。核心应用应该优先设计出来，内容要么是规定的，要么是原创的。知识产权公司开始商标注册流程，确认需要注册哪些东西以及属于哪个产业类别。律师则要确认没有与待注册的商标发生冲突的商标。

品牌标识设计项目包含一种独特的视觉语言，这种视觉语言将在所有应用中表达自己。无论是哪种媒介，应用都需要协调一致地工作。其中的挑战在于使设计在表达的灵活性和沟通的一致性之间实现恰当的平衡。

创意策略

创意策略只有在品牌简介获得批准之后才能撰写。每个创意团队的成员都必须检查品牌简介、竞争性审计和营销审计报告。

创意策略综合了创意团队需要了解的内容，以便与项目的总体目标保持一致。在进行任何概念或创意工作之前，主要决策者必须签署此简介。最好的创意简介是客户和咨询团队合作的结果。创意工作包括从命名、标识重新设计、关键信息开发、品牌架构、包装设计到综合系统设计等品牌标识设计的多个方面。

创意策略的内容

团队目标

所有品牌标识要素的沟通目标

关键的应用列表

功能和性能标准

思维导图、态势分析

定位

协议

保密声明

文件编制系统

基准和提交日期

> 标识设计考虑的不是人们喜欢或不喜欢的东西，而是什么东西能够达到营销的目的。
>
> ——塞吉·哈维夫

应用设计

要点

传达品牌个性。

与定位策略保持一致。

创建一种视角、一种外观和一种感觉。

使设计系统在所有媒介上都能正常运行。

展示对目标客户的理解。

注意细节。

差异化，差异化，再差异化。

基础

设计是全局和细节之间反复作用的过程。

同时设计真正的应用程序和标识系统。

确保所有的假设都是可以实现的。

随着标识变得更加真实，对设计过程中的新发现要保持开放的态度。

要求

抓住每一个机会来传达宏大的创意。

创建一种统一的视觉语言。

开始考虑品牌标识的发布策略。

在一致性和灵活性之间建立平衡。

在最终确定标准之前完成实际的应用程序的设计。

首先使用可见度最高的应用。

明确何时与外部专家进行协作。

跟踪各个应用平台上的使用效果。

不要推出任何与品牌战略不一致的应用。

对质量保持执着的态度。

在这个阶段收集注意事项以获得设计标准和指导方针。

内容策略 阶段4

随着多种沟通方式和营销渠道的出现，内容的创作和发布已成为大大小小品牌的当务之急。无论是原创内容、用户创作内容，还是娱乐、启发或教育内容，都增强了你和用户之间的联系。将客户期望的、新鲜而具有吸引力的内容作为一项优先的考虑。成功的内容营销一定是忠于品牌声音的营销行为。

内容管理系统（CMS）允许用户轻松编辑数字内容，而内容策略与内容管理系统不同，它需要对客户有深入的了解，并要有一种将自己的品牌与竞争对手区分开来的渴望。研究表明，包含视频和图像的内容比纯文本内容能够被更多地分享和记住。

目标

提高品牌知名度
促进分享量增长
邀请客户参与
唤起好奇心
增加价值：成为有用的产品
建立亲和力和信任
激发对话
使客户成为英雄和品牌建设者
提高转换率
使员工参与其中并充当品牌大使的角色

渠道

Facebook
Instagram
Snapchat
Twitter
YouTube
Vimeo
LinkedIn

用户现在期望个性化和与自己高度相关的内容能够即时传送到他们那里。

——阿曼达·托多罗维奇（Amanda Todorovich），
克利夫兰诊所（Cleveland Clinic）的内容营销总监

照片 · 视频 · 动画 · 采访 · 信息图表 · 图形 · 博客发布 · 插图 · 微型网站 · 讲故事 · 事件直播 · 广告 · 播客 · 白皮书 · 电子书 · 表情包

168

品牌正积极地在意识、培训和治理方面进行投资、内容制作、内容分享和社交活动，让员工成为品牌大使。

——伯尼·博格斯（Bernie Borges），"发现与转换"项目首席执行官，"社会商业引擎"项目制作人

客户对视频的需求是无止境的……这是细化内容营销最有效的方式：如果你有视频，你就可以获得音频、文本（转录）和照片。

——杰伊·贝尔（Jay Baer），"说服和转换"项目总裁，《拥抱你的仇敌》（Hug Your Haters）

内容类型

原创

思想领导力，公司文化概况，甚至可能是你自己的品牌杂志——这些构成了你的内容营销的基础。在理想情况下，信息和娱乐方面都是你生产的内容，它们传达你的品牌DNA。

策划

提供精心策划的相关材料来源是建立客户忠诚度的一种方法。汇总来自多个来源的最佳内容，并将其记录下来，提升你品牌的可信度，并展现对透明度的承诺。

常青树

客户评价、公司历史、案例研究、操作方法和常见问题解答都是常青树——它们不会过期或需要经常更新。常青树内容对客户是有用的，而且对搜索引擎来说也是好事，因为它能够产生高流量。

赞助

赞助内容包括你为其他品牌渠道创建的帖子、访谈或视频，该渠道通过其网站、博客或社交媒体进行再版，并通过其他品牌进行适当的授信。

用户生成

无处不在的社交媒体和内容创作的便利性已经将力量的平衡从品牌转移到了客户。无论是提交给大赛的照片，还是推荐用于支持新产品的用户生成内容（UGC），都会丰富公司的品牌故事。

成功的关键因素

开发客户角色，让他们与你构思的内容进行对话：深入了解客户的利益、恐惧、活动和偏好。

掌握好原创内容、用户生成内容和策划内容之间的平衡。

实现内容的可视化。

最大限度地实现用户的移动体验。

投资质量：客户将分享精彩的内容。

看看你的竞争对手在做什么，然后做好你自己应该做的事情。

在骑车穿城而过的时候戴上头盔，看起来很时尚。这成为我们创造新产品的机会，将这种可折叠的安全设施变成时尚配件。

——卡洛斯·费兰多（Carlos Ferrando），科洛斯卡公司的创始人兼推广者

169

网站 阶段4

网站在品牌必要性榜单中名列前茅，不再局限于电脑桌面，它可以随时出现在消费者身边，比如出现在iPad上、智能手机上、商场中、徒步旅行时或枕头下。

引人入胜的内容和夺人眼球的界面有可能为品牌赋予活力。网站可能是下一种对现实最好的东西，在某些情况下，它们更有效率，更方便，对用户更友好并且更快捷。想一想零售业就知道了。

最好的网站知道他们的访客的身份，并给他们一次又一次回访的理由。视频已经凭借自身的故事和客户评价开始占据大多数网站了。

许多专家共同合作建立一个网站，包括平面和用户体验设计师、信息架构师、开发人员、内容作者、项目经理、可用性工程师等，搜索引擎专家已经成为团队的重要组成部分。

每个人都需要食物、住所、爱和一个网站。

——利萨·莱德尔

转型不只是关于我们的品牌，还关于我们如何把真实展现给大家——世界如何看待我们至关重要。

——米歇尔·邦特雷

流程：网站设计　　由加文·库珀（Gavin Cooper）开发

> **启动计划**

重申业务目标
建立团队，并分配角色和责任
回顾品牌简介和产品定位
确定关键的成功因素
制定工作流程、时间表和预算
建立通信协议
进行竞争性审计和搜索引擎优化分析
建立最佳实践

> **了解用户**

确定用户群体并建立用户角色
评估用户目标
获得关键用户的意见
创建网站使用场景
考虑移动体验
考虑社交体验

> **建立内容策略**

进行关键词研究
明确内容管理职责
预测12个月之内的内容展示
开发搜索引擎优化的内容策略
评估可能使用的社交媒体
开发信息架构
将内容与达成共识的导航进行匹配

> **创建原型**

决定信息架构
检查界面可能性
建立网站线框图
进行可用性测试
根据可用性测试结果进行改进
重新测试以衡量改进之后的效果
将内容与线框图进行匹配
开始概述发展计划

关于网站的基础知识

将网站目标、受众需求、关键信息和品牌个性作为每个决策的核心考虑因素。

预测未来的发展情况。考虑所有的平台和设备。

从内容而不是屏幕设计开始进行网站架构设计。专门为网页撰写内容。

不要强制将内容归入到违反直觉的类别中去。

进行可用性测试。

在追求卓越设计这件事上不要等待。把它拿出来，不断做到更好。给用户一个回访的理由。

遵守礼节。提醒访问者哪里需要特殊技术，哪块屏幕可能会加载缓慢，或者哪里会链接到其他网页。

遵守ADA：允许视障人士使用软件大声阅读网站上的文字或大范围放大文字。

在每个阶段都要问这样的问题：信息是否清楚？ 内容是否可访问？ 体验是积极的吗？

直面可能破坏网站目标的内部政治议程。

> 这是一个标识性的美国品牌，但其足迹和个性是具有全球性的。
>
> ——贾斯汀·彼得斯（Justin Peters），卡蓬·斯莫兰广告公司的执行创意总监

戴尔·卡耐基公司的标识：由卡蓬·斯莫兰广告公司（品牌设计）+数字外科医生（Digital Surgeons）网站设计与开发设计

> **可视化**

回顾品牌简介和设计指南
设计母版页面
设计社交媒体页面
考虑所有相关设备
利用可用性设计原则
制作所有的文字、摄影和录像
细化并最终确定设计的一致性
优化搜索引擎的内容

> **生产**

确认发展计划
编写前端代码
实施内容管理系统（CMS）
实施页面搜索引擎优化
用内容打开网站的知名度
实施网站报告结构
给关键决策者发布设计的测试版本
在浏览器和设备之间进行设计和功能性测试
根据需要进行调整

> **设计发布与监控**

在内部促进网站启动
在外部促进网站启动
发布方便用户的指南
启用网站
实施分析评估
交流成功和影响

宣传品　阶段4

最好的宣传品是在正确的时间将正确的信息传达给客户或潜在客户。统一的系统将会提高品牌认知度。通过信息开放，公司可以展示其对客户需求和偏好的理解。

品牌不仅仅是一个标识或一句标语，它是一群人围绕一个战略努力的成果。

——米歇尔·邦特雷

关于宣传系统的基础知识

信息应该易于客户理解，并应帮助他们做出购买决策。

系统指导原则对于经理人、设计专业人员和广告公司来说应该很容易理解。

系统应该包括灵活的元素，但不能在清晰的绝对标准上动摇。

伟大的设计只有在能够以最高的品质进行复制时才有效。

优秀的相关材料应该具有出色的文笔，并提供适量的信息。

系统应包含一致的号召性用语、网址和联系信息。

设计流程：宣传品设计

> **重新审视大局**
明确目标
检查定位目标
审查竞争和内部审计
确定功能需求、使用、分配和生产方法
确定挑战

> **设计一个封面系统**
为签名、内容和视觉元素确定网格位置
检查主要位置的识别、分割的识别、未在封面上使用的识别、仅在背面使用的识别、位于主要位置的产品名称

> **确定印刷系统**
一个或两个字体系统
标题字体
封面描述文字的字体
顶部标题字体
副标题字体
文本字体
标题字体

> **确定视觉效果**
确定设计风格
摄影作品
插图
设计元素
拼贴画
印刷
抽象
标识衍生物

> **设计色系**
定义一组大家认可的颜色
评估生产方法以确定在不同媒体中均可使用的颜色

我们的品牌团队由来自世界各地不同地区的加盟商组成。我们努力避免个人偏好的影响，着重坚持不同视角都认同的核心品牌原则。

——米歇尔·邦特雷

在对相关材料系统的视觉手段做了一个概念验证之后，我们决定采用能够反映转换思想的照片风格。图像大胆，情绪开放，活力四射，以人为本。

——贾斯汀·彼得斯

戴尔·卡耐基公司的标识：由卡蓬·斯莫兰广告公司设计

> 选择标准格式

美国尺寸
国际尺寸
请考虑邮费
考虑电子交付

> 确定纸张

检测功能性、不透明度和触感
考察零售价
决定采用某一系列的纸张
制作样品
感受纸张
考虑重量问题
考虑回收问题

> 开发原型

使用真实的副本
根据需要编辑语言
展现系统的灵活性和一致性
确定签名的布局

> 制定指导方针

明确目标和一致性的价值
创建网格和模板
用真实的例子来解释系统
监控执行情况

173

名片信笺 阶段4

在数字世界做生意仍然需要纸张。尽管我们在几秒钟内就可以发送出VCF文件,但名片仍然是世界各地用来联络的通道。即使我们可以通过PayPal来开发票和写大量的电子邮件,名片仍然可以传达出更多的职业精神和素养。

在网络发达的年代,人们也很乐意通过"蜗牛"邮递来传达个人信息。而在一个充满电子通信的世界里,名片给人传达了质量和成功的信号。将来,我们的名片可能会包含指纹或其他生物识别数据。

> 一张好的名片就像一条令人印象深刻的领带,它不会让你成为一个更好的人,但会让你获得一份尊重。
>
> ——肖恩·亚当斯,"燃烧的定居者小屋"(Burning Settlers Cabin)的创始人

名片是一种可以延续的仪式。

——安德鲁·希尔(Andrew Hill),《头条新闻领导者》(Leadership in the Headlines)

JAGR诞生于世纪之交,是家具、美术和室内设计专家之间合作的结果。

设计流程:信笺设计

> 明确使用+用户	> 确定需求	> 重新定位	> 确定内容	> 开发设计
商业名片	打印和/或数码	内部审计	关键信息	使用真实的内容
信纸	公司	竞争审计	地址	检查整个系统
备忘录	部门	品牌架构	电话+电子邮件	了解设计尺寸的国家标准
发票	个人	标识,颜色+字体	网址	考虑背面如何使用
表格	数量		标语	检查设计迭代:最好的情况、最坏的情况
信封	频率		监管信息	
标签			专业联系	
			统一缩写	

174

| Sandra K | Colleen K | Bethany S | John L | Dana L |

我根据每个人的姓名首字母设计个人标识。受到日本人的启发,我把每张超大号卡片都放在信封里。

——乔恩·比昂森

JAGR: 由乔恩·比昂森艺术+设计工作室设计

世界上大多数人都使用基于公制系统的信头和信封。只有美国、加拿大和墨西哥不是这样。

关于信笺设计的基础知识

把名片想象成一个营销工具。

方便检索信息。

最大限度地减少信息量。

使用背面来展示营销信息。

通过卡的外观、感觉和重量来传达设计的质量。

确保所有缩写都一致。

确保标题是一致的。

确保大写和小写的印刷风格是一致的。

开发系统格式。

> **指定纸张**

表面
重量
颜色
质量
回收
预算

> **选择生产**

胶印
数码印刷
雕刻
烫金
压花
凸版
水印

> **管理生产**

校准精度+一致性
开发数字模板
审查证明
如果数量巨大,先进行限量打印

175

标牌 阶段4

从城市的街道和高楼大厦，再到博物馆和机场，我们都可以看到充当标识、信息和广告的标牌。有效的零售店标牌可以增加收入，智能导向标识系统可以支持和增强旅游景点的体验。

在18世纪，法律要求旅店店主把标牌挂得足够高，从而规范管理。在21世纪，世界各地的城镇经常修改它们的标识规范，从而创造一个与社区相协调的环境，并规范标准以保护公共安全。

标牌帮助人们识别、导航和理解环境。

——艾伦·雅各布森

在这些墙后面，我们正在为你创造全新的博物馆体验。

——费城美术馆

建筑师弗兰克·盖里提醒人们，结构主义可以将建筑围栏转变为艺术复制品，即兴画廊，从而展示费城艺术馆的永久性收藏，即使在城市的大规模扩张的过程中，博物馆依然存在并向公众开放。

费城美术馆：五角设计公司

设计流程：标牌设计

> **建立目标**
确定项目范围
了解受众需求和习惯
明确定位
明确功能
制定时间表和预算

> **建立项目团队**
客户设施经理
信息设计公司
制造厂
建筑师或空间设计师
照明顾问

> **进行调研**
现场审计：环境
现场审计：建筑类型
用户习惯和模式
本地代码和分区
考虑残疾人的使用需求
天气和交通条件
材料和涂饰
制造过程

> **建立项目标准**
易读性
安置
可见性
可持续性
安全性
维护
安全保证
模块化

关于标牌的基础知识

标牌可以传达品牌信息，同时还基于对用户在环境中的需求和习惯的了解。

可读性、可见性、耐用性和定位必须推动设计过程。距离、速度、光线、颜色和对比度会影响可读性。

标牌是全天候工作的大众传播媒介，它可以吸引新客户，影响消费者的购买决策，并增加销售额。

位于室外的标牌必须考虑到车辆和行人交通这些因素。

每个社区、工业园区和购物中心都有自己的标识规范，没有通用的规范。

标牌规范会影响材料、照明（电气）和结构选择。区划或土地使用问题会影响标牌的位置和大小。

在设计开发之前就需要了解区划对于标牌设计的约束条件。

许可和差异申请需要包含有利于土地使用规划方案的方面。

标牌需要长期的投入以及维护计划。合同对于保护投资至关重要。

通过在制造之前测试设计，开发原型的风险将降至最低。

标牌应能实现一个地方的整体建筑和土地使用的优化。

标牌设计标准手册应包括各种配置、材料、供应商选择以及生产、安装和维护的详细信息。

> 结构主义是对博物馆所作所为的颂扬，这使得艺术成为城市的艺术。
>
> ——薛博兰

> **开始设计原理图**
> 品牌标识系统
> 颜色、比例、格式
> 印刷
> 灯光
> 材料和涂饰
> 制造技术
> 安装和硬件
> 安置

> **开发设计**
> 开始变化过程
> 准备原型或模型
> 确定内容
> 创建图纸或效果图
> 选择材料和颜色样本

> **完成文档工作**
> 完成工作图纸
> 施工、安装和立面细节
> 最终规格
> 安置计划
> 投标文件
> 许可申请

> **管理制造+维护**
> 检查施工图纸
> 检查工作
> 管理制造
> 管理安装
> 制定维护计划

177

产品设计 阶段4

最好的产品可以让日常生活变得更轻松、更美好，同时还融合了功能、形式和品牌。想一想OXO、iPod、谷歌、普锐斯。现在，我们也会从可持续性的角度来对产品做出判断：我真的需要这个吗？这个产品会在垃圾填埋场结束它的生命吗？产品的生产公司对环境友好和对社会负责吗？对产品满意的顾客已成为新的营销部门，他们通过博客、Instagram和发短信来推广产品。不满的顾客则会在社交网络上传播他们的不满。

每个产品创新的背后都有一个跨职能团队，他们建立在了解客户需求、行为和愿望的基础上。品牌团队结合了调研、设计、人为因素和工程专家，以满足客户未被满足的需求，建立客户忠诚度以及他们与产品的长期合作关系，并延续品牌承诺。

布莱斯勒集团（Bressler-group）为昏昏欲睡、大早上就想煮上一杯香浓咖啡的人们开发了一个简单、直观敏锐的用户界面。

Bruvelo咖啡机：布莱斯勒集团

给人带来惊喜和乐趣的东西将得到爱与忠诚的回报。

——比尔·霍兰（Bill Horan），
布莱斯勒集团交互设计部门的创意总监

最好的消费产品

预测客户需求和行为	有意义的差异化
表达品牌承诺	供应链中的可持续发展考虑
提供优越的功能、形式和价值	促进口碑的建立
易于使用，易于理解	由一个跨职能团队创建
可靠，友好的服务和支持	符合售前和售后的接触点
设定对未来产品的期待和渴望	

产品设计流程　由布莱斯勒集团提供

> **生成研究**
明确产品的品牌战略
进行竞争性分析
吸收客户和二级研究
识别信息差距
研究新的见解
分析人体工程学和可用性问题
调查市场趋势
搜索知识产权方面的雷区
进行可行性研究

> **产品定义/计划**
组建跨职能开发团队
开发用户配置文件
定义关键功能和差异点
明确品牌的地位
优化正式的产品规格
与团队建立共识

> **构思**
进行多层次的头脑风暴
探索配置选择
探索二维和三维的概念
建立模型来证明概念
细化团队审查的概念
概念的范围缩小和细化
创建测试的演示文稿

> **评估研究**
开发研究方法
招募参与者
进行客户概念测试
分析数据
提出改进建议

> **概念细化**
综合客户反馈
细化规格
实现美学和功能的细节化
创建用户互动逻辑
工程构件解析
细节化形式和接触点
细化产品信息和图形系统
检查二维和三维接触点

科洛斯卡头盔：由科洛斯卡&卡尔德萨克（Closca & Culdesac）设计

科洛斯卡公司的诞生旨在为他们的客户和客户居住的城市增添一种风格、设计和品位。

我们与欣赏美的人在一起，不惧怕改变，同时又能感受到改变是不可避免的。

—— 卡洛斯·费兰多

科洛斯卡"风雅"（Fuga）是一种可折叠的自行车头盔，经过安全认证，产品方便，别致。它被定位为智慧公民的自行车头盔。

> 工程开发

开发模拟板
制定生产战略
建立详细的零件清单
整合设计任务
分析高风险的功能和界面
进行可持续性和成本优化设计
在CAD软件中渲染机械、电气和界面设计
制造原型
进行性能测试和客户验证

> 评估调研

验证产品设计
检查客户体验
评估产品的美学设计、可用性和功能
进行工程分析
确保符合标准
与制造商审查生产策略
分析测试结果
创建最终更改的列表

> 生产实施

敲定生产预期
确定完整的大规模生产细节
制造最终的原型
将经过改良的设计进行整理
进行工程耐力研究
完成加工和生产的工程文件
完成加工和生产计划

> 生产支持

协调加工制造
对第一批产品进行正式检验
取得最终批准
提出最终生产设计中需要改良的地方
协助完成最终的符合性测试

包装 阶段4

包装设计是你足以信任并带回家中的品牌形式。我们不断地从包装的形状、图形、颜色、信息和容器中获得慰藉并被其吸引。货架可能是目前市场上最具竞争力的营销环境，我们会在几秒钟内决定购买什么。从新品牌到现有产品线的延续和振兴，对品牌资产、成本、时间和竞争的考量往往是复杂的。

包装设计是一门独特的学问，它通常涉及与工业设计师、包装工程师和制造商之间的合作。在食品和制药行业，这是由政府监管的。除了强大的包装外，推出新产品还需要很多不同方面的努力。其中包括供应链管理、制造、分销或运输、销售会议、市场营销、广告和促销。

包装是消费者唯一进行百分之百充分体验的品牌媒介，比任何其他品牌策略都能提供更高的投资回报率。

——罗伯·华莱士（Rob Wallace），最佳品牌联盟（Best of Breed Brand Consortium）的品牌倡导者

包装是品牌故事与顾客行为最有效的结合。

——布莱恩·柯林斯（Brian Collins），柯林斯集团（Collins）的首席创意官

第一次我买它是因为它看起来很酷。之后我再次购买是因为它尝起来味道很好。

——迈克尔·格里洛（Michael Grillo），14岁

作为一个品牌，我们一直秉承活力、简约、个性和功能性的设计原则。我们新的维他命水的标识系统重新打破了这些原则，并以真实、大胆和相关的方式将它们结合在了一起。

——亚力克斯·森特

维他命水：由柯林斯集团设计

设计流程：包装设计

> **明确目标+定位**
> 设立目标并确定问题
> 品牌资产
> 竞争
> 在生产线中的现有品牌
> 零售价
> 目标消费者
> 产品效益

> **进行审计+确定专家团队**
> 竞争（类别）
> 零售（销售点）
> 线上
> 品牌（内部，现有产品线）
> 包装设计师
> 包装工程师
> 包装制造商
> 工业设计师
> 监管法律部门

> **根据需要进行调研**
> 了解品牌资产
> 确定品牌标准
> 检查品牌架构
> 明确目标消费者
> 确认产品需求——产品所具有的优势是否会引起消费者的共鸣？
> 确认语言——应该如何表达产品的好处？

> **研究法律要求**
> 品牌和企业标准
> 特定产品
> 净重
> 成分说明
> 营养成分
> 配料
> 警告
> 声明

> **研究功能标准**
> 产品稳定性
> 防篡改或防盗
> 货架足迹
> 耐久性
> 用法
> 包装性能
> 填充能力

关于包装设计的基础知识

香槟装在罐子里，金枪鱼装在袋子里，葡萄酒装在箱子里。但对我来说，蛋壳仍是最好的包装。

——布莱克·多伊奇

货架是现存最具竞争力的营销环境。

好的设计能够卖得好。这是一个竞争优势。

对开发强大的包装战略来说，确立与竞争对手和线上其他产品之间的定位差别是至关重要的。

严格的、一致的规划方法可以在市场上形成统一、强大的品牌形象。

结构和平面设计可以同时开发。这是一场因果难定的辩论。实现两者的相辅相成。

品牌延伸始终是产品线内差异化和连贯性之间的战略性拉锯问题。

考虑包装的整个生命周期（来源、打印、装配、包装、保存、运输、展示、购买、使用、回收/处置）及其与产品的关系。

制定涉及包装批准和生产、销售会议、产品销售到商店、制造和分销的时间表。

开发一个新的包装结构需要很长的时间，而且非常昂贵，但它提供了独特的竞争优势。

像维他命水这样的品牌现在正在每个消费者接触点发出一种一致的声音。品牌传播的各个方面，无论是在线上、线下，店内还是店外，无论是属于广告、促销还是包装，都必须坚持一个清晰的、电报式的视觉系统的完整性。应尽可能少地向公众呈现反常情况。

> **确定印刷规格**

方法：柔印，光刻，旋转

应用：直接，标签，收缩包装标签

其他：颜色数量，二乙烯基，通用产品规范，给人留下深刻印象的最低限度

> **确定结构设计**

设计新的结构还是使用现有图像？

选择形式（如纸箱、瓶子、罐子、管子、罐头、透明塑料罩）

选择可供使用的材料、基材或涂饰

获取库存和样本

> **确定文字+内容**

产品名称

产品优势

成分

营养成分/成分说明

净含量

声明

警告

出版社

制造商

通用产品规范

> **设计+原型**

从面板开始（二维渲染）

设计原型

缩小选择范围

设计包装的其余部分

实际模拟：使用实际的结构/基材，同时配上内容

> **评估设计方案+管理生产**

在零售/竞争环境+线上

作为产品线的一员

消费者测试

完成文件

监督生产

181

广告 阶段4

自从丝绸之路时期商人在抒情歌中描述了翡翠和丝绸的好处,商人就开始宣传他们的产品,让人们心生向往,这就是广告。除了社交媒体和衰落的印刷品之外,广告仍然是消费者了解新产品、服务和创意的方式之一。

我们的社会对广告真是又爱又恨。专家们对其普遍存在发出了警告,他们还提出观众越来越对广告持怀疑态度。但是谁又能抗拒得了最新的产品目录或忽略奢侈的杂志广告呢?广告就是影响力、信息、说服力、沟通和戏剧化过程。这也是一门艺术和一门科学,它确立了联系消费者和产品的新方法。

品牌应该停止干扰人们的兴趣,并成为他们感兴趣的东西。

——戴维·毕比(David Beebe),万豪国际(Marriot International)全球创意及内容营销部门的副总裁

跳过广告 ▶|

利用诱惑的力量。

——帕姆·莱福比尔(Pum Lefebure),设计军团(Design Army)首席创意官兼创意总监

除非你的活动中包含一个宏大的创意,否则它就会像夜晚的船只一样漂流而过。

——大卫·奥格维(David Ogilvy),《奥格维广告》(Ogilvy on Advertising)

《眼球》(The Eye Ball)是一部讲述了Voorthuis家族故事的电影,即乔治城眼镜公司(Georgetown Opticians)的所有者们对视觉仪器如痴如醉的故事。这部高度风格化的侦探电影里面讲述了一个眼镜公司的女继承人,一个流氓管家,失窃的传家宝,以及50条猎狗的故事。设计军团公司和迪安·亚历山大(Dean Alexander)负责电影监制的各方面工作,包括从视频风格的确定到选派演员以及后期制作的颜色分级等。

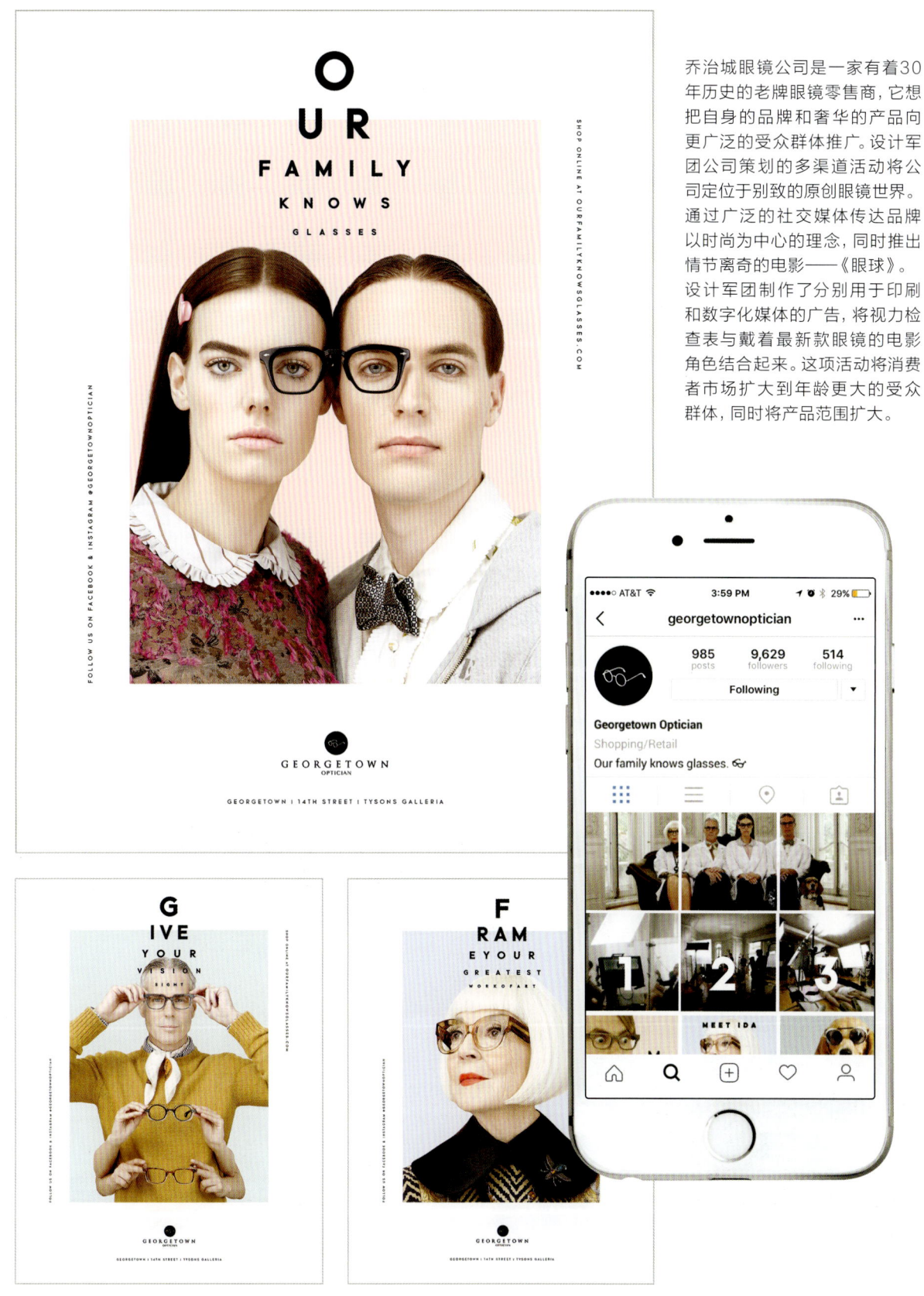

乔治城眼镜公司是一家有着30年历史的老牌眼镜零售商，它想把自身的品牌和奢华的产品向更广泛的受众群体推广。设计军团公司策划的多渠道活动将公司定位于别致的原创眼镜世界。通过广泛的社交媒体传达品牌以时尚为中心的理念，同时推出情节离奇的电影——《眼球》。设计军团制作了分别用于印刷和数字化媒体的广告，将视力检查表与戴着最新款眼镜的电影角色结合起来。这项活动将消费者市场扩大到年龄更大的受众群体，同时将产品范围扩大。

乔治城眼镜商的广告：由设计军团公司设计
摄影：迪安·亚历山大，文案：马克·威尔士（Mark Welsh）

183

环境 阶段4

一家餐厅的设计和氛围比厨师的烹饪技术更吸引人,当一家金融服务公司开一家时髦的咖啡店来提供好的咖啡和理财建议时也会更吸引人,这种情况并不少见。费伯奇(Fabergé)是位因给沙皇提供金饰珠宝而闻名的金匠。他是第一批认为设计良好的陈列室能够吸引顾客并提高销售额的全球企业家之一。

外部建筑是另一个营销机会,它可以提高品牌的即刻辨识度并吸引客户。在20世纪50年代,远处的一个橙色瓦屋顶即刻发出欢迎的信号,表明前面有一家霍华德·约翰逊的餐厅。在另一种文化中,位于西班牙毕尔巴鄂的古根海姆博物馆的建筑成为博物馆的品牌,它还是一块吸引了数百万游客的强大磁石。

建筑师、空间设计师、平面设计师、工业设计师、照明专家、结构和机械工程师、总承包商和分包商与客户开发团队合作,创造独特的品牌环境和引人入胜的体验。颜色、质地、比例、光线、声音、移动性、舒适、气味和可获得的信息共同表达了品牌。

> 我们渴望"哇"的一声惊叹,来评价那些娇惯、安慰和引诱,并且通常给我们带来美好时光的体验。这就是我们希望付出钱之后得到的东西。我想要可口的食物,注意,不是那种随处可见的食物。
> ——希拉里·杰伊(Hilary Jay),费城设计工作室(DesignPhiladelphia)的创始人

了解人们如何体验他们工作、学习、治愈和发现可以推动公司的使命。

——艾伦·雅各布森

Photos: Steve Weinik

品牌环境的要求

了解目标受众的需求、喜好、习惯和愿望。

创造与品牌定位一致的独特体验。

体验和了解竞争,并从成功和失败中学习经验和教训。

创造一种让顾客购买更轻松的体验和环境,从而吸引他们再次回购。

将服务的质量和速度与环境体验相匹配。

创建一种帮助销售人员进行营销的环境,并使交易变得更加简单。

考虑空间的维度:视觉、听觉、嗅觉、触觉和热量。

了解光线和光源的心理效应,并尽可能考虑能源效率。

考虑所有的运营需求,使客户能够履行品牌承诺。

了解运输流量、业务量和经济利益。

将营销策略与展示、广告和销售策略进行匹配。

设计一个可持续、耐用、易于维护和清洁的空间。

考虑残疾客户的需求。

费城壁画艺术计划中的"开放资源"是一个为期一个月的全球性创新和全球公共艺术作品庆典。为此,主办方特地在位于中心城市高层的格雷厄姆大厦(Graham Building)的一个空置的店面中,创造出一个弹出式展览和会议空间。

开放资源: J2设计, Ex;it, 和壁画艺术(Mural Arts)

交通工具 阶段4

在道路上建立品牌意识比以往更容易。交通工具是一个新的、大型的、动态的画布，它们几乎可以进行任何类型的传播。无论是在高峰时段的城市高速公路，还是在日落时分的偏远乡村公路，我们的目标都是一样的：让品牌立刻被识别出来。

从火车到飞机，到大货车和小货车，交通工具无所不在。交通工具上的图形我们可以在地面上看到，可以从其他交通工具如汽车和公共汽车上看到，也可以从建筑物里的窗户看到。

设计师需要考虑规模、可读性、距离、表面颜色以及移动、速度和光线的影响。设计师还需要考虑交通工具的使用寿命、标牌材质的耐用性，以及各州的安全要求和规定。

许多交通工具还携带其他信息，从品牌标语、电话号码到图形元素再到车牌号。简明易懂的信息应该作为首要原则。

交通工具类型

公共汽车
飞机
火车
渡轮
地铁
集装箱卡车
送货卡车
直升机
摩托车
小公共汽车
热气球
飞艇
无人机

开动你的摩托车。

——荒原狼公司（Steppenwolf）

Just Eat: Venturethree

设计流程：交通工具品牌化

> **计划**

审核车辆类型
重新定位
研究制造方法
调查安装程序
接收技术规格
获取交通工具图纸

> **设计**

选择交通工具的基本颜色
设计标识的位置
确定其他信息：电话号码或域名、车牌号、标语
探索其他图形元素

> **确定**

确定制造方法：贴花和包装、乙烯基、有磁性的、手绘

Just Eat提供一种在线食品预定和送货服务。作为独立的外卖店与顾客之间的中介,它已在13个市场招揽了超过64000间餐厅。

我们有新的重点和动力来推动业务向前发展。品牌重塑是通过明确的市场主导来推动可持续盈利的战略的一部分。

——大卫·巴屈斯(David Buttress),Just Eat上市公司的首席执行官

> 检查

对保险费率的影响
车辆的寿命
标牌类型的寿命
成本和时间
安全规定或其他规定

> 实施

根据规范创建文件
为安装人员准备文档
检查产出
测试颜色
安装管理

制服 阶段4

服装也能发挥传播的作用。从家得宝（Home Depot）象征友好的橙色围裙，到棕色的UPS送货员，一件明显而独特的制服简化了客户交易。制服也可以暗示权威和认同。从航空公司的机长到保安人员，制服让顾客更放心。在餐馆中找到一个服务员无非就是找一个穿着黑色T恤和白色裤子的人。在比赛场上，职业球队的制服不仅需要把他们与竞争对手区别开来，而且服装还要上镜。在实验室里需要穿实验室专用的外套，正如在操作室里的工人需要穿磨砂制服一样，两者都要符合规定和标准。

好的制服能让人产生自豪感，同时能使人融入工作场所和环境中。设计师们会仔细考虑性能标准，如耐用性和机动性。员工的穿衣方式会影响个人和组织给人的感觉。

> 就像我们新的飞机彩绘一样，我们的制服要在全球最繁忙的机场中脱颖而出，这一点至关重要。
>
> ——瑞内纳·吉布森（Raelene Gibson），
> 斐济航空公司的机舱管理人员和服务员

斐济航空公司的制服由亚历山德拉·波耶纳鲁-菲利普（Alexandra Poenaru-Philp）设计，突出表现了由著名的斐济马西艺术家马克瑞塔·马特摩西（Makereta Matemosi）创作的三种不同的马西主题图案。Qalitoka象征着人们一起完成任务过程中体现的团结，Tama象征友好的服务，Droe象征着海滩上清澈、湛蓝的天空和清凉的微风。

斐济航空公司：未来品牌

判断制服所发挥作用的标准

功能性：制服是否考虑到工作的性质？

耐久性：制服是否做工精良？

方便：制服是否可以机洗或者便于清洗？

机动性：员工穿着它能否轻松完成任务？

舒适性：制服舒适吗？

可见性：制服是否立即可识别？

穿着性能：制服是否容易穿上？

重量：是否考虑过制服的重量？

温度：设计制服时是否考虑了天气因素？

自豪感：制服是否会让人产生自豪感？

尊重：设计制服时是否考虑到了不同的身材？

安全性：制服是否遵守相关安全规定？

品牌：制服是否反映了理想的品牌形象？

谁需要制服？

公共安全官员
保安人员
运输人员
导游
银行柜员
志愿者
医护人员
招待员
零售人员
餐厅服务员
运动员
体育设施管理人员
实验室工作者
特别活动人员

制服的制作方法

现成的
定制设计
定制加工
刺绣
屏幕印刷
打补丁
加条纹

制服设计中可发挥的空间

围裙
腰带
长裤
短裤
短裙
高领毛衣
高尔夫衬衫
T恤
背心
领带
外套
雨衣
运动夹克
女短衫
蝴蝶结
手套

靴子
头盔
鞋子
袜子
裤袜
识别徽章
饰品
丝巾
羊毛衫
风衣
太阳帽
别针
棒球帽
病号服
实验室外套
磨砂服装

189

赠品　阶段4

短期宣传品是指有短暂生命周期的事物，或更简单地说是指短暂的事物。许多非营利组织向捐赠者赠送品牌礼物来鼓励捐赠行为，而公司也经常会在销售和促销产品上贴上公司的标识。贸易展会上总会有赠品。好的展位会发放帆布包让你来存放所有的个人物品，你可能会收获从挤压球、通勤杯、棒球帽到鼠标垫等一堆东西。

制造复制品一般都比较困难。特殊的技术，例如在一件高尔夫衬衫上缝上刺绣或冲压制造一个皮革公文包，通常需要一个能够体现生产技术需求的定制签名。控制质量的最好方法是查看其证明文件，即使这需要额外的支出。

分类

感谢
赞赏
识别
特殊活动
贸易展览会
盛大开幕
附属机构
自豪感
动机

生产方法

丝网漏印法
压印
压花
烫金
颜色填充
雕刻
蚀刻
绣花
皮革冲压

阿达努（Adanu）在加纳农村建立学校，通过教育改变儿童的生活。从网站购物获得的所有收益，100%都直接投入加纳的教育开发项目中。

阿达努：火柴人公司

产品的设计可能性列表
列表由广告专业学院（Advertising Specialty Institute）提供

闹钟	蜡烛架	饮具	刮冰器	微型复制品	拼图/戏法	标签
相册	蜡烛	画架	身份证夹	镜子	收音机	卷尺
围裙	糖果	电子设备	充气玩具	钱夹	雨衣	纹身
汽车/旅行用品	小罐	徽章	邀请函	货币转换器	记录仪	茶壶
奖项	罐头	刺绣	夹克	鼠标垫	可再生产品	望远镜
遮阳篷	鸭舌帽/女帽	紧急包	罐子	马克杯	反射器	温度计
证章夹	铁锁	信封	首饰	音乐特殊装备	宗教物品	冠状头饰/皇冠
证章/按钮	玻璃瓶	橡皮擦	首饰盒	铭牌	丝带	领带
包夹	牌	运动/健身	万花筒	餐巾环	橡胶图章	瓷砖
背包	箱子	眼镜	卡祖笛	餐巾	尺子	计时器
气球	证书	3D眼镜	钥匙盒子/标签	噪音发生器	安全设备	锡罐
球	椅子	扇子	钥匙扣	办公用品	凉鞋	纸巾
头巾	圣诞节装饰	玩具	厨房用品	开瓶器	围巾	工具包
银行	雪茄	小雕像	风筝	文件柜	剪刀	牙刷
横幅/锦旗	剪贴板	旗子	标签	装饰品	勺/刮刀	上衣/纺纱机
酒吧用品	钟	闪存驱动器	灯/灯具	包装	刮卡	玩具/新奇物品
烧烤用品	服装	手电筒	吊带	睡衣	密封件	旅行用品
气压表/湿度计	杯垫	随身瓶	翻领别针	小册子	椅子（折叠）	托盘
棒球帽	咖啡壶	飞碟	草坪/花园里的东西	纸制品	种子	奖杯/纪念杯
篮子	零钱包	苍蝇拍	皮革特制品	压纸器	缝制用品	T恤
浴袍	硬币/奖章	泡沫小礼品	花环	聚会礼品	衬衫	雨伞
电池	彩色画册	文件夹	开信刀	计步器	鞋/鞋拔	制服
美容保养品	梳子	食品/饮料	车牌/车牌框	钢笔/铅笔套	铲子	USB/闪存驱动器
皮带扣	光盘	框架	打火机	胡椒磨	标识/显示板	器皿
饮料架	指南针	游戏	灯	宠物用品	拖鞋	实用剪辑
围兜	电脑用品	压力计	毛球修剪器	电话卡	雪球	有价凭证收集夹
望远镜	避孕套	小木槌	润唇膏	手机	肥皂	背心
毯子	集装箱	礼物篮子	口红	电话用品	袜子	塑料制品
书夹	炊具	礼品卡/包装	液体运动产品	照片卡片	特殊包装	录音机
书签	螺旋拔塞器	玻璃特制品	锁	照片收集夹	海绵	钱包
图书	化妆品	地球仪	行李/标签	物理/治疗援助	勺子	魔法棒/权杖
瓶架	优惠券收藏夹	手套	午餐盒/套件	野餐冷却器	运动器材	手表
瓶子	封面	发光产品	磁铁	图片/画	运动纪念品	表链
瓶塞	蜡笔	护目镜	放大镜	枕头	运动安排表	水
碗	水晶产品	高尔夫用品	地图/图集	彩色陶罐	橡胶扫帚	气象仪器
拳击短裤	杯子	问候卡	标记	大头针	打印台	口哨
盒子	靠垫	手帕	面具	水罐	邮票	风向袋
清新薄荷糖	贴花纸	衣架	火柴	餐具垫子	订书机	酒的相关用品
公文包	玻璃水瓶	硬件工具	垫子	策划人	文具/业务表格	木材特制品
水桶	装饰品	发带	测量设备	植物	贴纸	腕带
公告板	桌子用品	头戴耳机	奖牌	瓷片	石头	腕托
保险杠贴纸	表盘/幻灯片图表	头枕	医疗信息产品	盘子	秒表	溜溜球
名片夹	日记/日志	荧光笔	扩音器	扑克牌	压力缓解剂	拉链头
商业名片	骰子	夹子	会员卡	指针	毛绒动物	
计算器	碗碟	全息图	备忘录收集夹	扑克筹码	阳光捕手	
日历垫	药剂分配器	马蹄铁	记事簿	公文包	墨镜	
日历	医生/药剂师指导	酒店设施	菜单/菜单封面	明信片	遮阳板	
相机	狗牌	冰桶	金属制品	木偶	毛衣	
野营装备	搅拌器/搅拌棒	冰包	话筒	钱包	桌布	

阶段五：管理资产

概述

管理品牌资产需要开明的领导和长期的承诺来尽一切努力打造品牌。尽管建立品牌的任务是重中之重，但品牌必须首先激发员工的热情。这仅仅是个开始。

5. 管理资产

我们很高兴能够用我们的新品牌来更好地讲述我们的故事。

——乔·哈特（Joe Hart），
戴尔·卡耐基公司的CEO

我们知道，当我们分享我们的新品牌时，它就不再只属于我们，而是属于所有人。

——米歇尔·邦特雷

戴尔·卡耐基公司是一家全球性领导培训企业,公司的宗旨被记载在《如何赢得朋友和影响人们》(*How to Win Friends and Influence People*)中,这本书是有史以来最畅销的书籍之一。90个国家中有超过800万的人都参加了这门课程。

这是关于首席执行官乔·哈特和首席品牌官米歇尔·邦特雷与戴尔·卡耐基公司的新字母组合3D雕塑合影的一条ins。

戴尔·卡耐基公司的品牌发布是精心策划的,旨在激发消费者的兴奋感,并在两年一度的国际会议上建立信任。在首席品牌官推出新的视觉识别系统和字母组合之后,代表们围绕核心统一的变革理念开始发推特和编辑短信。

大型视频监视器被放置在整个会展中心,以创造一种身临其境的品牌体验。每个代表会收到一个字母组合别针和两本品牌手册。随着全球新闻发布,一个品牌的微型网站启动了,用以促进公众的参与度。

技术和社交媒体使全球利益相关者群体能够实时参与,而不是仅仅只有内部成员参与其中了,比如实况报道,就可以让品牌充满活力。

——贾斯汀·彼得斯

改变品牌资产　阶段5

在一个组织中,能够接受变化的人很少。向现有组织或合伙公司引入新名称和标识比为新公司创造品牌要困难得多。即使是在一家小公司,待办事项列表依然非常长。新品牌标识的实施需要有一个严谨的战略重点,提前规划并注意细节。

军事动员技能迟早能派上用场,积极乐观的精神也是有用的。通常,市场营销和公共关系总监会监督这一变化。在较大的组织中,还会专门留出一个职位来实施这一项工作。其所需的技能涉及品牌知识、公共关系、沟通、标识设计、生产和组织管理。

谁需要知道?
他们需要知道什么?
为什么他们需要知道?
变化是否影响到了他们?
他们将如何发现?
他们什么时候才能发现?

这些是启动项目前需要回答的关键问题

> 管理品牌标识变化有可能会提高品牌认知度——通过提高顾客意识,提高顾客好感度和建立顾客忠诚度。
>
> —— 帕特里夏·赖斯·鲍德里奇(Patricia Rice Baldridge),费城大学营销与公共关系专业的副教授

奥马哈互助保险公司(Mutual of Omaha)的品牌标识:由克罗斯比联合公司设计

最大的挑战

由帕特里夏·赖斯·鲍德里奇提供

时间和金钱：规划足够的预付时间和充足的预算。

决定进行大型启动还是分阶段启动。

内部买入和支持。

将战略重点放在所有通信上。

从旧到新建立连接。

尊重传统，同时宣扬新事物。

确定受改变影响的人群。

帮助那些在转变过程中遇到麻烦的人。

在时间和金钱有限的条件下有效传达品牌的精髓。

创建和维护信息的一致性。

传达给所有观众。

激发兴奋感和促进理解。

关键的信念

将战略重点集中在品牌上。

品牌识别可以帮助公司实现其使命。

大型启动意味着减少产生混乱的机会。

关于启动的关键信息，清晰性至关重要。

打入外部之前先打入内部。

一次不足以传达一个新的想法。

你需要推出一个新的名字并为其赋予含义。

不同的受众可能需要不同的信息。

尽你所能来保持发展势头。

认识到品牌识别设计项目不仅仅是设计一个新的名字或新的标识。

改变名称的要领

寻找改变名字的合理原因是第一步，也是最关键的一步。

这一变化必须有助于提升公司的公众辨识度、认可度、招聘过程、客户关系和伙伴关系。

接受在改变名称过程中会遇到阻力这一事实。

通过创造一种兴奋的气氛来保持势头。

有针对性的信息更好，但成本也会更高。

受名称改变影响的应用

网站和元标签

文具、名片、表格

电子邮件签名

标牌

广告

营销材料

制服、名称标签

社交媒体

语音信箱，你接听电话的方式

亨特基督教教会学校（Hunter Christian School）的标识：由夹层设计公司（Mezzanine.co）设计

启动　阶段5

做好准备，整装待发，然后启动。启动代表了巨大的营销机会。聪明的组织会抓住这个机会来建立品牌意识和协同优势。

从多媒体活动、公司性会议、路演到每位员工的T恤，不同的环境需要不同的发布策略。有的组织会在一夜之间出现大规模明显的变化，包括外部标识和车辆，而有的则选择了分阶段的方法。

小型组织可能没有多媒体活动的预算，但可以利用社交网络。聪明的组织会通过营销电话来展示一张新卡，或者给每个客户、同事和供应商发送电子邮件。有的组织则会使用现有的营销渠道，如月度报表。

在几乎每一次发布会上，最重要的听众都是公司的员工。无论范围和预算如何，启动都需要全面的传播计划。最好的启动战略从来都不是一切照旧或没有启动活动这样的零战略。

随着我们不断地发展壮大，我们也在更新着品牌的外在表达，因此无论乘客飞往哪里，它都会很醒目。

——吉塔·沃纳（Sangita Woerner），
阿拉斯加航空公司营销部门的副总裁

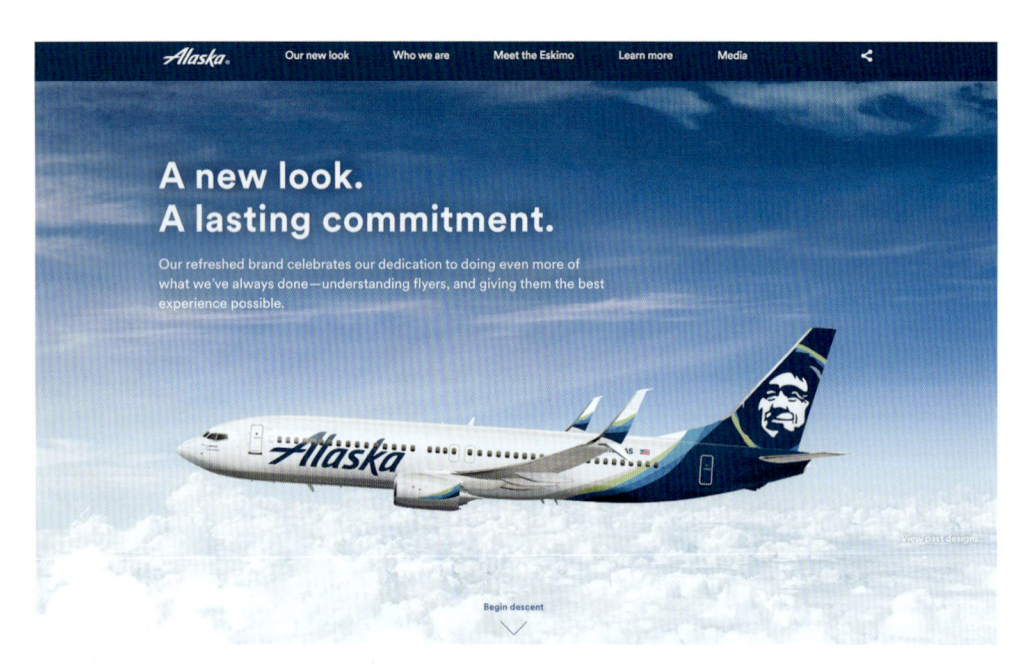

在与阿拉斯加航空公司合作建立一个全国可见的相关品牌约一年之后，浩纳尔·安德森公司创立了一个启动的微型网站，自豪地向更广泛的观众介绍新的阿拉斯加故事。这个网站以飞鸟的视角带领访问者遨游天际，再降落，同时开头展示了品牌最真挚的寄语：新飞机在天空中自豪地翱翔着。网站接下来讲述了品牌的故事，从荣誉和情书到无与伦比的客户体验细节。

阿拉斯加航空公司的网站：由浩纳尔·安德森公司设计

新品牌标识的发布是一个可以激发员工使命感的绝佳机会。

——罗德尼·艾伯特（Rodney Abbot），利平科特公司的创意总监

启动活动没有"内部"。从你分享的那一刻起，它就存在于这个世界并为其他人所知晓。

——贾斯汀·彼得斯

战略启动目标

增强包括广大公众在内的所有利益相关方的品牌意识和理解。

提高对公司、产品和服务的好感。

建立对公司的忠诚度。

与利益相关方建立情感联系。

积极影响顾客的选择和/或行为。

全面计划包含的元素

新品牌标识的目标和宗旨

对品牌推广起支持作用的传播活动

关于实施和预算的时间表

目标受众

关键信息

沟通策略，包括内部沟通、社交媒体、公关、广告和直销

内部员工培训策略

标准和准则战略

方法

组织性会议

社交媒体

新闻稿

特殊活动

线上问答热线

关键信息脚本

打印、广播、电视广告

商业性出版物

直邮和群发邮件

网站启动活动

内部启动基础

创建一个启动的时机。制造话题。

和员工交流为什么内部启动活动很重要。

重申品牌代表什么。

告诉员工你为什么这样做。

和员工沟通，这一步意味着什么。

谈论未来的目标和使命。

回顾关于标识的基础理念、意义、可持续性。

解释说明这是一项自上而下的举措。

推选员工品牌冠军和大使。

展示员工如何让品牌充满活力的实例。

赋予员工一种主人翁感。

设计推出一些有形的东西，如T恤。

外部启动基础

时机就是一切。找到契合的时机。

创建一致的信息。

定位信息。

创建恰当的媒体组合。

利用公共关系、市场营销和客户服务。

确保你的销售人员已经了解了启动策略。

以客户为中心。

安排大量预付时间。

抓住一切机会，争取营销协同。

告诉他们，再次告诉他们，然后再次告诉他们。

打造冠军品牌 阶段5

员工参与是公司可以做出的最好的投资之一——不管你的公司拥有十个员工还是十万员工。组织发展专家早就知道，企业长远的成功直接受到员工共享公司文化、价值观、故事、象征和成功人物的方式的影响。

在将新的品牌战略推向市场之前，重要的利益相关者必须了解为什么改变是必要的，以及这些改变是如何支持组织的核心目标和愿景的。

确定变革推动者。促使员工进行创造性地思考。沟通。沟通。再沟通。

——美国博物馆联盟对实施大规模变革的组织的建议

> 这不仅仅是价值观。这是他们广泛的共识，而且能够发挥很大的作用。
>
> —— 泰伦斯·迪尔（Terrence Deal）和艾伦·肯尼迪（Allan Kennedy），《企业文化：企业生活仪式》（Corporate Cultures: The Rites and Rituals of Corporate Life）

> 德勤品牌的建立基础是我们的组织文化和价值观，这使品牌能够传达和塑造我们的对话和行为。
>
> —— 亚历山大·汉密尔顿（Alexander Hamilton），德勤公司的品牌互动领导者

我们的信念是，如果我们确立了恰当的企业文化，那么大部分其他的东西，比如提供优质的客户服务，或者建立一个长期持久的品牌和业务，自然会水到渠成。

——谢家华

美捷步的核心价值观

通过服务带来惊叹声。
拥抱并推动变革。
创造乐趣和一点点不可思议。
乐于冒险和创造，并保持开放的心态。
追求成长和学习。
利用沟通建立坦诚的关系。
建立积极的团队和团结精神。
少花钱多办事。
热情和笃定。
保持谦卑态度。

美国博物馆联盟和大规模变革

美国博物馆联盟（AAM）数年来成功实施了多个重大的组织变革。2012年，它推出了新的会员计划、名称、标识和网站。在这之前，它还推出了一个展示任务和事件的日历。它还为主要志愿者领导和合作伙伴举行了有关计划变更的简报会议和网络研讨会。工作人员和董事会成员可以接收到谈话要点，以协助解释清楚这次变革并坚定信念。董事会成员亲自向同行传达了这一变化，并在主要城市举办了发布会。在首次推出之后，还举行了其他重要的里程碑式活动，让成员们意想不到又振奋人心。

美捷步文化图书

美捷步的CEO谢家华（Tony Hsieh）每年都会给所有员工、合作伙伴和供应商发一封电子邮件，要求他们就文化带给自己的意义写几段文字。除了错别字之外，这些意见是未经编辑的，因为公司的核心价值观之一是"利用沟通建立坦诚的关系"。美捷步的首要任务是建立公司文化。其核心价值观嵌入了每个接触点中，包括公司雇用、培训和发展员工的方式。文化和品牌被视为"同一枚硬币的两面"。美捷步每年都会出版一本布满照片的全彩色文化书籍，书中还写了文化对于每个人意味着什么的文章。它已经成为每年的传统。其于2010年出版的书总共304页，印刷采用的是再生纸和大豆油墨。

德勤和数字化学习

德勤开发了全新的品牌电子学习课程，旨在实现全球超过245 000名专业人士的一致性和提高他们的参与度。与传统的数字化教学不同，本课程利用网络学习中的最新技术和创新来创建品牌文化，让从业者对品牌产生兴奋感和主人翁感。模块化学习会使用到各种互动示例来说明无形财产（如声誉和信任）的价值，以及品牌的各种元素如何在竞争激烈的市场中共同体现出品牌的特色。通过塑造一个深刻理解品牌力量的冠军网络，此课程将有助于培养强大的品牌文化。

爱玛客（Aramark）和路演

上市公司经常使用路演将他们的信息直接传达给主要投资者和分析师。路演也是有效的举措和策略。爱玛客首席执行官乔·纽鲍尔（Joe Neubauer）前往7个城市与5000名一线经理进行交流，以推出他们公司的新品牌，并使员工与公司的愿景保持一致。广告部主管布鲁斯·伯科维茨（Bruce Berkowitz）表示："员工将公司的文化和品格带入市场。"

爱玛客与一家会议策划公司合作制作了一场耗时一小时的路演。首席执行官强调了公司传统及其在行业中的领导地位这些关键信息。他的主要信息是"员工是我们成功的核心，并传达了我们公司的顶级服务"，这和新的品牌标识所传达的信息是一样的。

经理充分准备了新的品牌愿景和战略。他们收到一个"大使工具包"，里面包含公司的历史，新的广告宣传、一个商品目录和一本标准手册，同时还有一份经理的核对清单和一个媒体启动时间表，明确指示如何处理和解释启动活动，以及如何实施品牌变革。

品牌书籍 阶段5

品牌书籍、精神书籍和思想书籍能够启发、教导和建立品牌意识。如果品牌策略停留在会议室，在某人的脑袋里或者是营销计划的第3页，则不能影响任何人。公司的愿景和品牌的含义需要一种方便获取、便携和个人化的通信工具。

时机就是一切。处于组织变革过程中的公司需要传达"前方应何去何从"这一问题。通常，品牌标识的设计过程会产生全新的品牌形象。建立每个员工如何帮助建立品牌的意识是明智的。

保持品牌新鲜的能力以及继续给观众带来惊喜是我们生存的关键。

——特蕾莎·菲茨杰拉德（Theresa Fitzgerald），
芝麻街工作室创意部的副总裁

芝麻街品牌图书：©Sesame Workshop

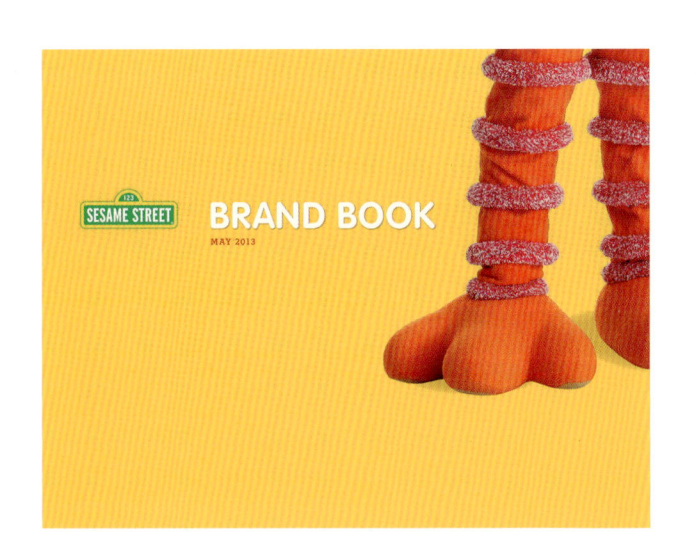

芝麻街品牌图书摘录

这本书的目的是无论读者在何时何地观看芝麻街的节目，它都能确保给予读者毛茸茸、有趣的"芝麻街式"体验。

这本书适用于员工，以及合作单位、创意代理商、许可证持有者、赞助商以及其他帮助我们创建芝麻街方方面面的人们。

我们每天一起为建设芝麻街品牌做出贡献。

品牌指导方针 阶段5

尽管品牌重塑的智能指导方针可以帮助每个人了解品牌,但这只是任务的一半。组织需要推动品牌互动。让人们能够轻松地坚持品牌的新沟通方式,这一点非常重要。改变是很难的。你需要拥有想要改变的渴望。

组织需要努力确保每个人都明白为什么变化是必要的,变化将带来什么样的好处。这样的话,指导方针可以更易懂、更生动、更容易制定。现在,即使是最小的非营利组织也可以提供精简的标准、文件副本和电子模板。

变革始于员工和你给他们的工具。

——杰基·卡特龙(Jackie Cutrone),
蒙尼格公司客户服务部门的高级总监

定制设计和UX　　品牌指导方针　　资产管理

Office模板生成器　　品牌展示　　动态相关材料

工作流程和咨询服务　　报告和分析　　内容管理

我们在云端开发了品牌互动和资产管理平台,迎来了品牌管理的新时代。想象一下,一个品牌的品牌中心。

——加布里埃尔·科恩

©2017 蒙尼格公司的BEAM品牌

指导方针类型

在线品牌中心
网络可以让我们轻松地将品牌管理整合到一个地方，为员工和供应商提供用户友好的工具和资源。

媒体关系门户网站
许多公司在其网站的媒体关系部分都有可下载的标识和图像文件。这些文件通常附有大量概述使用情况的法律文件。

在云端和在地面
设计公司经常会提供可下载的风格指南和文件副本。许多组织还会将指导方针制作成小册子和简便参考指南进行发布。

营销和销售工具包
拥有独立分销商和经销商的公司需要用有效的方法来控制销售点的外观，并通过外部标牌、零售展示和广告来获得独特而令人难忘的零售业务。

谁需要获取指导方针？

内部员工
管理人员
营销人员
客服人员
传播人员
设计人员
法律人员
销售人员
IT人员
网站专家
人力资源
公关人员
产品设计师
任何创建演示文稿的人

外部创意合作伙伴
品牌公司
设计公司
广告公司
信息构架师
技术人员
包装设计公司
设计师
作家
合作品牌合伙人
搜索引擎优化公司

最好的指导方针的特点

清晰易懂。

拥有最新且方便操作的内容。

提供准确的信息。

内容包括"品牌代表什么"。

谈及标识的意义。

平衡一致性与灵活性。

内部和外部用户都可以访问。

建立品牌意识。

整合所有必要的文件、模板和指南。

保证积极的投资回报贡献。

安排一个专门回答问题的人。

把握项目精神。

以原型（最佳实例）为特色。

在线资源有助于打造品牌
由蒙尼格公司开发

吸引利益相关者参与到品牌中。

沟通品牌战略和目标。

适应不断发展的品牌实践。

提供帮助和最佳实践，而不是规则（工具，而不是规则）。

节省用户时间。

提供资源以参与品牌建设过程。

将不同的主题整合到一个在线资源中心。

跟踪用户活动和投资回报率，以帮助支持未来的投资。

降低从战略到实施过程的成本。

实现一致的实施过程。

即时更新增强品牌网站的价值。

指导方针的内容　阶段5

新品牌标识系统的设计、制定、启动和制造要素都依赖于一套智能标准和指导方针。良好可靠的标准可以节省时间、金钱,以及避免挫折。组织的规模和性质会影响内容的深度和广度,以及将来设计和制作营销材料的方式。

保护品牌资产和知识产权必须遵守法律和命名准则的要求。

大自然保护协会是一个领先的环保组织,它与政府、企业、非营利组织和社区合作一起解决世界上最紧迫的环境问题。

利用我们品牌的标识以及其一致性和影响力,确立和强化我们的品牌领导力、信心和可靠性。

——《大自然保护协会视觉标识指南》(*The Nature Conservancy Visual Identity Guidelines*)

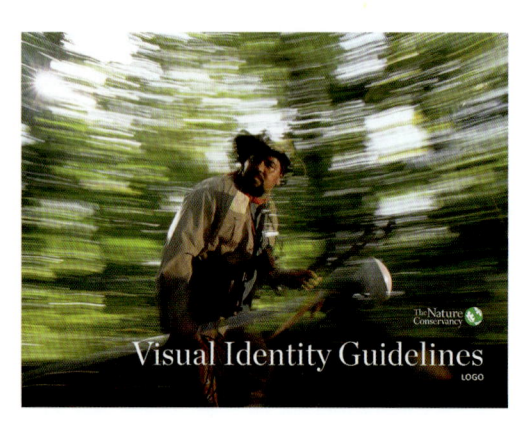

©2017大自然保护协会。保留图片所有权

指导方针内容：一个深入的综述

前言
我们的品牌
我们是谁
我们代表什么
我们的使命和价值观
品牌属性
来自CEO的话
如何使用指导方针

品牌标识要素
商标
标识
签名
广告标语
文本中的品牌名称
元素的不正确使用

系统命名法
交际与法律名称
公司
部门
营业单位
产品和服务商标

颜色
品牌颜色系统
默认颜色系统
支持颜色系统
签名颜色选项
颜色的不正确使用

识别
公司识别
不同版本的识别
识别的不正确用法
子公司标识
产品标识
广告语中的标识
对广告语的不正确处理
标识周围留有足够的空间
标识的大小
电子邮件标识

印刷
字体家族
支持字体
特殊显示的字体
专门的字体

图像库
照片
插图
录像
数据可视化

美国商业信件
公司信头
打印模板
部门信头
个性化的信笺
信笺副页
#10大信封
君主信头
君主信封
备忘录模板
公司的名片
销售团队的名片
记事本
新闻稿
邮寄标签
开窗信封
大信封
通告
邀请函

国际商业信件
A-4信头
A-4个性化信笺
A-4商业信封
商业名片

社交网络
领英
脸书
推特
拼趣
Instagram
Youtube
色拉布

数字媒体
网站
应用程序
内部网
外联网
博客
风格指南
互动
内容
颜色
字体
图像
声音
视频
动画

形式
形式元素
垂直和水平
形式网格
采购订单
发票
运输

营销材料
声音和色调
图像
签名放置
文件夹
封面
推荐的网格
品牌手册系统以及大小变化
报头
产品表
直邮
简讯
海报
明信片

广告
广告标识
标语使用
标识安置
印刷
展示
电视
户外

展示和提议
垂直封皮
水平封皮
开窗封皮
内部网格
演示文稿模板
演示文稿图像

展览
贸易展台
横幅
购买点
名称标签

标牌
外部标牌
内部标牌
颜色
印刷
材料和涂饰
照明考量
指南制作
公司旗帜

交通工具标识
货车
汽车
公共汽车
飞机
卡车
自行车

包装
法律问题考量
包装尺寸
包装网格
产品签名
标签系统
盒子
手袋
硬纸盒
数字化

制服
冬季
春季
夏季
秋季
雨天

赠品
高尔夫衬衫
棒球帽
领带
公文包
笔
雨伞
马克杯
别针
围巾
高尔夫球
备忘录集
鼠标垫
客户商店网站

复制文件
只有品牌标识
不同版本的标识
全彩色
单色
黑色
白色

各个方面
找谁咨询问题
经常会被问的问题
设计查询
清除过程
法律信息
订购信息

赚钱
涂层材料上的色样
无涂层的原料上的色样

在线品牌中心 阶段5

网络已经改变了品牌管理，吸引了利益相关者，巩固了品牌资产，并建立了随时随地可获取的用户友好指南、工具和模板。可改变规模的模块化网站始终是通用的，并会随着组织的发展而不断发展。

品牌中心通过共享品牌愿景、策略和属性来建立互动。强大的网站将支持战略性的营销、一致的沟通和有质量的执行。

当今时代，网站包含品牌战略、内容开发指南和网络资源，可用于在线交易。

网站监控工具和使用情况统计信息可确定投资回报结果。创意合作伙伴和供应商会收到密码，以访问关键信息、徽标、图像库和知识产权法规。某些部分的访问可能仅限于用户组。

> 一个强大的、视觉上具有凝聚力的品牌有助于传达我们公司的愿景、使命和价值观。
>
> ——阿尼哥·迪莱尼（Aniko DeLaney），
> 纽约梅隆银行（BNY Mellon）的全球企业营销主管

纽约梅隆的品牌中心推动公司走向由创始人亚历山大·汉密尔顿提出的创新传统。

流程：在线品牌中   由蒙尼格公司开发

> **启动计划**
> 确定目标
> 确立品牌管理问题
> 确定用户组和配置文件
> 确定利益相关者
> 创建项目组并任命领头人
> 开发团队角色、规则和协议
> 确定预算过程

> **建立基础**
> 构建使用案例
> 评估资产和标准的状况
> 确定内容审批流程
> 优先考虑内容和功能
> 研究开发选项：内部和外部
> 选择网站开发资源
> 确定预算和时间表

> **启动项目**
> 举行发布会
> 开发网站架构图、项目在线工作室、时间表和启动计划、用户组和用户列表、访问和安全计划
> 确定IT需求和主机方案
> 确定品牌资产和编目方案
> 定义成功指标

> **准备内容**
> 确定作者和内容的状态
> 设置编辑风格指南
> 根据需要制定内容更新计划
> 确定内容文件格式和交换要求
> 确保内容的最终批准

> **设计+程序设计**
> 确定界面和导航风格
> 制定和批准线框图
> 制定和批准网站界面
> 根据网站地图启动编程
> 开发系统功能

内容指导方针

写得简洁。少即是多。

仔细归纳要点以建立信息的逻辑顺序。

参照着文化内涵来写。

使用人们熟知的术语，不要用不必要的"品牌腔调"。

提供例子和插图。

支持网站导航。

在线品牌中心的特点

传授知识，用户界面友好、高效

可供内部和外部用户访问

规模可变和模块化

把品牌管理整合到一个地方

提供积极的投资回报贡献

数据库驱动，而不是PDF驱动

新的内容和功能易于添加

内置事务性元素

灵活的主机和后续维护

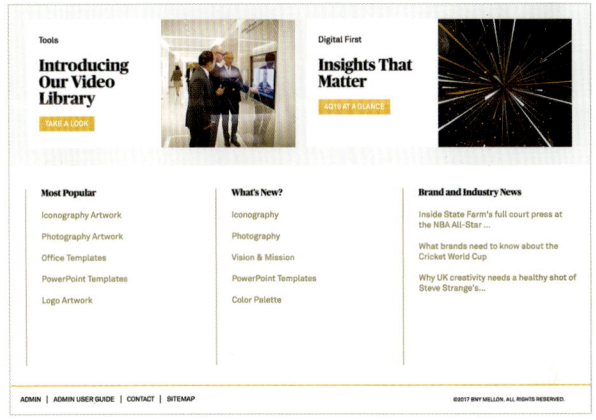

纽约梅隆品牌中心帮助我们推进企业战略，以实现卓越，处理危机，推进战略重点。

—— 玛丽亚·德恩里科（Maria Derrico），纽约梅隆银行营销服务部门的全球战略主管

美国纽约银行梅隆公司：由蒙尼格公司设计

> **开发数据库**

用内容和资产填充数据库

程序链接和所需的功能

由核心团队编辑内容和设计

> **原型+设计**

核心团队评测测试版网站

用户评测测试版网站

根据需要进行修改

批准网站启动

> **启动**

完成启动计划

进行传播制造话题

推进网站的启用

打造品牌冠军

进行专门的培训

> **监控成功**

制定维修计划

委派管理员

评估使用趋势和用户报告

确定内容更新和处理进程

将技术进步和功能进步结合起来

为管理和升级分配预算

定义和衡量影响

传播成功经验

207

为杰出的客户提供出色的服务。

——米尔顿·格拉泽

3 最佳实践案例

第三部分将展示最佳实践案例。
我们将展示包括地方性和全球性、公共和私人的项目实践。这些高度成功的项目可以激发灵感，展示原创的、灵活的、持久的设计方案。

案例分析

- 210 ACHC
- 212 美国公民自由联盟
- 214 反饥饿行动
- 216 阿达努
- 218 亚马逊
- 220 安思宝
- 222 蜜蜂记
- 224 波士顿咨询公司
- 226 美国童子军
- 228 百威
- 230 塞内公司
- 232 墨尔本
- 234 可口可乐
- 236 鸡尾酒战胜癌症
- 238 库尔斯淡啤
- 240 库珀·休伊特，史密森尼设计博物馆
- 242 瑞士信贷
- 244 德勤
- 246 海沃氏的弗恩椅
- 248 弗雷德·哈奇
- 250 全球洗手日
- 252 IBM公司的100个进步图标
- 254 IBM 公司的沃森超级计算机
- 256 沙特电信公司研发的 Jawwy
- 258 笑牛
- 260 领英中国
- 262 麦克卡车
- 264 万事达信用卡
- 266 谋智
- 268 费城壁画艺术
- 270 NIZUC度假酒店
- 272 NO MORE
- 274 俄亥俄州和伊利运河
- 276 秘鲁
- 278 费城艺术博物馆
- 280 必能宝公司
- 282 太平洋邻里协会
- 284 石英
- 286 （RED）
- 288 RideKC有轨电车
- 290 巴西桑托斯
- 292 新诺拉
- 294 史密森国家航空航天博物馆
- 296 社会安全管理局
- 298 西南航空
- 300 光谱健康系统
- 302 星巴克
- 304 悉尼歌剧院
- 306 Unstuck
- 308 伏林航空

案例分析

ACHC

我们公司与客户建立了牢固的关系，同时不断追求提升因纽皮特（Inupiat）文化和经济自由的机会。

ACHC（ASRC建筑控股公司）是北极地区公司（ASRC）的一个建筑部门，ASRC是由于"阿拉斯加原住民索赔解决法案"事件而成立的因纽皮特人本土的公司。ACHC为六家公司提供监督和支持服务，为私营和政府部门的很多不同的客户提供各种建筑服务。

目标

扩大竞争优势。

创建一个统一的品牌架构。

提升公众形象。

赋予ACHC文化价值。

创建一个统一的体系。

我们已经建立了一个完全支持我们自身定位的品牌。我们的品牌为我们的不断成功打下了基础，同时又不断提醒我们坚持自己的核心价值观和传统。

——谢丽尔·卡塔尔·斯坦恩（Cheryl Qattaq Stine），ASRC建筑控股公司的总裁兼首席执行官

之前	之后
ASRC Construction Holding Company, LLC.	ASRC Construction Holding Company — THE ACHC FAMILY OF COMPANIES
SKW/Eskimos, Inc. General Contractor	ASRC SKW Eskimos — THE ACHC FAMILY OF COMPANIES
ASRC Gulf States Constructors	ASRC Gulf States Constructors — THE ACHC FAMILY OF COMPANIES
ASRC Builders	ASRC Builders — THE ACHC FAMILY OF COMPANIES
ASRC Constructors Inc	ASRC Constructors — THE ACHC FAMILY OF COMPANIES
ASRC Civil Construction, LLC	ASRC Civil Construction — THE ACHC FAMILY OF COMPANIES
arctic slope compliance technologies a subsidiary of Arctic Slope Regional Corporation	ASRC Construction Technologies — THE ACHC FAMILY OF COMPANIES

设计流程和策略： 设计师和品牌顾问西尼·萨尔米宁（Sini Salminen）通过一个品牌重塑的过程来指导ACHC高层管理人员。他对建筑行业、公司能力、公司历史和竞争性审计进行了全面的研究，还分析了所有现有的子公司名称以及市场营销和沟通工具。ACHC高管们共同合作，以证明因纽皮特的价值观对ACHC及其子公司业务开展方式具有何种塑造作用。品牌架构需要有一个单方面的协议，以支持并清晰地传达ACHC和六家子公司同心协力，共同提供独特的效率和价值这样的一个事实。很明显，最终的识别系统必须传达出来每个公司都是更大实体的一部分这样一个信息。通过兼并和收购，萨尔米宁还制定了一种统一的命名规则来传达品牌实力，支持品牌未来的发展。在此基础上，ACHC家族公司诞生了，并成了创作过程的平台。

创意方案： 萨尔米宁设计了一个简单而大胆的品牌标识——形成了一个围绕在弓头鲸尾巴周围的盾牌。弓头鲸被认为是最长寿的哺乳动物，它们只生活在北极。在因纽皮特文化中，弓头鲸是团结、合作、公平、正直、领导、尊重和团队合作的有力象征，这也是ACHC家族企业的价值观。白色的曲线和底下的形状代表了广阔的北极地平线。品牌架构体系把公司定位为一个统一的实体，同时拥护品牌的文化传承。母公司和子公司各主要使用一种颜色。色调的设计直接与因纽皮特人所处的地理位置相联系，如北极灰（Bowhead Gray）、鲸须黑（Baleen Black）、冰蓝色（Ice Blue）和湿地绿（Wetland Green）。除确定品牌识别设计标准外，萨尔米宁还设计了相关的宣传辅助材料、标牌、杂志广告、服装、现场设备和七个网站。

结果： 新的品牌识别和品牌架构体系使现有客户和潜在客户更容易了解到每个ACHC公司在建筑行业中都有独特的重点，并充分凸显了公司的所有技术、物流和人力资源。为了在内部推出新品牌，每位员工都会获得一个时尚的咖啡杯，一个水壶和一份体验新推出的网站的邀请函。这个过程营造了一个令人产生自豪感的工作场所，并激发了新的内部能量。这也可以说是一份意外收获了。

> 战略设计过程是帮助每个人做出明智设计决策的核心基础和主要驱动力。
>
> ——西尼·萨尔米宁

ACHC标识：由西尼·萨尔米宁设计

美国公民自由联盟

美国公民自由联盟致力于捍卫《权利法案》，维护种族正义、人权、宗教自由、隐私和言论自由，直面各种挑战。

ACLU成立于1920年，是一个非营利、无党派的组织，拥有超过100万的会员和支持者。这个全国性的组织及其50个分支机构每年在法院、立法机关和社区处理6 000件法庭案件。ACLU的运作由会费、捐款和赠款来维持。

目标

为整个组织创建一个统一的形象。

开发一个综合的、可持续的、有意义的识别系统。

将组织的创意和理想联系起来。

区别于其他公共宣传组织。

传达组织的知名度和稳定性。

促进沟通的一致性。

我们必须是一个整体。

—— 安东尼·罗梅罗（Anthony Romero），ACLU的执行董事

我们希望帮助ACLU看起来像自由的守护者。

——西尔维亚·哈里斯

设计流程和策略： ACLU打算将其影响力扩大到更远的选区并招收会员，因此它要求佛威尔森公司（Fo Wilson Group）组建一个专门的团队来建立一个统一的、有意义的识别。设计咨询公司佛威尔森公司因此引进了信息设计策略师西尔维亚·哈里斯和组织动力学专家迈克尔·赫希霍恩。在审计过程中，该团队发现了它们有50多个标识。每个州的分支机构都有自己的标识、网站设计和架构，但其与全国总部机构几乎毫无关联。哈里斯对其他倡导组织进行了研究，发现"ACLU代表了一套主要原则，而其他多数倡导组织代表了一个选区"。该设计团队采访了很多不同的利益相关者，包括分支机构、交流工作人员和会员。最常被提到的ACLU定义的属性是"原则性的"，其次是"正义"和"守护"。百通（Belden），拉塞奈罗&斯图瓦特（Russonello&Stewart）在2000年进行的一项调查发现，"超过八成（85%）的美国人听说过ACLU"。因此该团队意识到，ACLU的品牌标识需要在各个领域中都具有辨识度，从市政厅到法庭和校园。

创意方案： 设计方向利用一个高度可识别的首字母缩略词，并将ACLU的原则和自由主义的精神与首字母缩略词联系起来。佛威尔逊公司设计了一系列具有当代标识性和表现性象征意义的签名。他们也测试了几个使用了爱国意象的模块化系统。在审计期间，设计团队发现ACLU从20世纪30年代开始直到20世纪80年代使用的标识就一直是自由女神像。测试结果显示自由女神像的效果最好，虽然其他倡导组织也使用了这个标识，ACLU还是决定回归其历史和传统。设计师们把一张独特的自由女神脸部照片程式化，并且在数字环境中采用了摄影签名。从网站架构到时事通讯和会员卡，这一系列应用程序展示了系统是如何进行运作的。系统需要足够灵活来为全国性组织、附属机构以及特殊项目服务。

结果： ACLU的领导层通过分析、决策和展示，从早期规划阶段开始就一直坚持识别设计的首创精神。品牌识别设计团队向附属机构进行了一系列电话会议演示。工作人员的培训计划也在总部进行。设计团队帮助50个附属机构中的49个采用新的识别系统。全国总部机构为各附属机构支付了新信头打印的费用。奥托设计（Opto Design）留下来继续完成设计系统，生成所有初步应用程序，并开发ACLU认证指南网站。ACLU成员已从40万增加到100多万。

我们介绍了ACLU在全国总部机构和附属机构中的视觉设计历史：形象、图像、纸质版捐赠者资料以及其他宣传团体的形象。我们总结了我们的访谈结果，其他研究和我们的分析结果。在演示的最后，我们呈现了新的设计方向。

——西尔维亚·哈里斯

我们面临的挑战是要开发一种能够同时在多个领域和多个成员机构中运作的识别形象。

——佛·威尔森（Fo Wilson），设计师兼教育家

虽然ACLU历来在媒体关系上强大，但通讯是它们所需的新功能。

——艾米莉·泰恩斯（Emily Tynes），ACLU的通讯总监

对于像ACLU这样复杂的全国性组织模式，重要的是要想出如何能够全面地在全国50多个办事处收集投入，测试创意，并推出新的计划。

——迈克尔·赫希霍恩

全国总部组织的标识

附属组织的标识

基金会的标识

反饥饿行动

我们领导全球对抗世界饥饿问题,对饥饿的起因和影响采取决定性行动,因为穷人和饥荒者是政治和社会动荡、自然灾害和不平等的受害者。

"反饥饿行动"(Action Against Hunger)成立于1979年,是一个致力于结束世界饥饿的全球人道主义组织。该组织在近50个国家开展工作帮助营养不良的儿童,同时为社区提供获得安全饮用水和解决饥饿的可持续性方案。2015年,6 500多名现场工作人员帮助了1 490多万人。

目标

把组织定位为全球化。

明确组织的目的。

开发一个清晰的全球品牌架构。

创造一个令人印象深刻的品牌叙述。

在原有的品牌资产基础上,重新设计现有的标识。

如果我们开车进入马里的交战区,就算人们不能读出我们的标识,至少他们应该能够认出我们的象征物。

——"反饥饿行动"的现场工作人员

我们的新标识更清楚、更强有力地解释了我们是谁,我们的立场是什么。

——"反饥饿行动"

影响饥饿人口的决策是在全球范围内制定的。新闻和通讯是无国界的。

——迈克尔·约翰逊

设计流程和策略： 近40年来，"反饥饿行动"组织一直在全球范围内对抗饥饿。这个组织于1979年由一群来自法国的积极人士成立，被称为ACF（Action Contre la Faim）。与许多跨国非政府组织（NGO）一样，它在不同的国家有着不同的名字。约翰逊创意咨询公司（Johnson Banks）为这些不同的名字找到了"共同点"，所以无论你在哪里看到ACF，它看起来和听起来都是一样的。

约翰逊创意咨询公司开展了许多讨论和研讨会，以讨论组织需要发挥什么样的作用才能真正实现全球化：所有组织是全都统一采用ACF名称，还是使用当地语言中的"反饥饿行动"来翻译组织名称。约翰逊创意咨询公司正在寻找能够以多种语言发挥作用的口号，并意识到每种语言都存在"for"和"against"。除了需要灵活之外，新的命名和主题还需要更加感性，并且能够清楚地回答"我们凭借什么立足？"这个问题。

创意方案： 几十年来，反饥饿组织的标识是一个植物及其根部的插图。虽然员工对这个标识是熟悉的，但新来者和外来者却往往感到困惑。这是农业组织的标识吗？或者，是一片大麻叶？对这个错误的开始进行广泛的讨论后，所有人都认为，视觉标识对于将组织联系起来是必不可少的一个东西，而且它需要以某种方式从旧的标识中演变而来。约翰逊创意咨询公司通过简单地呈现代表组织工作的两个关键要素——食物和水来设计一个新标识，并调整其颜色。另一种将组织结合在一起的方法是确定字体的粗细（如Futura Bold），以及确定一套带有照片和说明文字的指导方针。

结果： 约翰逊创意咨询公司创建了一个简单的设计工具包。在此期间，它分发了一组PDF文件，这些文件将成为全球设计资产中心的一部分。明确的规则将使当地交流和筹款小组更容易推进紧急呼吁和倡议。"反饥饿行动"认为，它的新识别更清楚、有力地解释了自己是谁以及自己代表了什么。更有效和明确的沟通将使该组织对弱势群体的生活产生更大的影响，并使人们更加接近无饥饿的世界。

为了食物，
反对饥饿和营养不良。

为了洁净的水源，
反抗致命疾病。

为了儿童茁壮地成长，
防止生活物资短缺。

为了农作物年年获得丰收，
预防灾害。

为了改变思想，
警惕无知和淡漠。

为了摆脱饥饿，为了全世界每一个人，为了生活变得更好，

行动起来，
反对饥饿。

"反饥饿行动"的标识：由约翰逊创意咨询公司设计

215

阿达努

我们在加纳农村建立学校，通过教育永远地改变了整个村庄，尤其是儿童的生活。

阿达努是一个服务于加纳的农村和不发达地区的非政府组织，它为教育问题提供可持续的解决方案，为所有人提供不分性别、年龄或经济地位的平等机会。该组织由理查德·因卡（Richard Yinkah）于1997年创立，当时叫作加纳灾难志愿者组织（DIVOG）。时至今日，该组织已服务了50多个社区，组织了1500多名国际志愿者一起建立学校、卫生设施、医疗诊所等等。

目标

提高群众的意识和支持度。

在美国能够作为代表加纳的非政府组织。

对组织进行重命名。

开发一个动态的品牌叙述。

设计一个新的视觉识别系统。

阿达努抓住了我们所有价值观的精髓：加纳、社区、合作、可持续性、启发和赋权。

——理查德·因卡

作为合作伙伴，我们同样坚信，坚定不移的合作精神会带来巨大的变化。

——雪莉·莫尔斯（Shelly Morse），阿达努的董事会主席

Sun

Community

Village

Partnership

设计流程和策略： 理查德·因卡创立了DIVOG，其愿景是想通过加纳的基层解决方案，为加纳农村贫困社区争取权利。自那以后，该组织一直服务于50多个社区，并在整个沃尔特地区组织1500多名国际志愿者一起创建学校，筹备卫生设施和提供医疗保健临床服务。火柴人公司参与了将这个美国的筹款机构"DIVOG的美国朋友"品牌化的过程。火柴人公司没有创造一个全新的品牌，而是寻求一种更简单的解决方案：重新命名DIVOG，使其名称在加纳和美国都讲得通。火柴人公司团队希望要一个明亮、充满希望和激励的名字。在一整天的头脑风暴会议上，设计团队被要求把一大堆埃维语（沃尔特地区的日常语言）翻译成英文，从而找出合适的名称。经过多次尝试，团队提出了一个给它们带来大收获的一个问题："天赋用埃维语怎么说？" DIVOG方人员笑着回答："阿达努，它表示的是艺术和合作的智慧。"

创意方案： 阿达努很容易用英语和埃维语讲出来，并符合可持续命名策略的标准：提供有意义的、令人难忘的和可用的网址。品牌需要突出DIVOG独特的社区发展方式——基于赋权而不是慈善；可持续的伙伴关系，而不是短暂的关系。对于视觉语言，马切斯蒂克设计团队从乐观的终极象征——太阳，以及西非的肯特布和阿丁克拉符号中汲取灵感。视觉识别系统采用纯黑色——在该地区是有强烈的积极象征的一种颜色，色调范围变化不大而且颜色明亮。大胆的非洲风情影像系统利用了加纳人的色彩、纹理和图案。设计师还设计了象征社区选择、社区参与和社区合作的标识。系统中的每一个形状都有其自身的含义，它们共同为阿达努品牌创造了一种独特的无声语言。

结果： 2013年，阿达努成为依据IRS注册的501(c)(3)非营利组织。该组织最初注册为"DIVOG的美国朋友责任有限公司"，现在则改名为"阿达努"。新的名称、新的视觉形象和新的网站在加纳和美国都产生了积极的影响，辨识度越来越高，并吸引了更多的访问和支持。使用加纳本土语言命名的名字让这个非政府组织的故事的传播变得轻而易举。新型通信工具的专业性提升了员工们的士气和自豪感。通过将阿达努定位在和其他全球性非营利组织同等的位置，即便是长期的合作伙伴也增强了他们的支持力度。

我们想要为阿达努创建一种独特的无声语言，同时大量使用带有加纳特色的色彩、纹理和图案。

——布莱克·霍华德

阿达努的标识：由火柴人公司设计

217

亚马逊

亚马逊试图成为世界上最以客户为中心的公司，人们可以在网上购买他们想要的任何东西。

亚马逊最初是一家网上书店，现在被定位为"全球最大的在线零售商"，销售音乐、软件、玩具、工具、电子产品、时尚和家庭用品。该公司成立于1994年，拥有超过2.44亿的客户，其产品销往100多个国家。

目标

创建一个独特的和专有的品牌识别。

保持原始识别的品牌资产。

将亚马逊网站定位为以客户为中心、友好的品牌。

在全球范围内修改核心标识。

你为什么把你的公司命名为亚马逊？
亚马逊河是地球上最大的河流。亚马逊网站可以赋予消费者地球上最多的选择。

——杰夫·贝索斯

作为亚马逊品牌标识设计的一部分，特纳·达克沃斯设计公司创造了一个带有微笑标识的信件夹，这原本是打算作为一个按钮在线使用。十多年后，亚马逊在礼品卡上使用了这种设计。

设计过程和策略： 1999年，亚马逊雇佣了特纳·达克沃斯设计公司来重新设计品牌识别。以客户为中心，对客户友好的定位是亚马逊公司使命和价值的核心。我们面临的挑战是要创建一个独一无二的专有标识——标识中的小写字母和名称下方的橙色旋钮，以维持亚马逊公司所认同的品牌属性。特纳·达克沃斯公司全力投入到品牌设计当中，花了很多时间在网站设计上，并查看了竞争对手的网站。该公司还分析了在网络上使标识发挥作用或者失效的原因。设计主管大卫·特纳表示："我们的目标是将个性融入标识中，并创造一个能传达品牌信息的、引人注目的理念。"

创意方案： 设计团队在第一阶段制定了独特的视觉策略，每一种策略都强调了品牌定位简介中的不同方面。最终的标识设计是从旧标识进化的一个飞跃。新标识背后的核心思想反映了不只是销售书籍的客户经营策略。设计团队将"亚马逊"的首字母"a"和"z"联系起来。这种方法清楚地传达了"亚马逊网络销售从'a'到'z'的所有东西"。连接"a"和"z"的图形元素也传达了品牌的定位：以客户为中心和友好的服务。这个元素由一个顽皮的微笑与一个指向z的酒窝组成。标识设计的每一个阶段都考虑了棕色托运箱包装。特纳·达克沃斯设计公司为字体标识设计了自定义字体，并使得"amazon"比".com"更为突出。排版旨在使标识具有更平易近人和独特的外观。设计团队还设计了一个完整的字母表，以便Amazon.com可以更新其国际域名。

结果： 作为首席执行官、创始人和梦想家的杰夫·贝索斯参与了每一场展示，并且担任主要的决策者。亚马逊已经决定，它将执行新标识的"软启动"。新的品牌识别并未向媒体公布，或在其网站上突出显示。公司对于客户和华尔街分析师的看法很敏感，并且觉得公司不应该显得太过"与众不同"，这一点很重要。亚马逊将会一直被视为一家改变零售业态的电子商务公司。

> 接触到主要决策者，特别是公司具有远见卓识的人，使我们的工作变得更加轻松。它不仅加速了反馈、开发和审批流程，而且还使我们能够向他们提出问题并听取本人的回答。
> ——乔安娜·陈（Joanne Chan），特纳·达克沃斯设计公司的客服主管

> 当你跟随一个具有远见和热情的领导者，他的品质会变得具有传染性，同时能够激励团队。
> ——贾勒赫·比沙拉特（Jaleh Bisharat），亚马逊公司前营销副总裁

亚马逊网站的标识：由特纳·达克沃斯设计公司设计

安思宝

我们相信复杂性会扼杀创新。安思宝的创建是为了给IT人员一个简单的方法来自动执行繁琐且无技术含量的任务，使他们能够专注于更重要的创新工作。

安思宝简单，无代理程序，具有功能强大的IT工作流程自动化方法，这些使其成为全球最受欢迎的开源软件项目之一，每天有超过2250名贡献者和数千次下载。安思宝技术被用于全球最大的IT组织，以加速技术创新。安思宝的总部位于北卡罗来纳州达勒姆市，是全球领先的开源软件设计供应商红帽公司（Red Hat）的一部分。

目标

为一个开放的社区注入活力。

通过设计来传达技术的简单性。

与传统IT管理软件的竞争群体有所区分。

建立一个客户喜爱和易于分享的强大品牌识别系统。

内部核心信念

简单明了

简单快速

简单完整

简单高效

简单安全

在安思宝，我们必须有一个品牌，以一种真实的方式向一群多疑的受众（IT专业人员）传达简单性。安思宝必须看起来像一股清新的空气。

——托德·巴尔（Todd Barr），红帽公司安思宝分部的总经理

安思宝品牌已经成为社区用户和客户自豪地分享和关联的一个标识。它使我们能够通过客户的口碑有组织性地且迅速壮大起来。

——格雷琴·米勒（Gretchen Miller），红帽公司安思宝分部的营销主管

设计过程和策略：安思宝植根于资源开放和充满激情的用户社区，这为打造一个充满活力的品牌故事创造了坚实的平台，但它的时间都花在了技术创造上，而不是品牌上。公司聘用新型设计公司（New Kind）来对客户、合作伙伴和员工进行调研，以了解安思宝的优势和机遇。新型设计公司举办了一系列调查和访谈，并详细地考察了其竞争形势。为给品牌创造一个清晰的新未来，新型设计公司通过研究当前的社区、客户和公司文化，更好地了解了品牌所具有的可能性。

新型设计公司与安思宝团队分享了这些知识，并共同合作将这项研究内容整合成一个反映其产品简单功能的独特故事。开源社区成员共享安思宝给他们的工作带来的价值，并帮助设计团队发现，安思宝的独特之处在于它简化IT自动化复杂性的强大能力。复杂的简单性这一创意成为安思宝品牌故事的核心。

创意方案：新型设计公司与安思宝团队合作，共同开发了品牌信息架构和品牌故事，并开始设想品牌的视觉标识，以强化关键故事元素的简单性。品牌信息需要传达出每个人都可以使用这种强大的技术——不仅仅是少数人享有特权这样的信息，这一点至关重要。视觉识别设计的一个关键策略是吸引和鼓舞已经对该技术有贡献的社区。品牌需要吸引一个充满激情的社区，希望能将其展示在笔记本电脑贴纸、T恤和社交媒体上，以便有组织地发展社区和品牌。

结果：品牌推出两年后，安思宝的社区和业务增长超出预期。网络流量每年增长超过100%，业务增长更快。2015年，安思宝被红帽公司收购，并继续作为红帽产品组合中一项充满活力和不断发展的技术。

安思宝品牌标识：由新型设计公司设计

蜜蜂记

蜜蜂记（Beeline）相信生活有美好的一面。我们的目标是帮助人们在沟通中获得乐趣，随时随地感受自由。

蜜蜂记是全球电信服务供应商VEON（之前的维佩尔通讯）的商标。维佩尔通讯（VimpelCom）成立于1992年，是第一家在纽约证券交易所上市的俄罗斯公司。蜜蜂记为消费者和企业提供语音、固定宽带、数据和数字服务。

目标

脱颖而出，更上一层楼。

为现代化的俄罗斯制定新的标准。

更新客户对公司的理解。

成为市场的领导者。

建立一种自豪感和归属感。

摄影：吉姆·诺汀（Jim Naughten）

设计流程和策略： 2005年，俄罗斯移动通信市场已接近饱和，特别是在莫斯科。主要参与者争夺市场领先地位，竞争者之间没有明显的差异。有竞争审计显示，移动通信行业的营销和品牌主要集中在技术而不在人。沃尔夫·奥林斯品牌咨询公司创建了一个新的品牌标识，从而与消费者建立一种情感联系，以保持消费者的忠诚度。新品牌的另一个前提是要提供一种更现代化的外观，这将有助于公司为区域和国际扩张做准备。竞争性审计也显示，市场普遍鱼龙混杂。沃尔夫·奥林斯的机会是明摆着的：创建一个能够在鱼龙混杂的市场中脱颖而出的品牌。品牌团队与蜜蜂记在莫斯科的营销团队紧密合作，打造了一个大胆而且具有极大影响力的品牌。

创意方案： 受到公司战略的启发，沃尔夫·奥林斯品牌咨询公司开发了一个工作平台来集中工作。"蜜蜂记激励我以最充实的方式生活"成为推动包括视觉和语调创意工作在内的各个方面的指导思想。这种设计方案不仅仅是一个标识，而且是一种灵活而通用、完整且一致的语言，它让全俄罗斯的不同观众为之神往，同时还跨越了文化和社会障碍。在视觉上，这看起来像是一份邀请函，邀请人们用想象力去看待生活，同时配上了独特的有所属感的黑色和黄色条纹。新标语"生活有美好的一面"，为新品牌的特征奠定了基调。光明、友善、朴实、积极的情绪将成为振兴品牌的新特征。团队设计了一个新的品牌标识系统、通信风格指南和一个图像库，以使公司为品牌发布做好准备。公司还任命沃尔夫·奥林斯负责品牌发布活动的开展。

结果： 品牌重获成功。到2005年底，收入增长了40%，市值增长了28%，平均每位用户收入增长了7%。随着蜜蜂记的业务扩展到新的地区和新的产品领域，沃尔夫·奥林斯品牌咨询公司继续与蜜蜂记合作。据《商业周刊》的国际品牌"津茨梅尔&勒克斯"（Zintzmeyer & Lux）报道，自从重新推出品牌以来，蜜蜂记连续三年被评为俄罗斯最有价值的品牌。

蜜蜂记标识：由沃尔夫·奥林斯品牌咨询公司设计

波士顿咨询公司

在日益复杂的世界中，我们深入观察，勇于采取行动。我们真诚地希望能够帮助我们的客户，实现双赢的局面。我们正在塑造未来。加入我们吧！

波士顿咨询公司（Boston Consulting Group）是一家位于美国的全球私营管理咨询公司，在48个国家拥有80多个办事处。该公司为世界各地的私营、公共和非营利部门的客户提供咨询服务，其中包括《财富》500强中超过三分之二的公司。

目标

吸引顶尖人才。

统一网站以外的所有数字频道。

推动进一步的参与。

创建与线下服务相同的线上体验。

创建具有成本效益的独特视觉内容。

我们需要改变我们的数字化业务，并通过提升品牌来超越我们的行业预期。

——马西莫·波汀卡索（Massimo Portincaso），波士顿咨询公司的合伙人兼总经理

波士顿咨询公司发展速度非常快，他们敢于尝试新事物。我们合作的过程非常迅速，合作方式灵活，合作重心是快速原型设计和测试。

——保罗·皮尔森

©保罗·皮尔森/玛格南图片社

设计流程和策略： BCG希望改变数字业务，并建立更强大的营销引擎来吸引和招聘顶尖人才。BCG负责品牌和全球招聘的合伙人与卡蓬·斯莫兰公司（CSA）密切合作。他们合作过程很顺畅，并将工作重心放在原型设计和测试等一些关键的举措上。随着新科技公司开始争夺顶尖MBA学生，管理咨询公司（像BCG）必须同步发展以站稳脚跟。在全球范围内进行招聘是工作的重中之重。卡蓬·斯莫兰公司开始通过深入的访谈来了解最佳的定性观察结果，它们调查了1800多名全球咨询人员，并回顾了BCG公司数千页的研究报告。它们把关于BCG的真实信息简要总结成三个品牌支柱及其支持性的信息：建立影响，结合愿景，以及培养领导者。

创意方案： 为了直面"如何让人们对进入BCG工作感兴趣"的挑战，CSA开发了一个综合招聘平台，其中包括联络会议、引人入胜的故事、介绍BCG的工具、开场白、广告活动以及互动案例库。在CSA完成招聘微型网站之后，他们开始创建整套的数字体验。通过与BCG密切合作，公司举办了创新研讨会，将其他合作伙伴带到创意流程当中来。

CSA同时创建了一套可以在多个渠道和设备上工作的视觉资产，包括运动工具和信息图表。CSA与数字媒体艺术家瑞扎·阿里（Reza Ali）合作，使用算法和关键代码创建参数化艺术，以区分网站上的实践区域。BCG不再使用摄影作品，而是与全球知名摄影师埃姆（EyeEm）合作，寻找其他令人深思的图像。他们还找来了摄影记者保罗·佩莱格林（Paolo Pellegrin），来捕捉全球顾问们的生活瞬间。CSA还设计了社交资产模板，使社交媒体内容更容易发布，并给BCG.com网站引入了一个简单的导航结构。

结果： 设计变革触及了品牌的各个方面。公司招聘迎来了更多的岗位申请和录用。对BCG.com的投入也增加了一倍，CSA将网页内容从4000页减少到1700页，减少了57.5%。此外，在重新设计的微型网站上，社交流量和投稿人数都增加了400%。

算法和关键代码被用来创建参数化艺术。

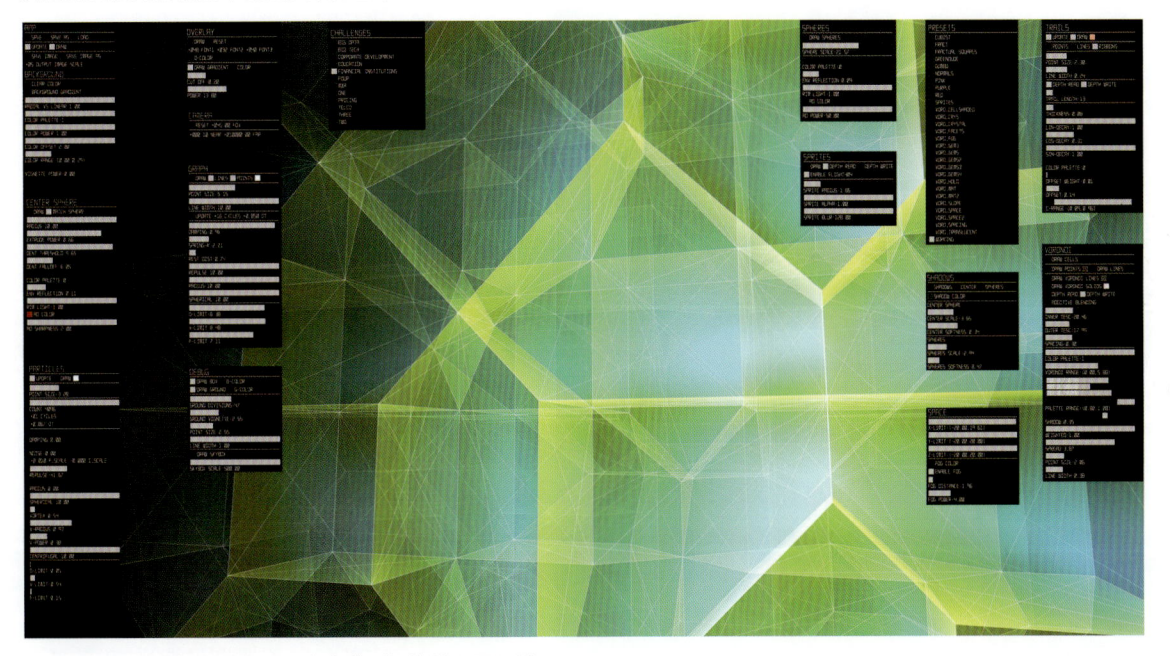

波士顿咨询公司的品牌标识：由卡蓬·斯莫兰公司设计

美国童子军

我们相信教育活动和终身价值观可以有趣地结合在一起。我们的可持续发展树屋是一个将童子军融入可持续发展概念的生活教育中心。

美国童子军（Boy Scouts of America）是美国最大的童军组织，也是美国最大的青年组织之一，有240多万名青年参与者和近100万的成年志愿者。BSA成立于1910年，从那以后，有超过1.1亿美国人参与了BSA计划。

目标

设计一种展览计划和体验。

让学习成为一种冒险活动。

让童子军融入可持续性发展的概念之中。

以令人惊讶和意想不到的方式提供信息。

我们想创造一种能够激发童子军成为变革推动者的体验。

——亚当·布罗德斯利（Adam Brodsley），Volume公司的创意总监

神奇的时光！！！
非常有吸引力的展览。竖起大拇指！
很有意思。并且学到了很多。
有趣的标题！
真棒！

——访客反馈

设计流程和策略： 山顶（The Summit）是参与美国童子军的数百万青年和成年人的活动和探险中心。它位于西弗吉尼亚州，占地面积４２.９平方千米，是少年团体大会（一个冒险夏令营）的场地，也是一个领导中心。童子军想要一个能够结合学习、价值观和乐趣的环境教育设施。因此米森（Mithun）设计了一座高耸的五层树屋，有一个38.1米高的屋顶，耸立在森林之上。Volume公司参与设计了一种沉浸式的学习体验，并亲自动手展示了有关生态学和资源保护的展览。Volume组建了一个跨学科团队，其中包括展览设计师、内容开发人员、研究人员、作家、视频编辑和交互式展览建设者。"如何让刚刚到达冒险乐园的孩子们了解可持续性"是一个挑战。Volume希望以一种按童子军模式并参照现场情况的方式来讲述可持续发展这一话题，以令人惊讶和意想不到的方式来传递信息，并避免过时和公式化的展览设计方案。

创意方案： 展览设计的目标是强调自然系统在我们生活中的作用，鼓励理解事物之间的相互联系，并激励童子军成为变革的推动者。Volume明白年轻而活跃的受众群体需要积极的学习体验，而不是说教。例如，在游客踏上固定式自行车时关于可持续发展建筑是如何运作的信息就会被触发，关于回旋加速器的信息也会被激活。由不锈钢露营杯制成的"雨链"可以将水从屋顶引向下面的水箱。用于清洁和净化饮水机中的水的储水箱旁边会有一个LED信息板，来显示收集和消耗了多少水。所有重大决策都是根据生态建筑可持续发展标准来制定的。使用低技术触觉解决方案和重新利用的材料这一点很重要。尽管旁边有文字解释，但是语调却跟内容主题毫无关系，并且文字还与图标混合在一起。

结果： 一个多世纪以来，美国童子军一直是环境与资源保护教育领导者。他们一直相信可以将教育活动和终身价值观以一种有趣的方式结合起来。可持续发展树屋是一个生活教育中心，同时也体现了童子军们的使命。米森说："在这里的每一步都能让孩子捕捉到童年冒险的奇妙，并启发游客在自己的生活中运用有意义的管理理念。"

美国童子军/三一工程（Trinity Works，客户）品牌标识：由Volume/ 特佩卢克工作室（Studio Terpeluk，展览设计）米森（设计师）＋ BNIM（创作者）设计

百威

我们用瓶子封装了140年的美国历史,并把它放在你的手中。啤酒之王——始于1876年,开拓艰难的酿造之路。

百威啤酒是一种经过过滤的淡啤酒,由跨国集团安海斯-布希集团(Anheuser-Busch InBev)旗下的安海斯-布希公司(Anheuser-Busch)生产。该品牌于1876年由圣路易斯的康莱德公司(Carl Conrad&Co.)推出,已发展成为美国销量较高的啤酒之一,在全球80多个市场上销售。

目标

让全球知道自己品牌的本质。

重获在美国的影响力。

创建一种更现代、更普遍的表现方式。

实现全球一致性,以及地区相关性。

我们的整个品牌定位都在展示我们对啤酒的关心程度,我们正在"开拓艰难的酿造之路"。

——布莱恩·珀金斯(Brian Perkins),北美百威的营销副总裁

百威公司的品牌标识:由琼斯·诺尔斯·里奇公司设计

设计流程和策略：淡啤酒在40年前大受欢迎，百威这几十年在美国的销量却每况愈下，尽管它在全球范围内开拓市场。在不同地区销售的百威有不同版本：不同的包装、传播方式和变体。百威与琼斯·诺尔斯·里奇公司（JKR）合作，帮助品牌在全球范围内站稳脚跟，并统一不同版本的外观和感觉。另一个目标是在美国吸引年轻的饮酒者，重新获得市场份额。研究已经证实，虽然百威啤酒的名声很大，但已经过时了，所以JKR的任务是使其变得现代且普遍。他们认为产品的工艺在品牌上没有得到充分的体现，因此提高公众对产品质量的认同，这一点势在必行。JKR的创意总监前往圣路易斯参观酿酒厂，他会见了酿酒师，并抚摸了克莱兹代尔马（产于苏格兰的健壮驮马）。

最重要的是，他花了一天的时间与史密森尼博物馆训练有素的档案管理员一起学习、了解品牌曾使用的每一种包装、广告和传播方法。

创意方案：JKR开始将重点放在两个核心标识性元素上：百威啤酒商标和标签。百威啤酒领结被大大地简化了，并减少到一种颜色，因此它可以实现数字化操作。每一个标识性包装（超过14个自定义类型样本）的印刷元素被重新绘制和制作。此外，谷物、啤酒花和AB印章等所有插图性元素都重新经过手绘制作。最后，一种特制的无衬线字体被用于广告中，这个字体的灵感来源于百威瓶子上使用的19世纪美国工业字体。JKR在全球六个市场进行多轮定性和定量测试，强化了新战略和视觉语言。在更新包装之后，JKR创建了一个视觉识别系统，将所有内容都剥离出来：红色，产品，新的自定义字体传达出来了强有力的信息。视觉识别系统是用全球各个品牌市场的本土语言创建的，传达出品牌的"开拓艰难的酿造之路"这一信息。

结果：重新设计的视觉识别系统和包装统一了全球的品牌。简化的设计语言使得品牌充满活力，重新获得年轻消费者的关注，树立了百威啤酒之王的品牌。新的设计也提升了百威在全球百佳品牌排行榜上的排名。在百威最成熟的市场上，"美国特色"能产生巨大的影响力，在全球范围内赢得了13亿的关注度，超过了上两个超级碗广告的总和。

> 我们重新设计了百威，因为它值得被重新设计。这是我们文化的产物，它应该是伟大的。
>
> ——托什·霍尔（Tosh Hall），琼斯·诺尔斯·里奇公司的全球执行创意总监

229

塞内公司

我们致力于预测医疗保健行业的需求，并开发创新技术，以创造更健康的未来和现在。

塞内公司是一家通过提供解决方案、服务、设备和硬件，以支持医疗机构的临床、财务和运营需求的健康信息技术公司。塞内的解决方案在超过35个国家的25000多个设备使用中获得许可。公司总部位于堪萨斯城，在全球拥有超过25000名员工。塞内是一家公开上市的公司（NASDAQ：CERN），其2015年收入为44亿美元。

目标

在医疗保健消费者中产生影响力。

增强对公司愿景和使命的理解。

增强品牌影响力。

在营销活动中创造规模效率。

开发信息和创意资产工具包。

我们经历了医疗保健的数字化过程。现在我们要给病人一种全新的体验。

——尼尔·帕特森（Neal Patterson），塞内公司的董事会主席，CEO兼联合创始人

我们对品牌的承诺是我们行动的核心。它能够指导我们的决策，并影响我们的应对策略。

——梅丽莎·亨德里克斯

作为一个全球品牌，我们与世界各地的团队合作，创造能够产生共鸣的主题。

——莎拉·邦德（Sarah Bond），塞内公司的品牌与数字体验总监

设计流程和策略： 塞内公司从一开始就将自己定位成一家改革医疗产业的公司。塞内在过去的35年里一直是电子健康记录的先驱，其目标市场是管理员、医生、护士和其他医疗专业人员。随着医疗保健行业从提交服务费模式转变为以患者治疗结果为依据进行支付的模式，个人在自身医疗管理中的作用将变得越来越重要。

与消费者建立联系将推动塞内公司下一阶段的发展。随着公司加大对消费者市场的关注，塞内的品牌团队需要开发新的沟通方式和信息传递方式。从历史角度看，虽然团队每年发起五到七次活动，但是公司坚信统一、连贯的核心战略会产生更大的影响，这在公司进入消费市场时会变得十分重要。

创意方案： 塞内的品牌团队发起了一个项目，领导内部创意部门、内部沟通部门和全球营销部门一起展开头脑风暴，探索可以在全球范围内推广的方案，和能够用于各种活动以及营销渠道的主题。头脑风暴的关键是制定一个主题，提高品牌对消费者的亲和力。2015年公司的年度报告公布了"创造更健康的故事"的主题，并将其融入各种活动和信息传递过程中。创意资产和信息资源的工具包为内部创意部门增加了更多灵活的工作时间，可以更专注于新项目，而无须为许多不同的主题花费时间。一个强有力的核心创意可以减少客户和员工所接触到的信息数量，从而增强塞内品牌的品牌力量。

结果： "创造更健康的故事"这一理念在整个公司迅速得到了采纳。员工们在社交媒体上分享了自己的"#更健康"的故事，并上传了照片，来告诉人们他们是如何创造更健康的故事的。这个主题开始在全球市场采用，在从西班牙到沙特阿拉伯等世界各地的客户活动逐渐出现。公司的首要客户活动——塞内健康会议上使用了该主题，吸引了超过15 000名与会者。它也被用作公司内部高管培训活动的主题，全公司有700多名高管参与其中。

墨尔本

墨尔本是一个大胆、鼓舞人心和可持续发展的城市，这个城市激发了人们的实验精神、创新精神和创造力，培养出具有思想和勇气的领导者。

墨尔本是澳大利亚维多利亚州的首府，也是澳大利亚人口第二大的城市。墨尔本在教育、娱乐、保健、研发、旅游和体育等方面名列前茅，是全球最适宜居住的城市之一。根据经济学人智库数据，至2016年，墨尔本已经连续六年在榜。墨尔本市议会支持该市的世界级产品，并在国内和国际上为其发声。

目标

发展有凝聚力的品牌战略和识别体系。

确定并表达一个核心的品牌理念。

灌输自豪感。

深入了解全球受众的需求。

提高管理品牌的成本效益。

墨尔本市议会目标

一座以人为本的城市

一个创意城市

经济繁荣

知识型城市

生态城市

一个团结的城市

以身作则

妥善管理我们的资源

设计流程和策略： 2009年，墨尔本市要求朗涛品牌咨询公司制定一个有凝聚力的品牌战略并且设计新的识别认证体系。朗涛公司全面审计了墨尔本市现有的各种标识和长期的可持续性发展战略计划。审计评估了舆论，并采访了包括地方政府官员、企业主和社区代表在内的利益相关方。此外他们还对通讯、行为、品牌架构以及其他的世界一流城市进行了考察。新的识别还需要克服政治复杂性，提高管理品牌的成本效益，统一不同领域的理事机构，以及不断推出方案、项目、服务、事件和活动。

朗涛公司面临的挑战是确定一个关于这座城市最深刻、最真实的特点的看法。未被挖掘的独特的故事、习俗、承诺和愿景，都可以被巩固成符号、标识和价值观。墨尔本的多样性成为一个统一的理念，使墨尔本能够随着不断增长的人口，自身也在不断变化和发展，并与未来的机遇保持动态联系。

创意方案： 新设计的核心在于，朗涛公司大胆设计了一个与城市同样具有多元化特征的字母"M"：它代表了创意，文化和可持续发展。朗涛还在识别系统中保留了一定程度的灵活性，为主动性和创造性解释留下了余地，并且融入了调制和适应的理念。不同的颜色、排版、图像和色调系统被应用于一系列模板。还有一系列的应用指南，其中包括广告、赞助、活动、联合品牌合作、标牌和3D环境。朗涛制定了全面的指导方针来帮助管理新识别的推出。

结果： 墨尔本的新识别为劳动力、商业和公民领袖、全球商业合作伙伴、游客和居民之间创造了积极的、显著的联系。市议会采纳了该标识，它认为独特的识别可以为一系列的情绪或创意提供一个直接的视觉触发点，使一个城市可以充分地展示自己。该体系还给人们灌输了一种自豪感和归属感，并通过旅游和商业投资促进了经济增长。

我们想创造一个标识，来反映墨尔本的核心——创意和多元文化。

—— 麦克·斯坦福德（Mike Staniford），朗涛品牌咨询公司的执行创意总监

墨尔本市的形象标识：由朗涛品牌咨询公司设计

可口可乐

可乐带来欢乐。瓶中充满快乐。
让我们找到其背后的原因并为之干杯。

可口可乐公司是世界上最大的饮料公司,也是世界上最具价值的品牌之一。200多个国家的人们每天一共要喝19亿瓶饮料,涉及500多个饮料品牌。

目标

让人们可以从可口可乐中感受到快乐、畅爽、真诚。

从视觉上利用商标的标识性和持久性的价值。

推出具有吸引力和全方位凝聚力的品牌体验。

唤起消费者与品牌之间有意义并令人难忘的联系。

重新确立可口可乐作为设计领导者的声誉。

这一战略产生了一种多维设计语言,这种语言在所有消费者接触点中放大了可口可乐的品牌资产。

—— 文斯·伏伦(Vince Voron),北美可口可乐的设计主管

标识性品牌的原则
由特纳·达克沃斯公司开发

简单自信

真诚(不夸大其词)

与当前的文化相一致

充分考虑图标的使用

注意细节

设计过程和策略： 可口可乐是世界上最具价值和最受认可的品牌。其商标和外观设计是随处可见的文化图标。2005年年底，可口可乐北美公司聘请特纳·达克沃斯公司进行设计，使品牌能够让人感受到快乐、畅爽和真诚。达克沃斯公司从分析可口可乐的传统和视觉资产出发，并且展示了领导品牌如何使用设计和视觉识别来获得竞争优势。大家一致认为，可口可乐的识别已经变得混乱，没有灵感而且很呆滞。鉴于当今社会消费市场的快速变化，团队认为可口可乐的识别要更有活力，并且要始终响应企业文化。特纳·达克沃思公司确定了标识性品牌的五大原则，针对品牌理念"可乐带来欢乐"来指导设计思路。

创意方案： 特纳·达克沃思公司将焦点放在可口可乐独特的标识性元素上：红色背景中的白色斯宾塞字体，带有商标轮廓的瓶身和动态丝带。特纳·达克沃思公司展示了在不同接触点上，从杯子到卡车到不同环境，"可乐带来快乐"这一设计的外观和个人感觉。他们还审查了整个视觉识别工具包：商标、图标、颜色、比例、符号、图案、形式、排版和摄影。在这个过程的不同阶段，他们对设计作品进行了调研，来验证它们是否与公司战略保持一致。新的大胆而简单的设计策略利用了商标永恒的情感吸引力。该设计具有简单、自信和灵活的特点，适用于不同的环境和媒体。设计师也实现了设计与文化保持一致。他们还与主要决策者讨论了设计领导力的价值。新的设计指导方针已经在线发布给全世界的供应商、创意合作伙伴和设计中心。

结果： 可口可乐新的焕发活力的视觉标识开始关注年轻人，并重新将品牌与老粉丝联系起来，从而增加销售量。特纳·达克沃思公司和可口可乐公司还获得了多项全球奖项，包括戛纳国际创意节的设计大奖和因其铝罐设计所获得的金狮奖。该设计策略为可口可乐创建了新的领导地位，使其一举超越其他主要竞争品牌。此外，它还帮该公司吸引了来自如耐克和苹果这样的公司的创意人才。

做这样的工作的秘诀是激情、说服力和毅力。

——大卫·特纳

可口可乐的标识：由特纳·达克沃思公司设计

鸡尾酒战胜癌症

我们不是通过普通的写作来对付这种疾病，而是通过我们所知道的最好的方式：把朋友和家人聚在一起，度过一个团结的、互动的、有爱的夜晚。对，这就是鸡尾酒。

"鸡尾酒战胜癌症"（Cocktails Against Cancer）是一个非营利性组织，该组织每年举办一次鸡尾酒会，来筹集捐款，支持费城地区中旨在影响改善癌症病人生活的项目。鸡尾酒战胜癌症组织成立于2008年，是一个501(c)(3)组织。

目标

吸引群众支持和参与。

推动门票销售、捐赠和赞助。

设计举办一个年度活动。

设计一个令人难忘的、统一的形象。

我们希望回馈那些直接改善癌症患者生活质量的社区组织。

——沙龙·苏莱奇（Sharon Sulecki），"鸡尾酒战胜癌症"组织的创始人

创办人两岁时和她的妈妈在一起的照片

2015年的乡村博览会

2016年的自动唱机流行音乐舞会

设计流程和策略： 2008年，"鸡尾酒战胜癌症"组织开始举办简陋的家庭聚会，当时创始人的母亲第四次被诊断出癌症，并且是在第四阶段。沙龙·苏莱奇希望积极声援母亲的抗争，于是她决定用女主人的特权来举办一场绝妙的鸡尾酒会，并希望客人们能够捐献点东西。她的母亲于2010年逝世，从那以后，这个一年一度的盛会一直致力于支持那些帮助与癌症斗争的人们的项目。

苏莱奇拥有营销方面的知识，她重视并认识到设计的力量。2014年，她邀请设计师凯茜·米勒加入第一届董事会。米勒负责通过设计来保持支持者的忠诚度，并将观众拓展到创始人之外的圈子里。经过五年的稳步发展，鸡尾酒派对的主题被引入，以作为一种使活动保持新鲜感并不断吸引支持者的方式。

创意方案： 每年，这个项目都会有不同的主题，并推出新的促销活动。该项目包括活动命名、识别设计、海报、传单、登录页面、社交媒体、新闻资料袋，以及像摄影棚道具这样的日常装饰元素。每个接触点都经过重新设计，以反映主题，为听众创造一种身临其境的体验。即使是标识也进行了修改以反映主题，社交媒体文件也进行了彻底的主题替换。

之前的人们参加过复古嘉年华、20世纪80年代舞会和乡村博览会等主题的鸡尾酒会，而最近客人会穿着斑点小裙和高级羊毛衫来参加自动点唱机流行音乐舞会——人们准备度过一个欢乐的夜晚，并奉献自己的爱心。

结果： 多亏了客人和赞助商，"鸡尾酒战胜癌症"组织这些年来已经筹集了10万美元。筹集的资金将被用于那些费城地区直接改善影响了癌症病人们生活的项目，例如费城的罗纳德家营（PhiladelphiaRonald McDonald House Camp）和大费城癌症支持社区（Cancer Support Community of Greater Philadelphia）。

> 当我们使用GIF动画来给我们的观众带来欢乐时，脸书的接触度和参与度指标都出现了激增。
> ——凯茜·米勒

"鸡尾酒战胜癌症"组织的标识：由凯茜·米勒设计

库尔斯淡啤

我们的啤酒经过分层、过滤,在临近冰冻的温度下进行包装,如同落基山脉一样清新,让人心旷神怡。我们所处的山脉造就了我们。

库尔斯酿造公司(Coors Brewing Company)于1873年由阿道夫·库尔斯(Adolph Coors)创立,他选择了位于科罗拉多州戈尔登(Golden)的克里克溪谷(Clear Creek Valley)作为新啤酒厂,因为附近的落基山脉泉水纯净。库尔斯淡啤(Coors Light)于1978年推出,现在在美国各地酿造。库尔斯是美国第二大畅销啤酒,由世界第三大啤酒商莫尔森·库尔斯酿酒公司(Molson Coors)旗下的米勒康胜公司(MillerCoors)进行制造和销售。

目标

建立在品牌传统的基础之上。

唤起更强烈的情感联系。

刷新品牌体验。

为生活品牌提供一致的体验。

通过活动的发展和视觉标识性品牌的创建,我们建立了库尔斯淡啤品牌,并将其定位为一个可持续发展的生活品牌。

——埃莉娜·维夫斯(Elina Vives),米勒康胜公司的高级营销总监

我们希望给予库尔斯一份能够保持简单的自信，以及一种与当前文化相吻合的设计。

——布鲁斯·达克沃斯

设计过程和策略： 库尔斯淡啤是一个具有真挚的地方情结和开拓精神的品牌。自从库尔斯淡啤于1978年推出以来，品牌在不同年龄、性别和种族之间产生了广泛的影响力。由于库尔斯淡啤品牌的故事已经失去了一些丰富性和维度，品牌团队在2014年接触特纳·达克沃斯公司，希望重振品牌的视觉形象。设计公司在公司档案中进行了研究，并采访了啤酒分销商和销售人员。在创作过程中首先绘制出品牌故事的维度，再表达出同样的开拓精神，正是这种精神，在1978年促使库尔斯成为一种低温过滤、干净、畅爽的啤酒，"让人想起大山，感受寒冷的力量"。

创意方案： 特纳·达克沃斯公司首先从库尔斯淡啤的包装设计出发，接着为品牌开发更广阔的视觉形象。从安塞尔·亚当斯（Ansel Adams）拍摄的美国山区的照片中获得灵感，这家设计公司开发出了一种带有砂砾、花岗岩边缘的摄影美学，并用蓝色点亮背景，再用库尔斯标识性的红色文字覆盖。为了给品牌创造一种图形维度，特纳·达克沃斯创造了一个原产地标记，其中心是库尔斯山的图形。创建一种新的品牌语言意味着要在标识性元素的基础上进行再设计。基本的品牌激活应用包括卡车、标牌、水龙头手柄、酒吧内部装潢和预置工具。"72和桑尼"（72 and Sunny）团队通过开展"攀登"活动，使品牌战略得以实现。我们的目标是建立一个更强有力的品牌目标——富有洞察力的、引人入胜的、乐观的和坚定的——来吸引库尔斯淡啤的目标消费者——那些相信"生活的魅力在于欣赏旅途的风景而不在于最终的目的地"的人们。最后一步就是要将品牌绰号"银子弹"变成一项资产，从而打造品牌资产。

结果： 特纳·达克沃斯公司制定了指导方针，让新的机构成员了解品牌代表什么，以及如何应用视觉识别设计原则，因为库尔斯淡啤的营销包括从玻璃器皿到弹出式酒吧到服装和体育场标牌在内的所有这些产品和服务。自2016年1月推出活动以来，喝库尔斯淡啤的人数持续上升，女性啤酒饮用者和西班牙裔饮酒者人数增加较多。

库尔斯淡啤的品牌标识：由特纳·达克沃斯公司设计

库珀·休伊特，史密森尼设计博物馆（以下简称"库珀·休伊特"）

库珀·休伊特是美国唯一一个专门涉及历史和当代设计的博物馆，珍藏着最多元化和最全面的设计作品。

库珀·休伊特建于1897年，由工业家彼得·库珀（Peter Cooper）和库珀·休伊特的两个孙女莎拉（Sarah）和埃利诺·休伊特（Eleanor Hewitt）设计，它通过提供互动展览、编程和在线学习资源，来提高公众对设计的理解。博物馆永久收藏着超过21万件设计作品，这些作品告诉我们设计对我们改善世界至关重要。

目标

重新定义和改变游客体验。

推进公众对设计的理解。

接触更广泛的全国甚至全球观众。

将博物馆定位为设计领域的教育权威。

重新设计视觉品牌、网站、展览和标牌图形。

我们想要塑造人们看待设计力量的认识，最终影响到他们对设计解决现实问题的能力的看法。

——卡罗琳·鲍曼

库珀·休伊特设计的新识别很简单，没有视觉或理论上的复杂性。功能是其主要目标。

——埃迪·奥帕拉

彼得莫斯/艺术画廊

设计流程和策略： 提高公众对设计的理解是库珀·休伊特的使命。2011年，博物馆开始了为期三年的合作过程，重新思考视觉体验，以吸引更广泛的观众，创造一种沉浸式的学习体验，使设计过程变得生动。展览空间需要增加60%，而且具有里程碑意义的安德鲁·卡内基大厦（Andrew Carnegie Mansion）需要重建，这是博物馆进入21世纪的首要目标。超过13家领先的设计公司开始与董事会、指导者和所有员工一起展望未来。尽管博物馆闭馆三年，却仍继续策划巡回展览，以强化其作为设计研究的卓越博物馆和教育权威的地位。五角设计公司从重新设计名字出发，用"史密森尼"代替"国家"，并取消"库珀-休伊特"之间的连字符，从而使品牌识别得到强化和简化。

创意方案： 在博物馆重新开放之前，需要发布新的名称，视觉识别系统和网站。五角设计公司为所有物理和数字通信设计了一种大胆新颖的字标和品牌架构体系。字体工厂（Village）作为新的合作商，被聘请基于品牌的文字商标开发一种专门的库珀·休伊特字体。五角设计公司也开始解决路径导向设计的问题。标识和环境图形程序需要创造性地解决历史地标限制问题。

库珀·休伊特希望开发一种独特的游客创新体验，强调游戏并使设计过程活跃起来。地方项目公司（Local Projects）与迪勒·斯科菲迪奥+兰弗洛（Diller Scofidio + Renfro）的合作就设想了一种交互式工具"笔"。访问者使用该工具收集博物馆作品或者是进行设计和绘制。访客会收到带有他们的入场券的笔，其中包含一个专门的网址，可以用来访问他们目前和未来的策划收藏。为了将这个概念转化为一个强健的硬件，库珀·休伊特与彭博慈善（Bloomberg Philanthropies），以及一支由来自全球各地的技术人员和专家组成的团队进行了合作。

结果： 库珀·休伊特的全新互动式沉浸式学习体验是协作式国际设计过程的结果，是体现设计师如何解决现实世界的问题的一个典型范例。库珀·休伊特的转型已经开始吸引更多、更广泛的受众——学生、教师、家庭、幼儿、设计师和公众。他们的数字化收藏品在线供大家分享。截至2017年初，已有超过2.5万人下载了库珀·休伊特字体，该字体成了免费的公共资源。

> 如果我们给所有年龄层的参观者提供工具，让他们当一天的设计师，结果会是什么样的呢？
>
> —— 杰克·巴顿（Jake Barton），地方项目公司的创始人兼负责人

库珀·休伊特字体：由五角设计公司设计；笔：由地方项目公司+迪勒·斯科菲迪奥+兰弗洛设计

摄影：马特·弗林（Matt Flynn）©库珀·休伊特

瑞士信贷

我们的公司建立在瑞士160年的丰富的创业精神和创新传统之上。我们努力预测客户的需求，并为他们提供量身定制的解决方案。

瑞士信贷是全球领先的金融服务提供商之一。作为一家综合性银行，瑞士信贷为客户提供在私人银行、投资银行和资产管理等方面的综合专业技术。它成立于1856年，在全球都具有强大的影响力，在50多个国家开展业务，拥有来自150多个不同国家的48000名员工。

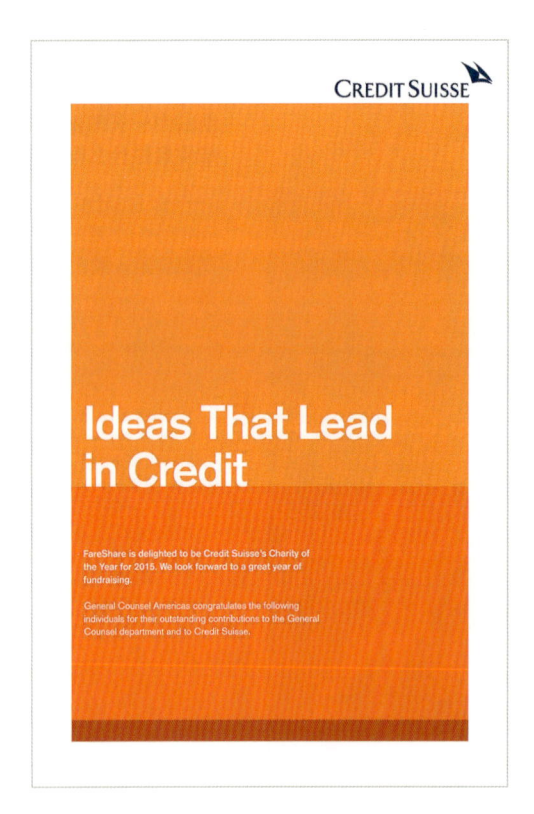

目标

统一全球的声音和品牌。

激发我们的品牌表现力。

使传播更加以客户为中心。

增加我们的客户群。

建立一个完整的系统，提高效能。

我们需要成为一个业务遍及全球的大公司。我们新的品牌识别系统的活力使我们在竞争日益激烈的市场中脱颖而出。

——拉蒙娜·波士顿

内容管理需要更加以客户为中心，高效率和精简化，使瑞士信贷的品牌为业务的成功做出贡献。

——莱斯利·斯莫兰

设计流程和策略：瑞士信贷聘请卡蓬·斯莫兰公司为其提升银行形象，并开发以客户为中心的内容管理方法。CSA与瑞士信贷公司的首席营销和人才官以及品牌和营销全球负责人进行了紧密合作。该银行希望简化沟通组件在不同部门和地区之间合作的方式，并通过各个营销渠道来彰显品牌的专注力和创造性。设计主导机构对所有内容和受众的传播方式进行了深入的审计，并开发了一个由品牌意识、能力、产品和项目、思想领导力、活动以及赞助这些部分组成的主模板。此外，他们还对各部门和全球区域的情况进行了分析，以进一步了解哪些内容是为哪些人和出于什么目的所需要。在进行广泛审计的同时，CSA开始重新思考全球招聘活动。

创意方案：CSA设计了从在线通信方式到高净值活动的各种功能工具，并开始展示简单性、色彩、图像和印刷的影响力。全球招聘视频"工作中的未来"（The Future at Work）没有任何口头语，只有音乐，以吸引新一代的多语言银行家。一种独特的摄影风格被概念化，并使用了简单的图形作品和新的企业流行色调中的鲜艳色彩，瑞士信贷使自己的品牌与观众产生了联系。客户和生活方式、客户和商业、商业部门、全球区域、投资方案和慈善事业，以及成就、网络和创新等这些隐喻概念和创意被进行分类并嵌入一个内容架构中。图像库包括超过1200个图像、信息图表和图标，所有这些设计都旨在使瑞士信贷公司在全球金融市场上更加与众不同。

结果：通过开发瑞士信贷品牌的基本元素系统，这个全球营销团队得以部署一个强大的营销工具系统，以实现品牌的运作。人们对品牌体系有了更大的信心。

在全球13个地区举办的84场全球培训研讨会上，员工"充满活力，遍布全球"的精神得到焕发。"工作中的未来"招聘录像在测试中获得了72%的正面回应。每日在线时事通讯"金融家"（Financialist）的高净值客户参与度提高了54%，社交媒体渗透率提高了22%。

瑞士信贷的品牌标识：由卡蓬·斯莫兰公司设计

德勤

真正让我们与其他机构不同的，不是我们的规模，我们的地理位置，或者我们提供的服务。真正造就我们的是那股能够在世界上发挥重要作用的动力。我们只会尽我们所能做到最好。

德勤遍布150个国家，拥有超过24.44万名专业人士，为多个行业的公共和私人客户提供审计、税务、咨询、财务咨询、风险咨询和相关服务。德勤指的是一家或多家德勤有限公司，包括德勤（"德勤全球"）旗下的一家英国私人有限公司以及其他成员公司和相关的产业实体。2016年，德勤的年度总收入为368亿美元。

目标

让品牌充满活力。

动员所有德勤公司的专业人士共同建立公司的声誉。

提供规则和工具，拓展品牌空间的成就。

开发一个不断发展的品牌中心来提供一致性和效率。

提供一致、直观的用户体验。

我们的目的是产生一种重要的影响力，这种目标使得德勤人在谈论公司的时候能够有一个共同的焦点。

——米歇尔·帕米利（Michele Parmelee），德勤公司全球人才，品牌与传播部门的管理负责人

设计过程和策略： 2016年，德勤推出了自2003年以来的第一个更新后的品牌标识。其目标是创建单一品牌架构和识别系统。不管客户处于什么地理位置，与哪些业务交涉，都可以通过同一种方式来与德勤的专业人才沟通，他们共享相同并且充满意义的体验。

为了支持品牌更新的激活，德勤品牌团队成员与蒙尼格公司合作，开始了为全球品牌中心网站"品牌空间"（Brand Space）定义需求的过程。与新的品牌愿景保持一致，建立更多的品牌宣传互动是至关重要的。此外，新的品牌空间网站需要匹配品牌更新的能量——先进的能力和更好的工具将是必需的。在这个过程中首先需通过焦点小组来获得见解，以及通过线框练习来探索界面设计的可能性。通过行业最佳实践和特征来界定和体现需求。最终的网站更新计划启动了为期四个月的开发过程。

创意方案： "品牌空间"设想着德勤的专业人士和外部用户无论在印刷，在台式机还是在移动设备上都需要拥有一致的品牌体验。除了视觉元素之外，"品牌中心"还展示了如何引导所有沟通方式的基调，并确保德勤所要体现的自信、清晰和人性这些理念得以真实地表达出来。

响应式网站设计，数字化指南和工具，培训材料和最佳实践库等新功能投入使用以改善用户体验。强大的内容管理功能使德勤网站管理人员可以更新网站的所有元素，跟踪使用情况并计算投资回报。定期调查和使用情况跟踪分析可以实现网站的定期更新。此外，SaaS模型定期提供更新，以保持网站的正常运行。

结果： 在2016年中期"品牌空间"重新启动后的前六个月，该网站的活动增加了25倍。该网站已经得到了全球德勤社区的广泛好评，新增活跃用户数量增加了约7万。对于品牌支持的引用和下载量也显著增加。用户可以访问一系列强大的品牌培训视频，进一步将德勤品牌提升到一个新的水平。

> 德勤的"品牌中心"已经发展到可以满足当前的品牌激活需求，并实现从"监管"到"看门"的能力转变的程度了。
>
> ——迈克·莱因哈特（Mike Reinhardt），蒙尼格公司的合伙人

德勤品牌空间：由蒙尼格公司设计

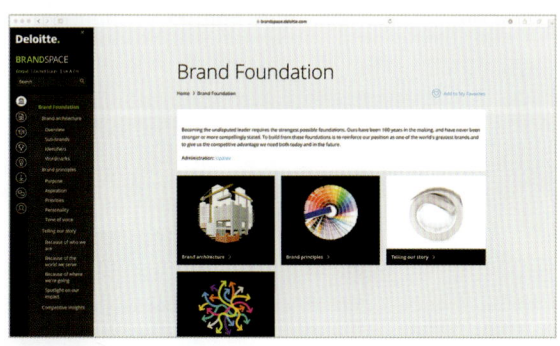

245

海沃氏的弗恩椅

我们的设计将人放在中心位置,这样他们可以坐在更好的位置,更好地工作,在当今不断变化的工作环境中有更好的体验。

海沃氏(Haworth)设计和制造具有较强适应性和灵活性的工作空间,包括活动地板、活动墙壁、办公家具和座椅。海沃氏成立于1948年,是一家家族私营企业,通过全球650多家经销商网络,在120多个国家和地区开展业务。海沃氏在全球拥有6 000多名员工,工作语言高达30种,总部位于密歇根州的霍兰。

目标

研究和设计下一代座椅。

融合自然、工程与设计。

开展品牌推广和营销活动。

设计芝加哥展陈列室。

我们的客户影响着我们设计的对象。弗恩椅从客户出发,我们在整个开发过程中始终坚持这一点。

—— 迈克尔·威尔士(Michael Welsh),海沃氏设计工作室的座椅设计经理

弗恩椅体现了海沃氏在研究、创新和协作文化方面的基础——利用明确战略推动的跨职能团队协作完成任务。

—— 梅贝尔·凯西(Mabel Casey),海沃氏公司的全球营销副总裁和销售支持人员

设计流程和策略：借助全球的资源与知识，海沃氏与人体工程学研究机构和开发伙伴合作、识别、开发并推出新的突破性创新设计。十多年来，海沃氏与西密歇根大学的人类行为研究所已经聚集了超过50亿个压力映射数据点，以了解人与座位表面之间的物理关系。海沃氏设计工作室与德国的ITO设计公司合作，以创造下一代座椅体验。为了发现新的性能水平、平衡运动、灵活性和支持性，设计团队向大自然寻求灵感。他们想要一把少点机械性质，多点人性化设计的椅子，同时将高水平的工程和科学结合起来。该团队设计、雕刻，并建立了一些功能原型。椅子在美国和国外的客户中进行了测试。考虑到灵活而具有强大支持性的新运动，最受青睐的原型机采用了悬架创新技术，能够与用户的身体相符合。

创意方案：他们命名和注册了新的工程创新项目，使得谈论和保护自主品牌资产变得容易。工作椅为蕨椅（弗恩椅，Ferns），注塑成形的椅背结构成为叶（Fronds），中央结构变成茎（Stem），同时新系统被命名为"波段悬浮"（Wave Suspension）。在业界领先的贸易展上正式推出品牌之前，海沃氏推出了一个强大的培训计划，将舒适座椅的好处与员工的敬业度相结合——良好的符合人体工程学的座椅可以集中注意力并减少不适感。

结果：经过五年的研究和开发，弗恩椅与其他的办公用具创新设计一起于2016年在芝加哥展的海沃氏展厅中被展出。设计师帕奇希娅·奥奇拉（Patricia Urquiola）也参与设计了一个陈列室，通过展示生产的各个阶段和研发过程来讲述设计与建造的故事。她用纸叶填满一个高耸的玻璃容器，再用霓虹灯照亮，给令人难忘和有意义的品牌名称增添了视觉兴趣点。

该展会吸引了50000名与会者，其中包括设计专业人员、商业领袖、后勤经理、人体工程学家以及其他影响办公椅采购业务的人员。弗恩椅荣获《室内设计》（Interior Design）杂志中工作场所类的"座椅，办公"的最佳年度奖和"HiP奖"（令人尊敬行业人物和产品奖）。弗恩椅也获得了美国人体工程学组织的认可。

> 设计应该提供更人性化和自然的体验。弗恩椅设计体现了生活的丰富性，帮助人们生活得更好。
>
> ——凯尔·弗利特（Kyle Fleet），海沃氏设计工作室的工业设计师

弗雷德·哈奇

40年前，弗雷德·哈奇（Fred Hutch）成立，治愈从这里开始，我们一同与世界分享被治愈的感觉。我们的使命是消除引起人类痛苦和死亡的癌症和相关疾病。

弗雷德·哈钦森癌症研究中心，也被称为弗雷德·哈奇，于1972年成立于西雅图。在这里，世界著名的科学家和人道主义者组成了跨学科小组，他们一起致力于预防、诊断和治疗癌症、艾滋病和其他疾病。弗雷德·哈奇的科学家凭借其研究和发现获得了重大奖项，其中三位曾获得诺贝尔生理学和医学奖。

目标

让品牌充满活力并传达其精神。

传达弗雷德·哈奇所代表的东西。

重新塑造中心品牌。

对弗雷德·哈奇的工作有更深的了解。

把科学研究和病人的生命联系起来。

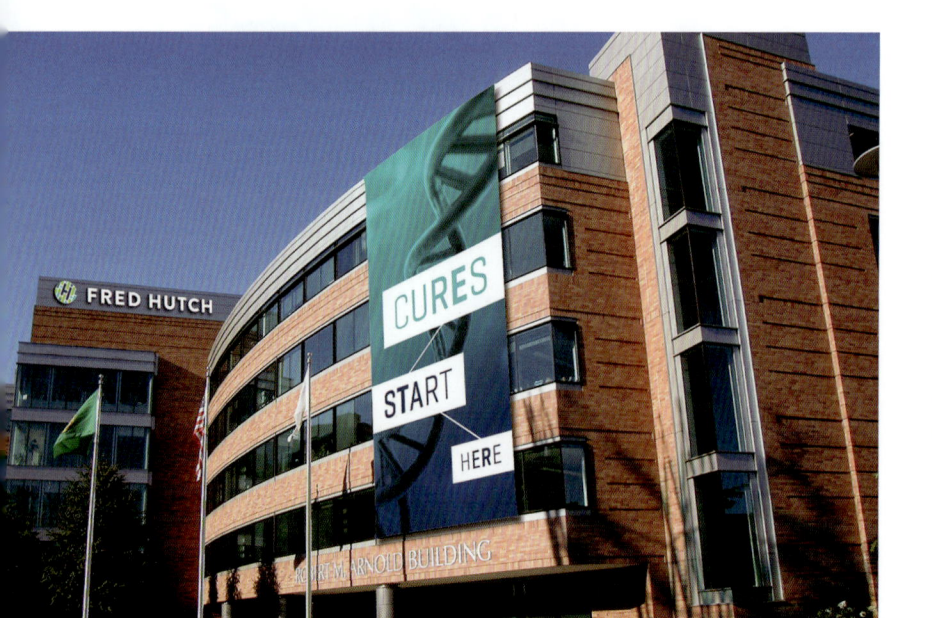

我们一直在研究如何才能更好地为我们的数字用户提供服务，以及这个过程如何更好地反映我们的工作，从而更好地在虚拟世界定义弗雷德·哈奇。

这不是一个广告活动。这是我们拯救生命的研究，是激情、希望和协作精神的表达，这些使得弗雷德·哈奇成为一个重要而特殊的地方。

——詹妮弗·西泽莫尔（Jennifer Sizemore），弗雷德·哈奇通信与营销部门的副总裁

在弗雷德·哈奇向世界讲述故事之前，我们必须在自己的内部找到共同点。

——迈克尔·康纳斯

设计流程和策略： 弗雷德·哈钦森癌症研究中心是世界上最著名的研究机构之一，也是抗击癌症的领导力量。但实际情况是，大多数人并不了解其工作的广度，也不了解其科学研究与病人的生命之间的联系，比如它改变世界的突破性成果——骨髓移植和HPV疫苗开发。

总部位于西雅图的全球品牌和设计机构浩纳尔·安德森公司与弗雷德·哈奇的团队进行合作共同重塑品牌。他们从品牌本身这个概念的重要性出发进行了一系列跨行业对话，并把这种共同理解作为针对品牌工作和员工展开的深入、诚恳的交流的起点。团队想要确定"一个真实的东西"：公司的本质，它所代表的东西，以及用一种通用的设计语言表达的企业精神。在整个跨行业会议中，弗雷德·哈奇的一位工作人员站了起来，说："治愈从这里开始。"这句简单的话贯穿了整个故事。

创意方案： 他们通过第三方调查深入了解人们如何谈论公司，结果发现"弗雷德·哈奇"是大多数利益相关者用来沟通的名称。创意探索始于一个新的视觉识别系统。标识需要传达这样的信息——弗雷德·哈奇的科学研究和开发能够治愈疾病。其中一位研究人员提到，寻找癌症就是在寻找一个变化的时刻——当细胞开始表现异常的时间点。正是这一点将所有的一切联系起来。标识看起来好像是通过显微镜观察细胞培养物一样。"H"的两笔竖笔画之间的连接图形成为促使异常产生的时刻，使标记达到最终状态。网站设计进程从明确的指令开始，以更好地展示研究人员、科学、发现以及弗雷德·哈奇的病人、幸存者和照顾者谱写的最重要的故事。

结果： 通过旨在提高研究中心的认知度和参与度的强大而有针对性地推出活动，弗雷德·哈奇重振了自己的品牌。弗雷德·哈奇的团队创建了一个新网站，在这个网站上，人们会讲述自己的生活如何因在弗雷德工作而受到影响，还有相似内容的广播广告。这个网站就是接触点，通过它，人们便会非常直观简单地认识到医学研究和结果之间的联系。广告和平面广告将复杂的科学知识变得通俗易懂，实现了继续宣传弗雷德·哈奇的使命。

弗雷德·哈奇的品牌标识：由浩纳尔·安德森公司设计

全球洗手日

我们鼓励儿童成为家庭、学校和世界各地社区变革的推动者。拯救生命，清洁双手比注射疫苗和医疗干预更有效。

全球洗手日（Global Handwashing Day）（10月15日）由全球促进肥皂洗手伙伴组织（PPPHW）创建，旨在鼓励和动员全球数百万人用肥皂洗手。PPPHW是2001年成立的国际洗手利益相关者联盟。

目标

提高人们对用肥皂洗手的益处的认识。

培养用肥皂洗手的全球文化。

开发一个没有文字的独特视觉形象。

呼吁世界各地的成年人和儿童用肥皂洗手。

为未来的利益相关者制定指导方针。

Global Handwashing Day
October 15

我们面临的挑战是将用肥皂洗手变成一种根深蒂固的习惯，并且在全世界的家庭、学校和社区进行推广。用一种优质的肥皂洗手，例如舒肤佳，可以预防腹泻和呼吸道感染等每年夺走数百万儿童生命的疾病。

—— 阿齐兹·金达尼（Aziz Jindani），舒肤佳公司的营销总监

在品牌和设计方面，人们往往没有机会创造可以挽救生命的作品。这是一个可以提高设计满意度并且暖心的项目。

—— 理查德·韦斯滕多夫（Richard Westendorf），朗涛品牌咨询公司的执行创意总监

Clean hands save lives

设计流程和策略： 用肥皂洗手是防止腹泻疾病和肺炎的最有效和最廉价的方法，而腹泻疾病和肺炎是造成世界上大多数儿童死亡的罪魁祸首。全球洗手日是由PPPHW于2008年设立的，旨在鼓励世界各地的人们用肥皂洗手。从10月15日被指定为全球洗手日起，PPPHW就意识到这场全球运动需要一个独特和专门的视觉识别。这个识别需要能在多种文化和语言之间进行翻译，以传达其强大的关乎拯救生命的信息。宝洁公司（PPPHW的国际利益相关者联盟的一员）及其舒肤佳品牌团队要求朗涛公司为其年度活动设计一个标识，旨在帮助将用肥皂洗手从一个抽象的概念转变为在家庭、学校的自发行为。该公司开始审查其他成功改变行为的全球运动，以确定设计标准。

创意方案： 为响应宝洁公司的旗舰肥皂品牌"舒肤佳"（Safeguard）的品牌简介，全球六家朗涛办事处共同合作创建了一个标志性的、令人难忘的品牌识别，鼓励人们采取这种可以救命的行为。这个识别必须是世界各地不同文化的成年人和儿童都觉得美观，而且容易理解的。它需要是图像化的，而不是依赖于语言，并能够在一系列的应用程序、媒体和规模中起效。朗涛公司设计了三位友善而有吸引力的角色，他们牵着手说着用肥皂洗手可以收获健康——健康是值得微笑的事情。朗涛公司制定了可供活动策划者和未来利益相关者使用的识别指南、示例应用程序和环境标准，以便在各种沟通渠道中唤醒意识。该公司还为首届活动创作了多种宣传材料，包括60个国家的本土团队的策划指南、小雕像和手镯。

结果： 全球洗手日成为全球100多个国家、超过3亿人参与的全球性运动。2016年是全球洗手日的第八年。全球洗手日已经成为政策倡导者的强大平台，鼓励具体公共承诺的实现，促使公众转变他们的行为。深刻、乐观的品牌识别在不同文化和国家的跨媒体平台上有效地发挥了作用。

全球洗手日的标识：由朗涛品牌咨询公司设计

IBM公司的100个进步图标

IBM"100个进步图标"展现了我们对科学的信念，对知识的追求，以及共同致力于让世界更美好的信念。

IBM是一家利用业务洞察力和信息技术解决方案，来帮助客户成功实现更具创新性、高效性和竞争力的商业价值的全球综合企业。IBM拥有超过38万名员工。

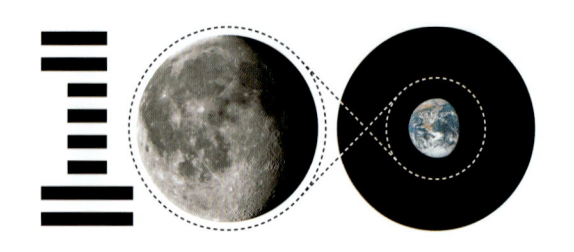

目标

纪念IBM持续了一年的百年计划。

颂扬创新、创意和人。

抓住发展的模式。

展望未来，孕育未来。

嵌入机构记忆。

我们问自己："为什么只有一个识别？为什么不设计100个标识来纪念100个创新和成就呢？"

——乔·伊瓦塔

这些图标以高度可视化的方式讲述着IBM的故事，凸显了公司对世界的巨大影响。

——卡特·施赖勃（Curt Schreiber），VSA合作企业的负责人

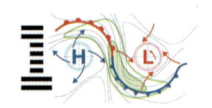

> 我们从未想象过品牌故事能对我们的顾客、全体员工和其他世界上的前沿思想家如此有吸引力和迷人。
>
> ——泰瑞·尤（Terry Yoo），IBM的品牌表达董事

设计流程和策略： 2009年，IBM与其合作伙伴联系，并要求他们探索和构思IBM 2011年度百年庆典的品牌识别。经过三个月的积极实验和构想，IBM的顶级市场营销沟通和品牌团队与设计机构团队聚集在一起，审视了数百幅草图，对百年庆典的识别设计有了想法。在创建新设计的同时，他们还针对创意进行解构和讨论。他们将保罗·兰德于1972年设计的具有里程碑意义的8格标识与老式打字机结合起来形成拼接草图，从而引发了一次顿悟：为什么只有一个？如果我们用100个标识来庆祝100个时刻呢？如果我们致敬那些造就了我们如今识别的创意和创新呢？这被称为IBM的100个进步图标。公司组建了一个专门的30人小组，负责监督由开发人员、设计师、作家、内容管理人员、制作人、编辑和主题专家组成的骨干队伍。

创意方案： 每个图标都承载着一个独特的意义和故事。内容创作流程从向世界各地的IBM员工提交意见书开始："我们想了解过去和现在那些激发了本土和区域市场发生变革的创新，帮助构建更加美好世界的创新作品、项目和合作伙伴关系。"虽然有数百份意见书正在审核中，但VSA合作伙伴公司牵头开展了一个探索过程，以开发一个具有凝聚力和灵活性的设计和内容系统。在100个图标中，以100为基础，每个图标都是一个针对强大创意的视觉捕捉器。公司对860个故事进行了详细的内部和外部审查，进而将它们编辑为100个标识性的时刻。由作家、编辑和内容管理者组成的团队进行了进一步的研究，并制作了每个故事的声音和语调。设计师从IBM档案、第三方资料、当代历史艺术和文化中汲取灵感，创造了数以千计的迭代设计，以最好地捕捉每个商标背后的标识性故事。

结果： "进步图标"于2011年初在IBM100.com和其他多个渠道全年推出。这些故事引发了186个国家关于IBM改变商业、科学和社会的各种方式的对话，从帮助第一个登上月球的人到开发条形码和个人电脑。对IBM来说，百年庆典的价值不仅仅在于纪念过去的成就，还在于认识到基本的进步模式可以作为一种向前看、展望未来的手段。

IBM 100个进步图标：由VSA合作企业设计

IBM公司的沃森超级计算机

IBM公司的沃森超级计算机象征了人类对知识、答案和发现的追求。通过释放智慧的力量,沃森象征着我们对更光明的未来的希望和信仰。

IBM是一家致力于智能、理性和高级商业科学,社会和人类社会应用的全球性综合企业。IBM拥有超过38万名员工。

目标

教授一种新的、复杂的技术概念。

扩大IBM的影响力。

激发世界的想象力。

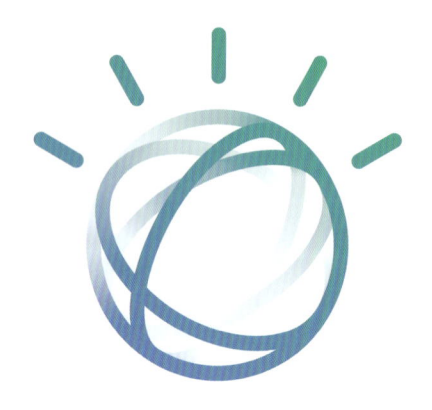

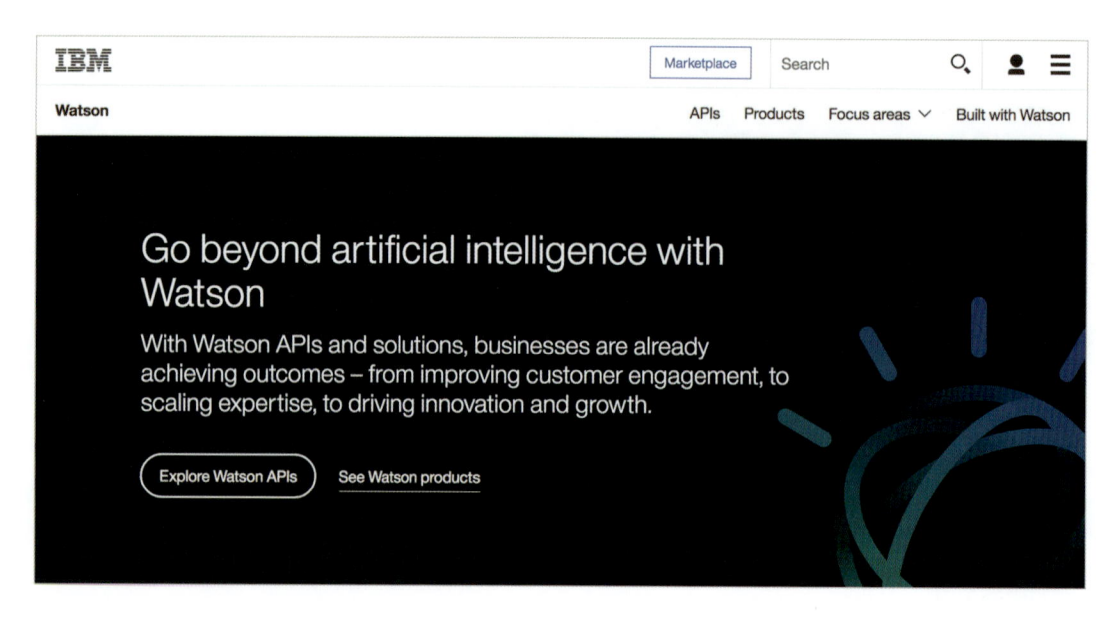

> 沃森一直是让我们这个复杂的公司团结起来的催化剂,我们拥有共同的目标、观点和商业目标。它还是我们员工的骄傲源泉,影响着我们的文化,让每个人都可以更容易地传达我们所做的事。
>
> —— 诺亚·赛肯(Noah Syken),IBM公司业务分析和领导力营销优化部门的经理

> 我们看到计算机运作从处理交易到富有洞察力的转变。从这个意义上说，IBM正在帮助人们用新的方式来思考信息。
>
> ——乔·伊瓦塔

> IBM沃森的特别之处在于我们团队的利他主义。我们可以看到，如果我们做对了，它将真正激发人们关于IBM如何能切实地改变世界、造福人类的想象力。
>
> ——大卫·科尔钦（David Korchin），奥美全球广告公司的高级合伙人兼集团创意总监

设计过程和策略： 多年来，IBM的科学家们都在研究一种能理解人类语言的高度先进的计算机系统。研究小组认为，这个系统将能够以足够的精度、信心来回答复杂的问题，其速度能与美国电视问答节目《危险边缘》（Jeopardy）相媲美。由于世界上80％的数据都是非结构化的——自然语言、图像、视频等——因此传统计算机系统无法理解，所以IBM相信这项科学进步有可能改变许多行业，解决一些世界上最关键的问题。IBM向其广告公司奥美全球提出举办这次挑战活动，创建技术的视觉表征，并向全球观众传达这一复杂计算系统的深远意义和价值。在研究科学家们仍致力于技术飞跃时，奥美创意团队思考了这些问题：它应该是什么样子？人类应该是怎样的？它如何在电视上播放？我们应该怎么称呼它？合资广告公司VSA建议称其为"沃森"，以致敬IBM高瞻远瞩的总裁托马斯·沃森（Thomas J. Watson）。

创意方案： 设计过程体现了科学与艺术的碰撞。这次任务的挑战在于如何在人的情感特征和数字数据之间取得平衡。在设计了数百个视觉概念之后，奥美创意团队意识到，虚拟形象需要直观地连接到IBM的智慧地球。沃森显然是IBM为促成世界实现仪表化、互联化和智能化的过程中的一个环节。设计师们创造性地开发了一个电视观众可以看到的应答板，以便揭示沃森的思维过程和可信度。数字艺术家约书亚·戴维斯（Joshua Davis）开发了一系列在玩游戏时基于沃森产生的数据的动画模式。在公众开始接受时，广告公司解释了技术能力背后的科学，并开始向世界宣传实现这一技术的可能性。他们开发了一个视频系列，记录了沃森在主要调查员大卫·费鲁奇（David Ferrucci）领导下的IBM研究人员眼中的发展历程。

结果： 尽管在2011年2月，IBM沃森在《危险边缘》的第一次公开测试中战胜了它的人类对手，但IBM认为真正的测试从医疗保健领域开始，在不同行业中应用该技术，以提供前所未有的成果。IBM 沃森吸引了全球媒体的关注，获得了超过10亿的关注量。公司随后创立了一个全新的部门来应用这一技术，但其深远的价值在于IBM的文化，以全新的目标和自豪感激励着全球的IBM员工。

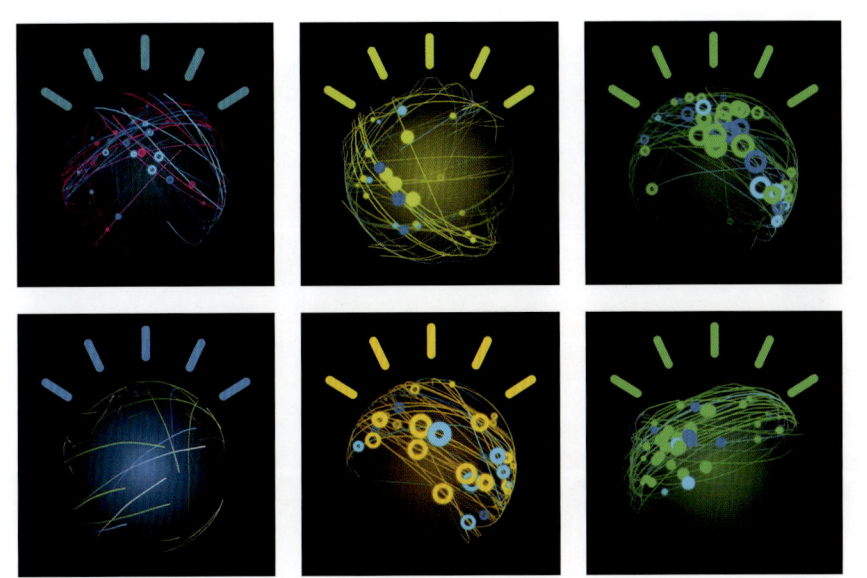

这个虚拟角色的设计反映了沃森计算机的思维过程。

IBM品牌标识：由奥美全球广告公司设计

沙特电信公司研发的Jawwy

Jawwy是沙特电信公司在数字时代研发的一种全新的数字移动体验。这是一种可以建立、管理和分享你的计划的移动服务。

Jawwy是沙特电信集团（STC Group）所属的个人移动服务品牌。沙特电信集团总部位于沙特阿拉伯利雅得，是以市场资本总值为基础的中东和北非地区最大的电信公司，致力于提供固定电话、移动电话、互联网服务和计算机网络服务。

目标

与核心消费者共同创造一个品牌。

改变移动购买、使用和维护体验。

重新定义客户服务过程。

深入了解沙特的千禧一代。

为公司推出的新的服务确定名称，并创建一个大胆的视觉识别。

研究和洞察力，战略严谨性和设计灵感都是品牌创建和实施的基本要素。

—— 阿什·班纳吉（Ash Banerjee），沙特电信公司Jawwy的前首席品牌官

我们面临的挑战是创造一个不仅能够反映品牌的全新面貌，而且对该地区，其人民、产品和新公司来说简单真实的品牌识别。

—— 马克·斯克格（Mark Scragg），利平科特公司设计部门的合伙人

256

设计流程和策略： 沙特阿拉伯约有65%的人口年龄在15~34岁之间，该地区拥有非常热情的移动用户，是世界上推特和YouTube使用率最高的地区。移动消费者所需要的东西与运营商提供的东西之间的差距体现在传统技术、文化优先性和代际差异等方面。STC集团及其新的业务部门萨菲尔（Sapphire）与利平科特等其他几个广告公司合作，将沙特阿拉伯本土数字时代下移动购买、使用和维护体验的每一个方面都改变了，并且首次在该地区，采取了共同创作的方式。客户团队还与D型放射虫工作室（Studio D Radiodurans）合作，开展了详尽的民族志研究，展示了由社交媒体驱动的数字革命如何影响国内文化的一些重要发现。在进行调研的同时，团队还借助具有高参与度的消费者小组来探索品牌战略、名称、功能设计和用户体验等关键要素。

创意方案： 利平科特与客户团队合作，共同制定了以体验为驱动的品牌战略和定位，以此作为服务的基础。整个移动服务客户历程的彻底重新定义是一次真正的机会——以消费者希望购买、支付、使用以及与移动运营商的交流的方式作为开始。

利平科特采取了在阿拉伯地区首创的方式来开发一个现代的、相关的品牌名称。经过广泛的测试后，Jawwy成为赢家，超越了第二受好评的名字"2:1"。Jawwy是现代阿拉伯语中"我的气氛""我的空间"或"我的氛围"口头表达——一个适合阿拉伯全新个人数字移动服务的名称。"STC的"（"From STC"）被添加到名称当中以建立与母公司之间的联系，并提供必要的监管透明度。

文字商标由垂直堆叠的阿拉伯字母组成，摒弃沙特口音以凸显信息文本。其简单的几何形状成为视觉系统的基础，从而可以在各种印刷和数字应用中体现出灵活性和功能性。鲜艳的色调与竞争对手毫无新意的外观相比可以说是很大的不同点了。

结果： 年轻积极的品牌通过数字化和社交化连接成为一个整体。Jawwy的定价是透明的，服务完全是量身定制的。用户能够在设备上配置或更改他们的计划并在几秒钟内进行分享。客户不用通过呼叫中心，而是可以享受自助式在线社区的快速支持服务。Jawwy的推出首先代表了历史悠久的中东新闻社：一个以消费者为核心，改变消费者使用和体验移动服务方式的联创品牌。

品牌指南

Jawwy的品牌标识：由利平科特公司设计

笑牛

无论是法国的乐芝牛（La Vache qui rit），德国的Die Lachende Kuh，还是越南的Con bo cuoi，笑牛（Laughing Cow）总是给消费者带来欢笑和饮食上的愉悦感。

笑牛是贝勒集团的全球品牌之一，其他品牌还包括芭比贝尔芝士（Babybel）、Kiri奶酪、雷达美乳酪（Leerdammer）和波尔斯因奶酪（Boursin）。150多年前，贝勒凭借一种成分，发明了一种吃奶酪的新方法。贝勒集团是一家由家族成员经营五代的国际企业，公司拥有12 000名员工，品牌分布在130个国家。

由汉斯-彼得·费尔德曼设计的2014珍藏版盒子
©贝勒集团汉斯-彼得·费尔德曼2014

目标

延续创新和创造的传统。

把当代艺术带给最广泛的观众。

代表贝勒集团艺术实验室的"贝勒实验室"（Lab'Bel）。

纪念品牌在2021年的百年纪念日。

只要几个硬币，你就可以从博物馆和画廊作品的观众，变身为一位原创艺术品的创作者。现在艺术展览和艺术评论是在厨房的桌子上进行的。
——迈克尔·斯达伯（Michael Staab），贝勒实验室的馆长

这些合作设计延续了笑牛和艺术家们之间的特殊关系，这些艺术家们用这个现代的图标作为灵感的源泉已经将近一个世纪了。
——劳伦特·费维特（Laurent Fiévet），贝勒实验室的主管

设计流程和策略： 1921年，前身为"贝勒奶酪加工厂"（Fromageries Bel）的贝勒集团（Bel Group）的创始人之子利昂·贝勒（Leon Bel）注册了"笑牛"品牌。这是法国第一个品牌奶酪产品专利。1923年，著名的插画家本杰明·拉比耶（Benjamin Rabier）创作了一幅笑脸牛的插图，其中包含了大部分具有品牌辨识度的特征：幽默、红色、耳环和调皮的双眼，正是这些特征使得这个品牌在今天具有极高的辨识度。

2010年，贝勒实验室作为贝勒集团的艺术实验室成立了。它的诞生源于想要与母公司合作，共同参与支持当代艺术的广泛政策的热切渴望。贝勒实验室与当代艺术界的视觉艺术家和演员合作，将幽默、无礼和非常规结合起来，并开始在法国文化资助界中树立独特的地位。

创意方案： 从现在到2021年品牌的百年纪念期间，贝勒实验室计划与当代主要艺术家进行一系列的合作，每个人都将设计一个珍藏版盒子。每个盒子在法国和德国的特定商店以标准零售价格销售给成千上万的消费者和收藏家。这种不同寻常的商业冒险是一种让更广泛的公众接触艺术的方式，并为公众提供了一个选择：吃掉里面的东西还是收藏起来。

2014年，贝勒集团推出了由德国概念艺术家汉斯–彼得·费尔德曼（Hans-Peter Feldmann）设计的第一个珍藏版系列。欧洲波普艺术的先驱托马斯·贝尔勒（Thomas Bayrle）自1967年开始就在他的作品中使用了"笑牛"标识，他创造了第二个珍藏版盒子。英国概念艺术家乔纳森·蒙克（Jonathan Monk）设计了系列作品的第三个。

结果： 在2016巴黎国际艺术博览会（FIAC）期间，贝勒实验室在与艺术家合作设计的一间模仿迷你超市的空间里展出了乔纳森·蒙克设计的珍藏版盒子。项目通过将当代艺术以最原始、最不同寻常的方式带入最广泛的受众群体中，确定了贝勒实验室的设计理念，并进而模糊消费者、收藏家和艺术爱好者之间的界限。

托马斯·贝尔勒2015珍藏版盒子
©GroupeBel-Thomas Bayrle 2015

乔纳森·蒙克2016珍藏版盒子
©GroupeBel-Jonathan Monk 2016

领英中国

我们连接起世界各地的专业人士，提高你的效率，帮你获得成功。当你加入后，你就能接触到世界各地的人以及他们的工作、新闻和见解，从而帮你创造职场机遇，达成交易，开创事业。

领英是以商业为导向的社交网络服务和上市公司。它成立于2002年，于2003年推出，主要用于专业网络。领英是全球最大的专业网络，有24种用户语言，在全球200个国家和地区拥有超过4.6亿的会员。2016年，微软收购了领英。

目标

为LinkedIn确定一个简单易读和难忘的中文名字，同时还要与LinkedIn保持联系。

确保该中文名称在语言上有吸引力，并且可以注册商标。

立足现有的全球品牌资产和意义，同时探索具有中国本土特色的定位和属性。

将中文品牌名整合到英文商标中。

协调研究和执行的进程。

> 通常，公司在中国最重要的营销决策就是将其名称实现本土化。
>
> ——安吉拉·多兰德（Angela Doland），《广告时代》（*Ad Age*）

设计流程和策略： 专业社交网络LinkedIn希望在中国拓展业务。作为全球最大的专业网络，LinkedIn在全球200多个国家拥有2.25亿用户，在中国的注册用户已经超过400万。为了扩大其在中国的会员基础，LinkedIn希望为中国用户设计一个中文名称和识别。2012年，LinkedIn任命朗标公司为其创建中文识别和整合战略。LinkedIn的中文品牌名称必须简单、易读和难忘，它需要反映LinkedIn用户的品质。

朗标进行了三轮名称创作，同时进行了普通话和中国五大方言的语言检查，以确保名字适合消费者。在中国，由于品牌在中国品牌商标注册方面常常遇到潜在的问题，朗标还进行了智能法律检查，以确保这个品牌名称可以用作商标。

创意方案： 通过全面了解中国市场，朗标探索了LinkedIn品牌名称的各种创意方向。这个品牌的原始英文名字是平易近人的，描述了一个连接和包容每个人的平台，而中国消费者则有着强烈的渴望和驱动力。LinkedIn在中国的品牌形象需要保持与其全球品牌的一致性，并在中国背景下引起用户的共鸣。在与目标消费者的焦点小组讨论中，他们发现最具吸引力的名称是"领英"。这个名字的发音与英文"LinkedIn"相似，而且具有领导和精英的内涵，因此又能鼓舞人心。

朗标公司还与LinkedIn合作，将其中文名称的整合策略融入品牌签名/锁定中，从而在中国树立强大而一致的品牌形象。

结果： 自2014年推出以来，LinkedIn在中国已吸引了2000多万名会员。中国品牌"领英"为其在中国本土的进一步创新铺平了道路。它与腾讯微信、阿里巴巴蚂蚁金服等中国领先的技术平台以及上海政府合作，共同打造其品牌和业务。

> 一个中文名字应该反映品牌属性。LinkedIn的中文名"领英"强调领导力和精英内涵，能与中国的目标受众产生共鸣。
>
> ——阿曼达·刘

领英中国的标识：由朗标公司设计

麦克卡车

麦克卡车（Mack Trucks）已经成为卡车运输的代名词，它代表耐用性、勇气和韧性。麦克卡车让男人成为传奇。

麦克卡车成立于1900年，是北美最大的重型卡车、发动机和变速器制造商之一。麦克卡车在全球超过45个国家开展销售和维修服务。麦克卡车是沃尔沃集团旗下的品牌，沃尔沃集团是世界领先的卡车、客车、建筑设备、船舶和工业发动机制造商之一。

目标

在瞬息万变的全球市场中复兴麦克卡车的地位。

恢复和解锁品牌独特的情感目标。

围绕一个真实的和颇有号召力的品牌重整麦克卡车公司及其合作伙伴。

最大程度发挥麦克卡车的优势，为未来的发展铺平道路。

麦克卡车的重新品牌化围绕着真实性和洞察力进行。我们的目标是从头开始打造品牌，并展现一个真实的和充满感情的故事。

——设计团队，VSA合作企业

设计流程和策略： 麦克卡车希望向主要利益相关者传达关于组织、产品和客户支持方案发生重大变化的强有力信息。领导层希望重新获得麦克卡车品牌的情感核心，提高客户忠诚度，并增加新的联系和提高卡车销量。他们与VSA合作企业开展了品牌复兴进程，他们对品牌的各个方面进行了检查，平衡了各利益相关方的观点。

VSA公司聘请全球高管和品牌历史学家，与经销商、销售团队、车队所有者、司机、客户和麦克员工进行彻底的竞争性市场分析和现场调查。关键是VSA在内部、外部和市场营销条件下寻找端到端视图。在此基础上，VSA围绕着人机关系的重要性开发出新的差异化战略定位、可靠的目的和情感用户画像。

创意方案： VSA为麦克卡车振兴了品牌，打造了差异化的战略地位。一个新的全球口号"与生俱来（Born Ready）"，捕捉到麦克公司那不动摇和赤膊上阵的精神，并展现了其以客户为中心的传统。麦克以其标识性风罩装饰为基础，创造了一个新标识，并在1932年获得专利。VSA还开发了品牌视频、联合系统、包装以及一套全面的识别和零售指导方针。360°全方位的消息框架解决了新的客户划分问题，并辅之以广告活动、新的标牌系统以及经过彻底检修的麦克网站。

结果： 在拉斯维加斯最大的贸易展览会上，领导团队和经销商展示了新的品牌成果，获得了管理层的称赞，称其有助于提高市场份额。在卡车运输社区之间的大量的评论满足了他们对品牌价值观、历史和文化的关注。VSA与麦克卡车的合作代表了公司历史上最全面和最具战略性的品牌演变。

麦克卡车标识：由VSA联合公司设计

万事达信用卡

50年来,万事达信用卡一直在改变世界的交易方式,使交易变得更快、更轻松、更方便和更安全。

万事达信用卡是一家全球领先的支付和技术公司,连接了世界各地的消费者、企业、商家、发行商和政府。万事达全球(Mastercard Worldwide)自2006年以来一直是上市公司(NYSE:MA),现有1万多名员工。在首次公开发行之前,万事达全球是由超过25000家发行其品牌信用卡的金融机构所拥有的合作机构。

目标

优化数字识别形象。

突出显示万事达信用卡的连接性和流畅性。

建立在传统和品牌资产的基础上。

简化系统并为未来的产品和服务制定标准。

将万事达信用卡定位为技术公司。

如今,与消费者的连接至关重要,而数字化是实现他们生活中所有实践的核心。

—— 拉加·拉加曼纳(Raja Rajamannar),万事达信用卡公司的首席营销官和通讯官

通过数十年的曝光，相交圆圈标识的可识别度已经非常高了，因此可将其简化至其本质。这个标识仍然出现在各种万事达信用卡（不同大小尺寸，模型或数字）上，不需要语言就可以传达万事达卡的理念。

——迈克尔·布雷特

万事达的新标识将品牌回归其根本。

——卢克·海曼

设计流程和策略： 数字技术是万事达信用卡业务中不断增长的一部分，万事达全球公司希望将其品牌定位为一家具有前瞻性、以人为本的科技公司。品牌标识在1996年设计完成，标识性的红色和黄色相交圈标识是世界上最知名的品牌标识之一。迄今为止，超过23亿张万事达卡都印有万事达商标，数百万商家展示了接受万事达交易的标识。万事达信用卡首席营销官和通讯官拉加·拉加曼纳和万事达卡领导团队一同与五角设计公司保持密切合作。设计的目标是传达简单性和现代性，同时保留公司的传统和巨大的品牌资产。新的标识需要在所有数字平台、零售渠道和连接设备上流畅地运行。

创意方案： 为了创造新的标识，设计团队要提炼出品牌元素最纯粹的形式。从1968年开始，万事达的品牌标识就依靠非常简单的元素：红色和黄色两个相交的圆圈。重叠的形式毫不费力地表达了连接的概念，而基本的圆形表明了包容性和可访问性，这是传达万事达"无价之宝"品牌信息的关键。新的品牌商标保留这个标识，并在此基础上提供更灵活的配置，使其更适合数字应用。在新标识中，"万事达卡"这个词放在相交圈之外，可以被水平或垂直地轻松使用。鉴于数字支付的发展，万事达卡中的大写字母C的位置已经被放低了，以减少对卡本身的重视。

新标识代表万事达卡公司和全套万事达卡产品和服务，为整个组织以及现有和将来的产品创建了单一品牌系统。它取代了2006年版的标识，旨在区分品牌的企业形象和面向消费者的形象。

结果： 在全球市场调研中，万事达信用卡公司发现，81%的消费者不用看名字就认出了这个标识。新品牌标识将用于万事达品牌的每个接触点，从消费者携带的信用卡，到万事达卡总部的标牌，再到智能手机上的数字支付系统。品牌商标准则已在万事达网站上发布，并且同意"万事达卡下载协议"的用户可以使用该商标的多种配置和版本。

万事达信用卡公司的标识：由五角设计公司设计

谋智

我们是一个集合了技术专家、思想家和建设者的全球性社区，我们共同致力于保持互联网的健康、开放和便利，代表每个将互联网视为全球公共资源的人。

谋智（Mozilla）是非营利组织，最早于1998年由网景（Netscape）公司内部的一组开源倡导者组建起来。在全球志愿贡献者社区的支持下，谋智创造了有益于互联网健康的计划、技术和产品。火狐（Firefox）是由谋智开发的开源网络浏览器，每天有1亿多用户，用行动展示了这个组织的价值。

目标

使用开源原则提高品牌知名度。

巩固核心目标和非营利地位。

树立起健康互联网的冠军名声。

创建一个视觉和口头工具包。

将谋智与其核心产品火狐区分开来。

我们的品牌识别——我们的标识、声音和设计—— 是我们所信奉的和我们所做的工作的一个重要象征。我们将互联网的语言设计成我们的品牌标识。

——蒂姆·默里（Tim Murray），谋智的创意总监

这个开源流程是一个从在线社区参与者中收集问题的好方法。没有人会说，"你没有问我"。

——迈克尔·约翰逊

绘图：奥列西娅22，微图交易站（iStockphoto） 铁粉：温德尔·H.奥斯凯（Windell H. Oskay），网络相册 抽象光曲线：Pexels

设计流程和策略： 谋智长期以来一直与他们最著名的产品火狐相互关联，火狐是全球超过1亿人每天使用的免费网络浏览器。谋智的非营利地位并不是吸引客户的主要原因，他们希望谋智能被更多人知道，能被更好地了解。谋智继续请约翰逊创意咨询公司重塑其品牌形象。经过无数的讨论、情景模拟、研讨会和研究，约翰逊创意咨询公司试图阐明一个清晰的战略重点，为视觉品牌创造一个平台。谋智的核心目标变得清晰："我们能创造让互联网健康发展的产品、技术和程序，让每个人都能了解和参与在线生活。"

设计过程采用了开源原则，鼓励谋智的全球网络对谋智开放设计博客上的工作进行评论，即"没有墙壁的品牌"。从最初的策略和叙述阶段，通过第一个设计概念和开发，设计博客中已经有了许多帖子和数千篇博客评论，发布者甚至有来自谋智全球网络之外的感兴趣的设计师。

创意方案： 约翰逊创意咨询公司阐述了一个方案，将互联网网址的部分代码构建到谋智的名字中，以表示人与知识如何在日益连通的世界中相互联系。核心受众和外部受众对此都很认同此方案，经过对其他概念的深入探索和讨论，它被选为最后的策略。荷兰的Typotheque设计了一种新的字体，用于这个字标和相应的内容。

互联网先驱需要一个系统，能让人更容易了解来自谋智的内容。动态系统简化和统一了大量谋智的活动（从程序到事件），并可以集成各种核心信息。颜色流入新的标识并随标识的设计而变化。不断变化的图像代表了在线生态系统的无限恩惠。谋智将邀请新的艺术家、编码人员和开发人员制作图像，这些图像将在创作共享（Creative Commons）平台中提供给所有人。新的字体Zilla现在免费向所有人开放。

结果： 更新谋智品牌的过程忠实于他们是谁，他们做什么以及他们代表什么。这个过程本身就是促进全世界众多观众对话的催化剂，并且提高了技术专家、思想家和建设者对品牌的认可度。作为一个非营利组织，谋智已经大胆公开地重申，它能够独立地建立产品、技术和程序，以保持互联网的发展和健康，让每个人都能了解和掌控自己的在线生活。

> 现在，人们更容易知道哪些是谋智公司的产品，而且能够了解他们的全球活动是如何相互连接和加强的。
> —— 蒂姆·默里

谋智的标识：由约翰逊创意咨询公司设计

费城壁画艺术

我们相信艺术能点燃变化。我们是美国最大的公共艺术项目，能够联合个人和社区来改变公共空间和个人生活。

费城壁画艺术项目（Mural Arts Philadelphia）于1984年由简·高尔登（Jane Golden）首创，是反涂鸦网络为消除城市涂鸦危机所采取行动的一部分。壁画艺术每年在社区中策划50～100个公共艺术项目，并通过修复活动维护3500多幅壁画。艺术教育、恢复性司法和门廊之光核心课程为成千上万的青年和成人提供独特的、基于项目的学习机会。

目标

在国家和全球舞台上重新定位壁画艺术。

简化品牌故事。

展示组织的影响。

吸引不同的艺术家和社群。

吸引组织的投资。

我们希望在社区建立联系和理解的桥梁，并促进关于关键问题的对话。

——简·高尔登，费城城市壁画艺术项目创始人兼执行董事

设计流程和策略： 过去30年来，费城壁画艺术项目从一个小型城市机构发展成为全国最大的公共艺术项目和全球社区发展模式。3500多幅壁画改变了整个城市的街区。

该方案的合作已经产生了许多跨艺术教育、恢复性司法和行为健康方面的计划，传递出壁画不仅仅是在墙上画画，还会对个人和社区产生深远影响，是这个项目一直以来面临的挑战。

J2设计公司致力于重新设计品牌和重新定位这个组织，并开始深入访谈员工、董事会、城市合作伙伴机构和利益相关者。该公司带领的工作坊，引导人们思考壁画艺术作品最有意义的成果。J2审计了所有现有的传播，以确定关键问题和需要改进的地方。作为增强传播的一种方式，该项目的名称被简化为费城壁画艺术。

创意方案： "艺术点燃变化"是激发创意过程的核心品牌理念。费城壁画艺术和其他人一起创造艺术，改变地方、个人、社区和机构，因此J2设计了一个动态的M，代表着改变，重新解释和重新构想。M的变体代表壁画艺术——一个有远见的组织，自简·高尔登成立以来一直在不断地转变、适应和引领着这个组织。

他们设计了一个集成的传播系统，其中包括一系列关键信息、字体、模板和新的叙述。信息的主要转变是从壁画本身到作品的影响。呈现定量的结果和影响与识别系统的视觉设计是一个平等的推动力，以传达壁画带给其支持者和城市人民的投资回报。这个新品牌是在费城"壁画艺术月"的主题活动期间推出的，并由Bluecadet重新设计的网站、城市横幅广告以及更新的宣传品支持。

结果： 通过社交媒体、公众活动和媒体报道，壁画艺术继续受到公众关注。识别系统使传播团队能够以有限的资源高效地传递他们的信息，设计过程和新的品牌标识重新激起了员工、董事会、粉丝和壁画艺术支持者的热情，并承诺将壁画艺术发展得更好。

> 壁画艺术正在重塑公众参与艺术活动的方式。我们需要强调的是，"壁画艺术"不仅仅是彩绘墙壁。
>
> ——布莱恩·雅各布森（Brian Jacobson），J2设计的联合创始人

费城壁画艺术的标识：由J2设计公司设计

NIZUC度假酒店

墨西哥的精神,玛雅人的灵魂。我们位于一处幽静的飞地上,我们想重新定义奢华,并在地图上放置一个新的目的地。

NIZUC是位于墨西哥尤卡坦半岛(Yucatán Peninsula)的超豪华度假酒店,于2014年3月开放。这是一个占地11.8万平方米的度假胜地,拥有274间套房和私人别墅、6间餐厅、3间酒吧、2个海滩、2个网球场和一个2790平方米的水疗中心。

目标

用灵魂创造一个奢侈的生活品牌。

将NIZUC与其他一流的豪华度假酒店区分开来。

吸引世界上最好的建筑、美食、水疗和酒店合作伙伴。

创建一个能带来预订订单的启动项目。

对于我们NIZUC来说,品牌至关重要。它是从零开始创建的,而且已经迅速建立起来,在奢侈品市场上脱颖而出。

——达瑞克·埃曼(Darrick Eman),NIZUC度假村的销售和营销总监

设计是我们品牌化过程的核心。在飞地上建立酒店之前,我们便设想了这样一个地方。我们定义了NIZUC的生活方式,并迎来了顾客。

——莱斯利·斯莫兰

设计流程和策略：在建筑设计或建造之前，CSA一直忙于为墨西哥尤卡坦半岛的超豪华度假村打造独特的品牌平台。CSA设计了一本品牌手册，表达了开发者的视野和品牌的前景。当地玛雅文化遗产和自然环境形式的启发，为该品牌奠定了基础。

他们围绕着宁静的体验、未被破坏的自然、温暖的个性化服务和精巧的设计这些关键信息构建了一个品牌故事。这些理念推动了一个定制的拍摄，并用来吸引酒店运营商、世界级的建筑团队和高端旅游业的合作伙伴。品牌渴望将人们与度假村的体验联系起来，唤起NIZUC无尽的海洋视野和真正的墨西哥美学形象。从投资角度和营销角度建立品牌平台和品牌是他们会优先选择的方法。

创意方案：优雅而原创的标识被设计为丰富的品牌元素组合的一部分。现代标识性的字形创造出美丽的图案，并促进了对欲望对象的设计，从护身符到外包装。房产体验通过叙述和现场摄影进行传播，形成了强大的广告、社交媒体和直销活动的核心。CSA将使以品牌为导向的纸媒平台与以销售为导向的数字营销相平衡，推出针对美国奢侈品市场的综合媒体宣传活动。以横幅广告为特色的数字广告促使人们走向一个全新设计的、让人高度身临其境的网站，旨在将品牌的兴趣转化为在线预订酒店的行动。

结果：直接营销活动获得了旅游专业人士的支持，而社交媒体活动则在众多粉丝中立下了口碑。《康德纳斯旅行者》(*Conde Nast Traveler*)、《佛得旅游指南》(*Fodor's*)和《旅游和休闲》(*Travel and Leisure*)都称NIZUC度假酒店为2014年度全球新建立酒店中的最佳之一。酒店发布的广告活动提供了7 000多万次展示，涉及1 300万人。社交媒体活动方面增加了558%的Instagram粉丝，并且这个数量还在攀升。这种多管齐下的战略转化为逆转的成功——酒店在运营的第一年业绩不佳，但在2014年的第一个假期预订率上升到100%。

NIZUC度假酒店的标识：由CSA设计

NO MORE

我们要一起努力终结家庭暴力和性侵犯。NO MORE渴望从根本上提高我们社会反对家庭暴力和性侵犯的意识，并在品牌和标识的引领下推动变革。

NO MORE成立于2011年，旨在提高认识，激发变化，消除家庭暴力和性虐待带来的耻辱。NO MORE更多的使命就是改变社会规范，改善公共政策，为研究和预防家庭暴力和性虐待提供更多的资源。

目标

提高家庭暴力和性侵犯的曝光度和对话。

消除关于这些问题的沉默和耻辱。

增强人们对于家庭暴力和性侵犯（会对每个人产生直接或间接影响）的认识。

改善公共政策，增加资源。

创建一个通用的、立即可识别的标识。

NO MORE聚焦一个普遍却隐晦的问题，以增加曝光度，开启对话，并帮助改变社会规范。简而言之，家庭暴力和性侵犯发生在我们身边，我们所知和所爱的人每天都在受害。现在是采取行动的时候了，现在是时候对这些行为说不了。

——NO MORE项目的执行委员会

NO MORE的标识既是充满雄心壮志的，也是概念性的。它代表了一个消失的时间点，其设计灵感来源于我们设想了这个问题在我们的文化中不再存在的时候。

——克里斯汀·莫

照片由SR2汽车运动提供

设计流程和策略： 50名来自私营和公共部门的人士创造了NO MORE，即使家庭暴力和性侵犯（DV/SA）极大地影响着富人、穷人和男女老少（不分种族、地区和宗教）——这个问题并没有引起重视。人们对这些问题的关注投入不多，羞耻感仍然困扰着受害者。

为了解决这个问题，安妮·格劳伯（Anne Glauber）、维亚·韦特（Virginia Witt）、梅乐·赞布托（Maile Zambuto）和简·兰德尔（Jane Randel）带头努力提高这些问题的曝光度，增强公众与这些问题的联系。现在问题在于：我们如何支持幸存者，向犯罪者表明他们的罪行是不能容忍的，并向公职人员表示广泛的关注？首先，他们向国内每个关注家暴/性侵的主要组织分享这个大胆的战略，以帮助个人、组织和国家品牌采取行动。然后他们举行了许多探索性会议，以建立共识和战略联盟。最终，大家认可这些平台上广泛可见的普遍标识可以获得支持，吸引资金并提高认识。

创意方案： 创始人开始组织智囊团，团队由一些从未考虑过这些问题的品牌和营销专家组成。这些创造性的愿景会议最终创造出了NO MORE——一个能表现集体情感和诉求的符号。如同和平标识、红色艾滋病丝带或粉红色乳腺癌丝带，公众、有影响力的人和关注家暴/性虐的组织将使用NO MORE的标识将这些问题提到公众议程上。因此，这个标识必须能够跨平台使用——从移动设备上的推特（Twitter）页面到T恤衫。为期三年的发布计划呼吁名人、有影响力的人士和普通人佩戴这个标识来表达他们的觉醒，并激励他们采取行动。国家品牌和战略联盟将通过各种联合品牌平台体现他们的支持。

结果： 2013年，NO MORE推出首个公益宣传活动，由快乐心脏基金会（Joyful Heart Foundation）和扬雅广告公司（Young & Rubicam）的雷切尔·霍瓦尔德（Rachel Howald）共同创建。2014年，国家橄榄球联盟在足球比赛中开始播放"NO MORE的公益广告"，23名现任和前任选手参加了"美国橄榄球联盟球员说NO MORE"的公益广告。2015年，美国橄榄球联盟首次捐赠了超级碗通话时间，用超级碗PSA向1亿多观众传达了家庭暴力和性侵犯问题。2015年，NO MORE在英国启动。2016年，超级碗L的"文字对话"广告系列推出。NO MORE的PSA获得了4亿多的媒体评论，获得了近1亿美元的捐赠时间，并遍布美国210个媒体市场。

NO MORE的标识：由纯银品牌顾问公司设计

俄亥俄州和伊利运河

作为国家遗产保护区，我们能让你体验小径、火车、风景秀丽的小路、运河城镇、民族街区、公园、工业河流、大湖、工业景观和绿色山谷。

俄亥俄州和伊利运河是美国49个国家遗产地之一，是美国国家遗产重要内容之一。每年有超过250万的游客来探索骑脚踏车走步道（Towpath Trail），这条道长达86英里，横穿伊利运河中心。无论是观鸟、徒步旅行、骑自行车，还是骑马、坐火车或步行，游客都可以体验俄亥俄州东北部的文化、历史、娱乐和自然资源。

目标

为该地区命名和创建品牌。

开发一个全面的寻路、定位和解说系统。

与游客分享该地区丰富的故事和展品。

吸引当地和其他地区的投资，促进发展。

提高地区意识和全国意识。

> 我们开启了一段将所有利益相关者集聚一堂的旅程，共同见证伊利运河的惊人潜力，为将其打造成主要的旅游胜地奠定了基础。
>
> ——蒂姆·唐纳文（Tim Donovan），伊利运河合作企业（Canalway Partners）的执行董事

当许多城镇合起来把自己作为一个地区来进行宣传推销时，其结果要优于其各部分的总和。

——丹·莱斯（Dan Rice），俄亥俄州和伊利运河联盟的总裁兼首席执行官

这关乎把过去的工业后院转变成未来的文化与娱乐前院。

——杰罗姆·克劳德（Jerome Cloud），Cloud Gehshan的负责人

设计流程和策略： 19世纪，俄亥俄州东北部的运河系统为地区和国家的繁荣做出了重大贡献。虽然该地区文化、娱乐和自然资源丰富，但仍需要刺激经济增长，鼓励高科技投资，打造绿色发展和旅游，并争取社区支持。2001年，有48个社区参与发展遗产管理计划。随后，由16个人组成的指导委员会雇佣Cloud Gehshan（CG）为该地区命名和创建品牌，并设计一个全面的品牌、营销、寻路标识和解说展示系统。

为了解用户和访问者的体验，CG开始对所有路线和场地进行摄影审计。通过采访和论坛，该公司征求了来自48个社区的广泛意见。为长达110英里的俄亥俄州和伊利运河国家遗产走廊确定一个新名字非常关键，名字要朗朗上口，容易记住，并能有效地展现在标牌和所有其他媒体上。

创意方案： 选择俄亥俄州和伊利运河这个名字是因为它简短合理，可以与其他地方区分开来。当"运河"和"通道"结合时，能表达这个运河是一个更大的概念，而且是通道的一部分。CG设计了一个真实的视觉形象，并有效地呈现在标牌、网站和其他媒体上。寻路和标牌系统需要设计成用户友好型，而且要帮助居民和游客找到社区、湖泊、建筑物、花园和重大活动的位置。CG与Dommert Phillips合作创建了一个解说计划，以阐明俄亥俄州和伊利运河遗产走廊拥有的丰富历史主题和故事。

指南手册为标识及其广泛的印刷品、服装、零售和促销品提供了全面的设计标准。它还包含完整的标牌制作标准和规格，包括入口标识、车辆行驶方向和探路者标识、路标和行人指向标牌、访客信息亭、一系列解释工具、里程标记、远足和骑自行车标识、建筑物标识和横幅广告项目。

结果： 自引入新名称以来，已有数百万人享受了各种各样的旅行、小径、水上运动、娱乐场所和博物馆。俄亥俄州和伊利运河协会开始建设的愿景正在稳步实现。现在正处于发展和投资的第二阶段，要利用有限的资源协调各种形式的宣传，把整个地区定位为人们生活、工作、探访的重要场所。

俄亥俄州和伊利运河的标识：由Cloud Gehshan设计

秘鲁

从城镇到亚马逊河流域再到安第斯山脉,秘鲁是一个拥有多元文化的国家,它正处于发展、变革和转型期间。

位于南美洲西部的秘鲁有3170万人口,语言为西班牙语和克丘亚语等。该国的主要产业包括农业、渔业、采矿和制造业。

目标

传递明确的品牌承诺。

增加投资、旅游和出口业务。

增加对产品和服务的需求。

创建一个品牌标识系统。

最近一项调查显示,秘鲁品牌在秘鲁公民中获得了94%的支持率。有些人已经认为这是最受拥有深肤色纹身的人们喜爱的主题!

——伊莎贝拉·法尔科(Isabella Falco),品牌秘鲁的主管

通过一系列可以在印加和印加前文化中看到的线条,这个手绘图形突出了人的形象或手工艺品质。

——古斯塔沃·肯尼扎泽

私营和公共机构渴望代表秘鲁国家品牌的精神,其他国家正在研究该品牌及其在最重要的受众(秘鲁公民)当中取得的成功所带来的启发。

——茱莉亚·比尼亚斯(Julia Vinñas),未来品牌利马分公司执行董事

秘鲁的标识:由未来品牌公司设计

设计流程和策略：由秘鲁出口促进委员会（Promperu）、外交部和私人投资促进机构（Proinversión）发起的一个工作组负责建设国家品牌，传达独特的品牌承诺。未来品牌公司致力于为国家提供定位、品牌战略和设计服务，以建立旅游、出口和投资的长期目标。研究过程涵盖了来自专家团队多学科的全球、国家和地方的观点。考古区、旅游景点、博物馆和各个制造区域的考察包括对不同利益相关者群体的采访。未来品牌公司开发了各种定位平台，在秘鲁8个地区和7个优先考虑的外部市场进行了评估。

战略平台基于三大支柱定位秘鲁品牌：多元化、专业化和魅力化。这种定位从文化和自然的角度反映了该国的独特性。来自旅游、出口和投资的品牌大使团队认为，秘鲁的品牌设计要围绕进化、变革和转型来展开。

创意方案：秘鲁是南美文明的发源地，从马丘比丘的魔法城堡到亚马逊热带雨林，都充满了自然和人文奇观。印加、纳斯卡、莫奇和墨西卡等土著文化与西班牙文化的碰撞，促使未来品牌公司设计出一种由字母"P"形成的标识性螺旋形式，反映了进化和转型。这个图标像指纹一样，表示"每个人都有一个秘鲁"。设计团队还开发了专有的图像风格来捕捉国家的奇迹。标识性的颜色是红色的，默认字体的颜色是白色。Type Together创建了一个专有字体系列来补充品牌标识系统。未来品牌公司制定了相关准则，并能在品牌手册中清楚地解释出来。

结果：2011年3月，秘鲁的新形象通过扬雅公司创造的广告活动在全国推出。如今，秘鲁的新品牌遍布全球。游客在机场和火车站能看见秘鲁品牌，各种年龄的人都穿着秘鲁品牌的T恤。这场运动引起了一种大众情绪："我为能成为秘鲁人而自豪"。公共和私营部门携手共进，共同发展旅游和出口，并将秘鲁推向全球市场。

该品牌在纽约时代广场和华尔街的"秘鲁之日"活动中展出。

费城艺术博物馆

费城艺术博物馆是创意展览的地方，收藏了世界各地的著名作品。馆内处处有惊喜，能够让游客通过艺术的美丽和表现力重新认识世界和自己。

费城艺术博物馆是世界上访问量最大的百座博物馆之一，拥有超过24万件的世界知名作品。费城艺术博物馆管理着以下几个地方：罗丹博物馆（馆内收藏了除巴黎以外数量最多的罗丹作品），露丝（Ruth）和雷蒙德·佩雷尔曼（Raymond G. Perelman）大厦，两处历史悠久的殖民地时代的房子。在费城艺术博物馆中，希腊复兴风格的主楼是费城最好的地标建筑之一。

目标

重燃博物馆的核心目标。

增加参观量和访问量。

吸引新的观众。

让博物馆更可见，也更容易参观。

设计一个动态的视觉识别系统。

我们希望博物馆向所有人开放，集聚创意和惊喜。

——绨姆·拉布（Timothy Rub）乔治·危德纳（George D. Widener），费城艺术博物馆总监兼首席执行官

我们的新品牌战略扩大了博物馆在当地、其他地区、全国和国际文化社区的知名度，并将我们与新的参观者联系起来。

——詹妮弗·弗朗西斯

品牌战略进程让博物馆工作人员有信心接触城市，并与各种各样的观众分享馆内宏伟的藏品。

——简·温特沃斯

这个一流的博物馆需要打造一个品牌识别，以便引导公众参观美国最好的收藏品。

——薛博兰

设计流程和策略： 费城艺术博物馆是美国最伟大的博物馆之一，其艺术收藏品深受世界各地艺术爱好者的喜爱。2012年，在新任首席执行官和首席营销官的领导下，博物馆进行品牌定位和竞争性研究，而参观者人数一般。当地居民认为这个博物馆是精英式的，是无法进入的。历史上，市场营销集中在轰动式的作品展上，而不是在收藏品上。

伦敦一家专门从事文化事业的战略咨询公司简·温特沃斯联合公司致力于帮助博物馆与更年轻、更多元化的参观者建立更紧密的联系。该公司与工作人员和主要利益相关者进行了一系列的研讨会，以确定博物馆如何能够讲述一个更引人注目的故事并实现其战略目标。从成为"费城展示创意作品的地方"的愿景开始，新的品牌战略将把参观者置于每一个设计决策的核心位置，邀请他们通过进入艺术家的世界，使艺术成为他们不可或缺的一部分。

创意方案： 五角设计公司被聘用来设计一个灵活的、具有包容性的识别系统。当地流行的博物馆名称一直都是"艺术博物馆"。新的标识以"艺术"为中心，通过一个富有想象力的视觉资产库来突出展示馆藏的广度。与其他地方和全球文化机构截然不同，"艺术"一词的数字动画突出了创意策略。在著名建筑师弗兰克·盖里宣布博物馆扩建的同一周，这个新的标识也发布了。

结果： 它重新点燃博物馆的愿景和目标，确定战略重点，创造新的视觉形象已经成为变革的催化剂，这影响了工作人员的参与度和博物馆的访问量。品牌战略已被用作改变博物馆内部文化的指南，鼓励更多的实验与合作，并创造一个清晰而自信的口头标识。品牌变革由高层管理团队领导，在部门层面由博物馆范围内的品牌冠军团队负责，其角色是在所有活动中实施品牌战略。结果博物馆的参与人数持续超过预期的增长。

费城艺术博物馆的标识：由五角设计公司设计

必能宝公司

必能宝在相互关联而无边界的商业世界传达准确性和精确性，帮助我们的客户创建有意义的影响。

必能宝是一家全球技术公司，为数十亿的实体和数字交易提供支持。公司的客户来自世界各地，"财富"500强中有90%的公司依靠必能宝在客户信息管理、智能定位、客户参与、运输、邮寄和全球电子商务领域提供产品、解决方案和服务。

目标

重新定义业务类别和品牌战略。

创造对客户和合伙人的吸引力。

现代化的视觉识别和新鲜的语调。

号召员工拥护新品牌。

清楚地表明品牌如何兑现承诺。

我们希望我们的新品牌战略和识别不仅能反映我们今天的身份，还能反映我们未来的发展方向。

——马克·劳滕巴赫（Marc Lautenbach），必能宝公司的总裁兼首席执行官

新品牌战略将明确我们在不断变化的商业中的角色，并使我们与世界各地的观众更加紧密地联系在一起。

——阿比·科恩斯塔姆（Abby Kohnstamm），必能宝公司的执行副总裁兼首席营销官

必能宝公司的标识：由未来品牌公司设计

- Customer Information Management
- Location Intelligence
- Customer Engagement
- Shipping & Mailing
- Global Ecommerce

设计流程和战略： 作为邮件行业的领导者，必能宝公司已成为全球性技术公司，为商业界提供物理和数字解决方案。然而，对公司广泛能力的认识落后于其业务现实，影响了其相关性。

必能宝公司与未来品牌公司合作开展品牌转型。他们开始进行全球调查研究，以确定建立新品牌战略的重要意见。为了增加重新定位的深度，该公司重新定义了必能宝竞争的空间。转换后的业务最好在以下声明中加以说明："必能宝茁壮成长，帮助客户驾驭复杂的商业世界——从使用数据到上市，到最好的客户，有效地实现传送包裹包装，通过声明和发票确保付款——所有这些都精确地保证了他们的业务向前发展。"

创意方案： 严谨的、洞察力驱动的方法有助于核心品牌的定位和个性塑造，为业务提供了结缔组织，给品牌注入了新的活力。此外，我们通过以市场为导向的战略，将公司的重点放在实体和数字商务上，围绕其关键功能：客户信息管理、位置智能、客户参与、运输、邮件和全球电子商务。

未来品牌公司随后开发了一个更现代化的视觉标识，突出了公司的重点是在无边界的商业世界中创造影响力，同时体现了对公司的传统和创始人的尊敬。该公司为每个业务类别创建了一组专有的图标和自定义插图，以帮助了解必能宝的关键功能如何适应商业世界。此外，新品牌的外观和感觉也会转变为每一个接触点和渠道：印刷、数字和体验。每个元素都提供了智能的视觉线索，让必能宝不断地成为最佳商业伙伴。

结果： 积极效果显著。大量的员工参与了2015年的品牌推广活动，并在200多家网点上进行了媒体报道，显示了对公司的重视。社交媒体参与度、网络流量和查询量在发布后显著增加。更重要的是，重新设想的品牌已经开始影响到客户和员工对于必能宝的看法——从日复一日到活力四射、聚焦未来——在商业世界中拥有清晰的视角和清晰的价值。

281

太平洋邻里协会

太平洋邻里协会（PNC）致力于在组织的每个层面进行团队合作。我们共同努力实现我们的目标，并在这个过程中帮助我们的客户实现他们的目标。

PNC金融服务集团是一家美国金融服务公司。PNC业务包括地区银行业务专营权，为公司和政府机构提供服务的专业金融业务、统包资产管理计划和加工业务。

目标

管理26 000个标牌转换。

与1640个设施进行协调转换。

创建一个多团队工作组。

评估供应商和分包商。

保持质量、控制成本和进度。

我们的项目不仅影响到公司的底线，还影响到PNC作为企业公民在我们服务市场中的作用。

——约翰·朱瑞斯卡斯（John J. Zurinskas），邻里协会不动产服务（PNC Realty Services）的副总裁兼集团区域经理

设计流程和策略： 当PNC金融服务集团收购国家城市公司（NCC）时，其转换水平是前所未有的，它要求在9个州的1640个分支机构、设施和1524台ATM机上安装26000多个新标识。PNC物业服务公司和国家城市的设施管理团队成员组成了一个多人小组。PNC聘请莫尼格公司提供专业知识并协助管理日常的战略项目推广。该项目要求严格执行规定的转换时间表，追求最高质量的产品和安装标准以及控制项目成本。PNC的总目标是坚持其核心价值：第一，维持PNC和NCC客户的关系；第二，坚持PNC的"绿色"价值观。该项目开始了为期16周的供应商评估，以检查生产和安装能力。莫尼格项目管理软件SignChart包含规格说明，通过复杂的转换过程和指定规格，跟踪管理对多个承包商很重要的里程碑和指标。

创意方案： 虽然PNC的系列标识早已被使用，但是为提高能源效率和品牌需求，它现已做出了改进。一旦关于设施设计的建议得到了标识转换小组的批准，所有的标识推荐方案都会被交付给各个零售市场经理进行最终审查。品牌获得批准后，PNC租赁集团将租赁场地的标识包发送给业主审批。一些高知名度的网站在分区和建筑审查委员会举办了复杂的差异过程听证会。除了通过低成本制造和安装实现的直接节省之外，分析和实施新的LED照明标牌包也减少了维护的费用。在不牺牲质量的情况下，墙壁标识的平均功耗降低了62%，而且不怎么需要维修。获得业务的供应商中有50%与银行有密切的关系，少数的供应商占将近25%的劳动力，这对PNC供应商组合的多样性产生了积极的影响。

结果： 整个转换从开始到完成需要76个星期。检查系统验证了每个阶段的所有市场都对标识转换结果感到满意。PNC和NCC员工利用内部新闻网络来谈论项目的质量和速度，这与阶段性的品牌推广同时进行。战略采购团队的多媒体演示侧重于成本节约和多样性的影响两个方面。标识转换团队则在执行管理层获得了许多关于标识转换项目计划、沟通和执行情况的赞誉。

> **我们的目标是，在每个国家、城市提升品牌化和知名度，同时满足紧张的时间进度规划和管理成本预算。**
>
> ——库尔特·蒙尼格（Kurt Monigle），蒙尼格公司的负责人

太平洋邻里协会的标识：由莫尼格公司设计

石英

石英带领乐于改变的人步入崭新的全球经济形态中。我们的报道围绕着一系列"迷恋"——包括塑造世界的趋势、现象和巨大的调整。

石英是新兴全球经济中商业人士的数字化本土新闻媒体。它归属于大西洋媒体（Atlantic Media）旗下。石英专为移动应用而设计，适用于社交分享，无须付费墙或注册墙，可以通过电子邮件、社交媒体和本土应用程序在qz.com上进行访问。

目标

为一个混乱的新闻网站命名，使其保持信誉和权威。

将第一家数字的、原生的全球性的新闻出版物与其他出版物相区分。

为跨越不同文化和民族的品牌打下基础。

支持专注于移动设备上的社交分享和消费策略。

促进并明确关于产品定义和方向的共识。

我们的品牌名称明确了我们能成为什么，但同样重要的是，它从一开始就提醒我们不能成为什么。

——扎克·西沃德（Zach Seward），Quartz公司的高级产品副总裁和执行编辑

大卫·布拉德利（David Bradley）提出了一些"突破性的创意"，这是一套免费的指导。

——霍华德·菲什

石英的标识：由菲什联合公司设计

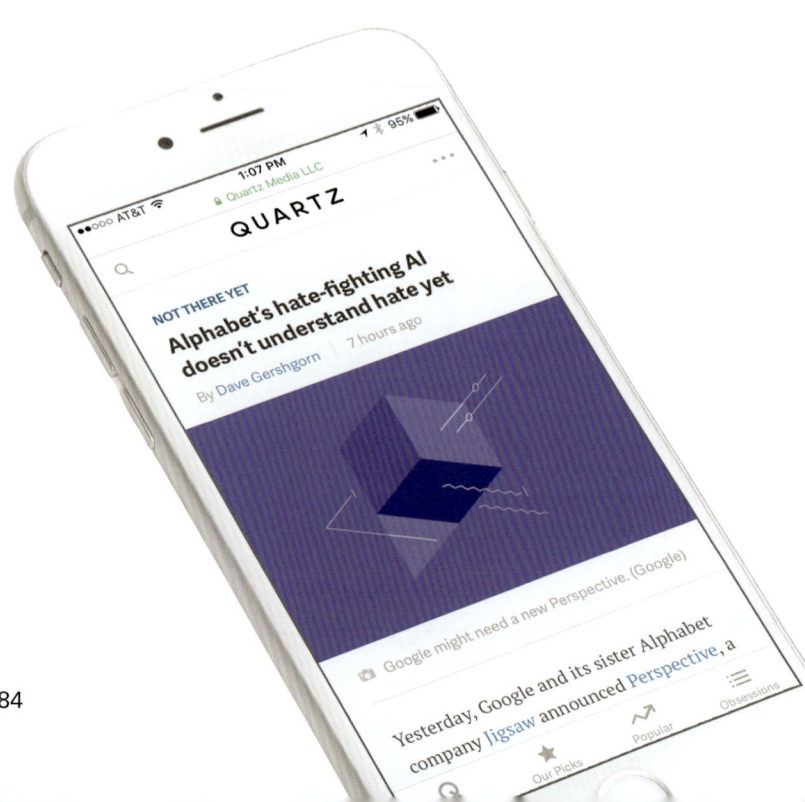

设计流程和战略：大西洋媒体在将传统印刷品牌转化为成功的数字媒体方面有着良好的记录，他们希望将所学应用于一种全新的、以数字为先导的全球媒体产品上。贾斯汀·史密斯（Justin Smith）（当时的大西洋传媒公司总裁）邀请了菲什联合公司，同时指导命名过程和组建核心团队。菲什首先对大西洋传媒的领导和主要利益相关者进行研究和采访。然后，菲什与新的核心团队合作，明确产品及其愿望的共同定义。菲什围绕特定指标达成了共识，并且明确品牌名称需要实现的目标。菲什检查了数以万计的、预期使用的单词和短语，根据这些指标和命令测试这些词语，最后筛选出为数不多的备选品牌名称和网址。

创意方案：这个名字需要快速智能，与现有的全球商业新闻产品有所区别，能提出破坏点和数字焦点，并能在全世界通用。石英在视觉上和语言上都是独一无二的（前后被英语中两个最罕见的字母包围），语义上丰富，且明显不同于现有的出版物。这个名字并不只是一时新鲜，而是实实在在地展现了数字质量。这种矿物拥有迷人的组合：它在压力下产生电流，能促进构造变化，在地球上每个地方都是已知的，并且没有隐含的原产国。网址qz.com非常实用，并能立即传达出版物的数字焦点。

结果：两年内，石英每月的访问量达500万次，四年内达到2000万次。自推出以来，它每个季度的广告收入都创造了新的纪录。此后，石英成功推出了印度石英、非洲石英、一个移动应用程序、制图平台Atlas、多个时事通讯和一个全球会议业务。

室内设计：由德赛家建筑公司（Desai Chia Architecture）设计

照片：由马克·克莱默（Mark Craemer）提供

（RED）

（RED）拥护品牌，并赋予消费者选择产品的权力，为全球基金（the Global Fund）募集资金，以帮助非洲消除艾滋病。

（RED）是一家全球授权品牌，于2006年成立，旨在筹集消除非洲艾滋病的资金和提高人们抵抗艾滋病的意识。（RED）与合作伙伴共同开发和销售独家（RED）产品，部分利润直接捐给全球基金用于投资治疗艾滋病和研究艾滋病治疗方案。

目标

利用世界上最大公司的力量来消除非洲的艾滋病。

开发新的业务和品牌模式。

为全球基金创造可持续的私营部门收入来源。

方便消费者参与。

鼓励合作伙伴公司参与。

（RED）是从友谊、愤怒、野心和真情中诞生的，纯粹的意志能够使不可能成为可能。

——www.joinRED.com

设计流程和策略： 利用私营部门与成功的全球品牌合作消除非洲的艾滋病是波诺（Bono）和鲍比·施莱弗（Bobby Shriver）构想的一个大观念。波诺称之为"有意识的消费主义"。他们的新业务模式有三个总体原则：为全球基金（全球基金是公认的抗艾滋病斗争的领导者和专家）提供可持续的私营部门收入来源，为消费者提供不收取任何费用的选择，为合作伙伴公司创造利润和目标感。品牌合作伙伴支付使用（RED）品牌的许可费，然后他们用该品牌来管理和营销其（RED）产品。这笔费用不会影响发送给全球基金的金额。沃尔夫·奥林斯与鲍比·施莱弗以及他的团队合作，描绘了新品牌的愿景，制定了一个吸引创始合作伙伴的战略，并创建了一个独特的品牌表达方式，允许（RED）以标识性品牌让他们成为自己，也成为（RED）。

创意方案： 沃尔夫·奥林斯围绕（RED）启发、连接并赋予消费者权力的理念构建了品牌。设计团队需要创建一个展示参与品牌的品牌架构，同时将品牌与（RED）的力量联系起来。识别认证系统需要立即得到认可，并在媒体、营销和产品上发挥作用。虽然不强制要求将产品做成红色，但许多参与企业将（RED）的概念延伸到产品。苹果公司创造了红色iPod Shuffles和iPod Nanos。在英国，每当消费者购买时，都有一张（RED）美国运通卡为全球基金提供资金。

结果： 在美国推出的几周内，（RED）品牌就获得了30%的关注度。（RED）现在是一种现象级品牌，在Facebook上有400多万的粉丝。（RED）自2006年推出以来，已经为全球基金筹集了超过4.65亿美元的资金，并已经影响了9000多万人的生命。

在非洲，²/₃感染艾滋病的人是妇女和儿童。

（RED）的标识：由沃尔夫·奥林斯设计

RideKC有轨电车

堪萨斯城的RideKC有轨电车可以在市中心方圆两英里的范围内自由行驶，引领着一种新的区域公交体验。

堪萨斯市有轨电车管理局（KCSA）是一个非营利组织，负责管理、运营和维护RideKC电车。KCSA还支持系统品牌、市场营销、公共交流和社区参与。它与堪萨斯城、密苏里州和市区交通发展区（TDD）密切合作。

目标

名称和品牌统一的区域公交系统，从新的有轨电车开始。

统一扩大运输品牌的周边地区。

重新引起公共交通的兴趣和自豪感。

RideKC有轨电车在堪萨斯城是可立即识别的、直观的、有凝聚力并且独一无二的。

建立公交品牌标准。

> 我们的新品牌使我们能够与区域合作一起向前发展，把市中心的电车线作为经济发展的催化剂，改善市中心街区和就业中心的联系。
> ——汤姆·吉伦德（Tom Gerend），KCSA的执行董事

> 公民设计项目是设计策略中的一课。从五个独立系统和两个州的公民自豪感中，实现利益相关的有序统一，这是联合品牌成功的动力。
> ——梅根·斯蒂芬斯（Megan Stephens），威洛比设计公司的高管

设计流程和策略： 新堪萨斯城有轨电车发车线的建设获得了选民的认可，以提升城市体验，并成为市区经济持续发展的催化剂。与此同时，跨越两个州和四个主要大都市地区（234万人）的区域过境协调委员会（RTCC）成立，负责监督建立一个伞形品牌，将所有独立的过境运营联合起来，为区域司机提供信息。

区域公交系统和有轨电车命名，以及品牌设计项目是来自两个不同客户群的两个不同的请求建议书。威洛比设计公司对这两个请求建议书都做出了回应，因为他们认为新堪萨斯城地区运输品牌应该包括新的有轨电车。这两个项目都取得了成功，为期两年多的进程开始并行执行。

威洛比进行了全球范围内的地区交通最佳实践审计，特别是洛杉矶地铁、巴黎公交公司、伦敦交通局和阿姆斯特丹的GVB。他们了解到，所有最好的系统都是整体设计的，是方便理解和使用的。

创意方案： 经过深入的研究和设计探索过程，威洛比提出了电车识别设计的最终建议。RideKC有轨电车这个名字很直观、很简单，也很独特，而且让堪萨斯城成为拥有全世界最棒的运输系统的城市之一。这个品牌赋予了堪萨斯城的万向铁路标识，带有开放、友好的感觉和永恒的色彩。

功能名称"电车"与区域名称"RideKC"搭配成为"RideKC电车"，旨在大胆引领地区建立品牌的方式。威洛比设计了一系列中转图标和一套品牌的零件套件，适用于整个传播系统，包括车辆设计（有轨电车、公共汽车、新城区快车）、避难所、寻路标牌、数字、宣传品和安全/宣传活动。

结果： RideKC有轨电车拥有全国所有交通运输系统中最多的乘客数量，销售税收入增长了58%。在前五个月，它的出行量超过了100万次，有两倍的预计客流量。小汽车十分拥挤，所以KCSA已经建议购买另外两辆汽车，并可能扩建路线。

> KC路面电车是堪萨斯城得以留在大联盟所需要的东西。你必须大胆实践。
>
> ——斯莱·詹姆斯（Sly James），位于密苏里州的堪萨斯城

RideKC的标识：由威洛比设计公司设计

照片：由阿利斯泰尔·图顿（Alistair Tutton）所摄

巴西桑托斯

巴西桑托斯致力于实现可持续增长模式，将高水平的财务、经营业绩与环境保护和社会责任相结合。

作为拥有3500名员工的上市公司，巴西桑托斯是南美主要的港口运营商和物流服务供应商之一，它在巴西货物吞吐总量中约占25%，其集装箱码头位于巴西海岸的战略港口。

目标

将巴西桑托斯定位为全球市场领导者。

实现负责任的领导。

提升员工的团队精神。

建立业务部门之间的协同作用。

建立品牌意识。

> 我们的新品牌给了我们力量，向世界和我们自己展示我们是一家全球性公司。
>
> —— 安东尼·塞普尔韦达（Antonio C.D. Sepúlveda），巴西桑托斯公司的首席执行官

设计过程和策略： 最初，巴西桑托斯聘请科迪罗协会更改其上市公司的名称。这个过程始于高级管理团队重申未来的愿景：成为运营市场上最好的港口基础设施和综合物流服务公司。巴西桑托斯希望将自身打造成友好的、对社会和环境负责的形象。公司希望人们认可它是一个全球性的公司，因为它的码头具有世界领先的港口码头的运营效率。研究表明，投资界普遍认识不足，品牌可见度低。科迪罗的分析和见解决定了巴西桑托斯这个名字能吸引世界各地的观众。桑托斯（Santos），作为巴西最大的港口，与行业类别相关，也是公司对其社区的关注和对可持续发展的承诺的具体体现。总体品牌将围绕负责任的领导思想而建立。

创意方案： 科迪罗开始创建一个单一的品牌架构，这将成为把上市公司定位为市场领导者的框架。物流和集装箱管理公司都是根据巴西桑托斯的主要品牌组织的。品牌命名在业务单元之间进行了精简和统一，以便于未来的收购。新的巴西桑托斯标识旨在综合经济和体现价值。S设计是桑托斯港口地理位置的体现，颜色的选择也很讲究：蓝色代表大海，绿色代表自然。公司的总体规划是让所有港口码头、投资和内部传播都能看到新的品牌标识体系。

结果： 巴西桑托斯的新品牌象征着对卓越商业和持续改进的承诺，并为股东、客户、供应商、员工、当地社区和社会创造价值。它为员工创造了自豪感，营造了业务单位之间的团结感。品牌意识在投资界和国内也有所增加。2011年，巴西桑托斯被列为同类市场的领导者。其每一件设备都有新的品牌标识，并且人们能在所有港口码头和设施中看到。

> 巴西桑托斯公司是一家开放进取并且对社会负责的公司，它利用其新品牌转变观念，并建立起一种负责任的行业领导者的意识。
>
> ——马尔科·雷森德

巴西桑托斯公司的标识：由科迪罗联合公司设计

新诺拉

新诺拉是一家制造高质量产品和提供有意义工作的美国公司,致力于工艺的保存和营造工业之美。底特律不仅拥有丰富的历史内涵,还拥有广阔的未来。这就是我们在这里设立公司的原因。

新诺拉是位于底特律的奢侈生活品牌,致力于生产创造就业机会的产品,包括手表、自行车、皮具、珠宝、音频产品以及最高质量的期刊。该公司归属于基岩制造公司和龙达公司(Ronda AG)旗下。新诺拉拥有600多名员工和22家分店,在世界各地的300多家奢侈品零售店中也提供零售服务。

目标

创造世界级的制造业岗位。

通过工艺品质和工作的自豪感,打造一个全球奢侈生活品牌。

对公司所在的城市底特律有积极的影响。

重新定义美国的奢侈品。

使用真实的故事来驱动购买欲望和品牌亲和力。

> 奢侈品的面貌正在发生改变。关于标识的内容减少了很多,人们正在寻找品牌背后的故事。
>
> ——布里奇特·拉索(Bridget Russo),新诺拉公司的首席营销官

©布鲁斯·韦伯(Bruce Weber)

设计流程和策略： 新诺拉由化石手表（Fossil Watches）及配饰品牌的共同创始人汤姆·卡特索迪斯（Tom Kartsotis）设想，隶属于总部位于达拉斯的基岩制造公司，该公司是一家私人股权和资本投资公司。卡特索迪斯想建立一个真正的美国设计品牌，从底特律开始，重新启动世界级的制造能力。研究证实，消费者愿意出高价购买底特律制造的产品。因此，卡特索迪斯购买了新诺拉这个品牌名。鞋油品牌新诺拉成立于1877年，1960年停业，2012年重新建立。这句不朽的短语"你一点都不了解新诺拉"在"二战"中广受欢迎。

为了启动实地制表工艺，新诺拉与瑞士钟表机芯制造商Ronda AG合作。公司的总部和钟表厂都设在创意研究学院。

创意方案： 新诺拉的创始人与Partners&Spade合作，于2013年推出该品牌。该公司负责制定消息策略、品牌书籍、网站设计以及所有广告需求。品牌名称确定之后，就开始交给新诺拉的内部创意团队设计。Partners&Spade还指导品牌和产品摄影，并与Bruce Weber等摄影师一起设计宣传活动，不断地吸引女性消费者。

结果： 品牌已经成为底特律复兴和美国制造潜力的象征。新诺拉公司在推出后的前18个月内就收获了8 000万美元的订单。新诺拉产品在21个美国城市的旗舰店（在伦敦也有一家商店）以及遍布全球的高档零售商进行在线销售。新诺拉将继续扩大产品范围，形成新的合作伙伴关系，销售的产品将包括皮革制品、自行车、期刊、珠宝、转盘和耳机。公司从2011成立以来，现在已经有600多名员工。

> 新诺拉品牌很强大，因为它不是在推销虚拟的生活方式，而是为真正的社区创造真正意义上的进步。
>
> —— 安东尼·史柏杜迪（Anthony Sperduti），Partners&Spade

新诺拉的标识：由Partners&Spade设计

照片：依奇·普伦（Izzy Pullen）

史密森国家航空航天博物馆

美国最受欢迎的博物馆收集了很多迷人的藏品（哥伦比亚的阿波罗11号指挥舱，圣路易斯的精神号，航天飞机发现号，以及世界上最快的喷气式飞机）和故事。

1976年，美国华盛顿特区国家航空航天博物馆（Smithsonian National Air and Space Museum）在美国建国200周年这一年作为礼物向民众开放。从那时起，超过3.2亿的参观者目睹了现代航空和航天事业的里程碑。该馆是史密森尼博物馆下属的19个博物馆中最大的一个，其地球与行星研究中心是该机构的九个研究中心之一。

目标

创建数字生态系统。

重新设计游客体验。

庆祝博物馆开馆40周年。

揭示收藏品背后所蕴藏的故事。

振兴网站和应用程序。

通过体验更加细致的显示和数字技术，游客将更加了解航天和航空如何影响自己的生活。

——J.R.杰克·戴利将军，约翰和艾德丽安·马尔斯（The John and Adrienne Mars），国家航空航天博物馆的主管

> 当游客进入和探索博物馆时,体验就开始了,在游客回家之后,他们还会继续探索。
>
> —— 乔什·戈德布卢姆（Josh Goldblum），Bluecadet的首席执行官

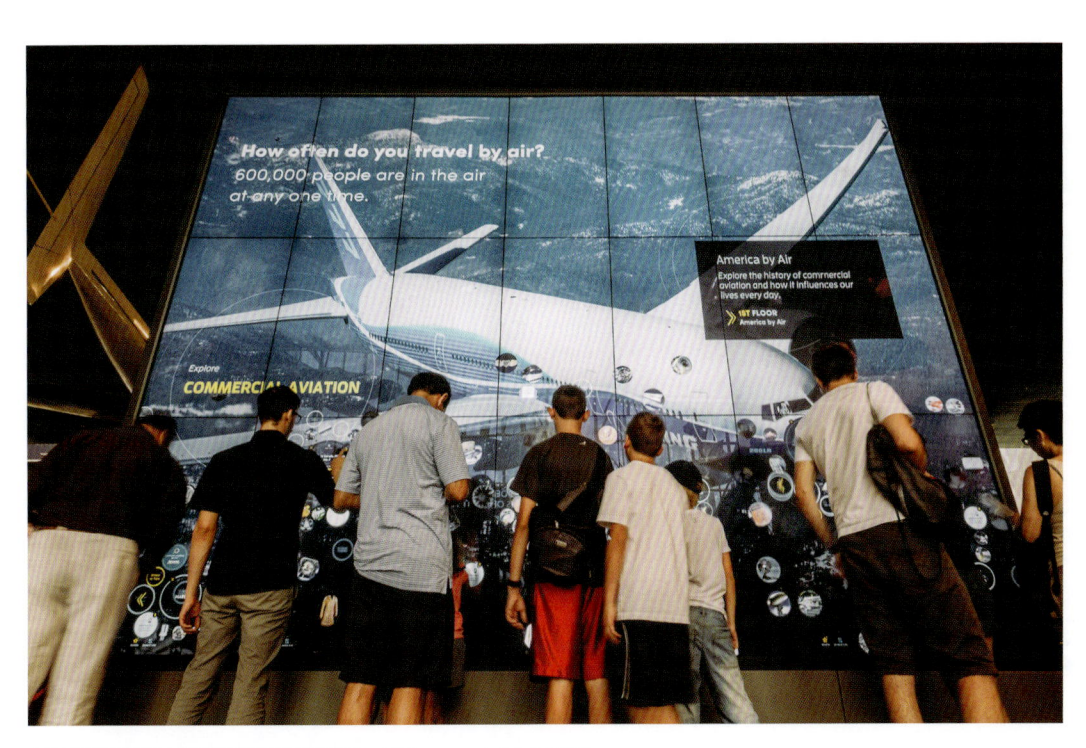

设计流程和策略： 国家航空航天博物馆每年接待游客800多万人次,拥有数千个航空航天历史上最具标识性的藏品。当这些创造历史的藏品出现在面前的时候,你如何激励和教育那些没生活在那个年代的人呢？在游客实地探访之前,你如何帮助他们与飞行大厅波音里程碑上的物品互动呢？数字体验公司Bluecadet构思了一种新的、令人难忘的体验,并开发了一个数字生态系统,可以实现一系列动态内容的快速变化,并在平台和部门之间进行维护。

Bluecadet与跨行业、跨部门的策展人,航天和航空专家小组以及来自数字、市场和展览的团队紧密合作。发现阶段包括跨部门的员工访谈,当前平台的内容审计以及分析审查。

创意方案： Bluecadet的架构师、策略师和UX设计师在快速概念阶段提出了许多方法。博物馆批准了一个200平方英尺的互动体验墙和一款名为Go Flight的应用程序和网络数字体验,旨在让访问者快速锁定他们身边的物体,访问相关故事和内容,或者基于他们的兴趣和位置进行自定义参观。对于应用程序的画廊体验,Bluecadet开发了一个名为"在我身边"的应用,当你探索博物馆的时候,比如站在贝尔X-1的前面,想要看到B-52空投的场景,这款应用便会更新。通过运动以及一个好玩的界面,互动式的墙面会奖励偶然的探索。访客甚至可以选择自己喜欢的物品,将他们同步到应用程序或网站,并设计他们自己独特的旅游路线。

一系列相互关联的数字产品和策略,包括新网站,与现有的内容管理系统（CMS）结合在一起。驱动网站和移动应用程序的CMS会将内容传送到墙上。

结果： 博物馆在其40周年庆典活动中向公众开放了新的波音里程碑,成千上万的参观者在开幕当天体验了巨大的互动式触摸屏。数字生态系统战略相继启动,促进了更好的工作流程和内容管理。在头两个月,这堵墙被触及了100多万次,针对50万不同的对象,20万个类别。新网站的浏览量超过300万。

史密森国家航空航天博物馆的标识：由Bluecadet公司设计

社会安全管理局

我们和你一起走过人生的旅程。看看你的生命中每一个阶段的社会保障是如何为你服务的——保障你的现在和未来。

美国社会保障局（SSA）是美国联邦政府的一个独立机构，负责管理由退休人员、残疾人和幸存者福利组成的社会保险计划。1935年，富兰克林·D.罗斯福（Franklin D. Roosevelt）总统创立了这个组织，这是联邦政府在该领域设计的第一个计划，旨在帮助退休人员和残疾人。

目标

帮助人们了解退休、医疗保险和残疾福利。

创建一个用户友好的界面和积极的访问体验。

提供一个安全的在线中心和人们上网的方式。

振兴退休计划工具。

向公众提供他们选择的服务渠道。

社会安全管理局的现状

社会安全管理局每年有2.15亿访客（2015财年）。

每年大约有6000多万人获得社会保障福利。

将近4400万受益人是退休工人或其家属。

2016年9月，通过"我的社保"（My Social Security）进行了8800万笔交易。

设计流程和策略： 在21世纪初，社会保障局就为退休、残疾和配偶福利提供了在线申请服务。在线应用程序和我的社交安全门户网站的关键优势是为希望全天候在线开展业务的个人提供一个便捷的选择，而无须访问当地办事处。此外，这让机构工作人员有更多的时间来处理办公室内复杂的、不能在网上完成的工作，也有更多的时间为那些无法上网或者只是更喜欢与人交谈的人提供服务。

关键目标是继续为公众提供服务渠道，并打造友好、安全、流畅和高效的用户体验。

创意方案： 由于婴儿潮一代快到退休年龄了，社会保障局正处于大幅增加福利保障的风口浪尖，该机构重新设计了用于在线福利申请的"iClaim"。2009年初，社会保障局推出了宣传活动，当年在线申请就增长了32%。2012年，机构启动了一个新的网站和"我的社保"，为受益人和非受益人（18岁以上）增加了新的服务。

鉴于用户需求的多样性和复杂性，比如成千上万的交易以及使用工具、应用程序和其他信息资源的人员，进行这些改进时面临巨大的挑战。在每次更改之前，社会保障局都会在当地办事处进行公共可用性测试，以及焦点小组和客户访谈。对于"我的社保"，他们还为金融机构、医疗保健机构、私营公司和其他政府机构的标识性网站提供基准。客户对在线应用程序的满意度始终高于ForeSee客户满意度指数，并且经常比业绩最好的私营部门网站高。

结果： 21世纪初，在线提交的福利申请的比例不到10%。经过十几年的发展，所有退休和伤残申请已经超过50%，医疗保险索赔也超过了70%。"我的社保"已经有2700多万注册用户，自2012年成立以来，已经有近2.6亿次交易。在2013财年，即全年生产的第一年，用户进行了3250万交易。2016财年交易量增长超过140%，至2016年9月达到8800万。

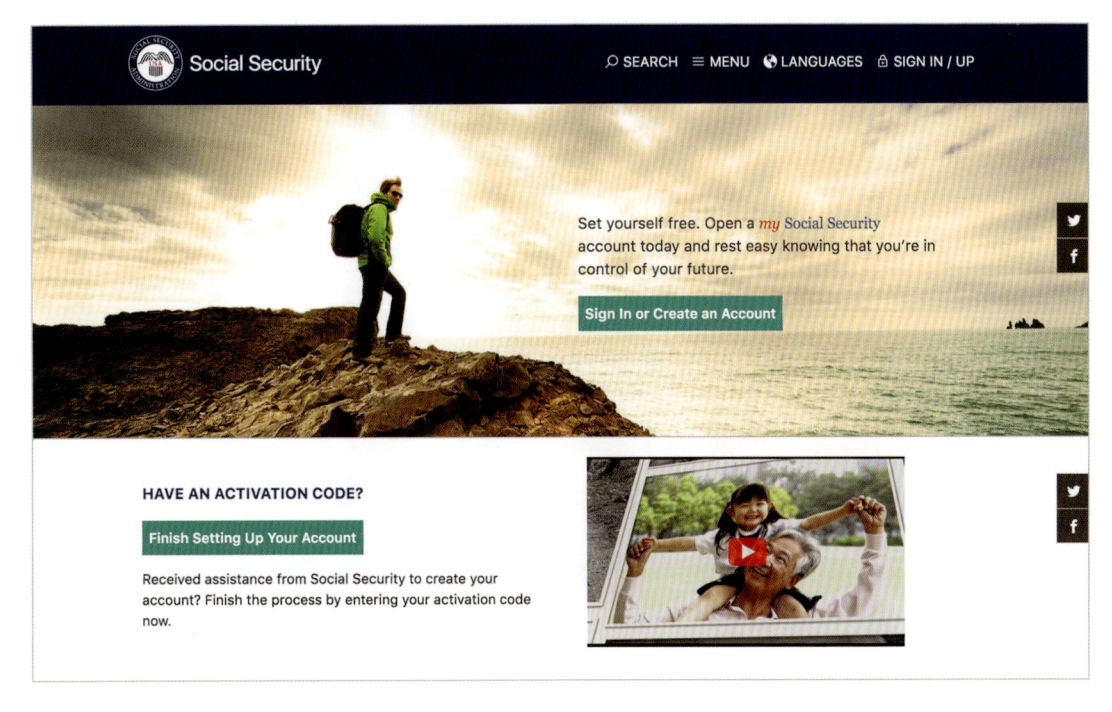

西南航空

我们喜欢把自己想象成一个开设航空业务的客户服务公司。没有用心的服务，我们的飞机就只是机器。

西南航空公司（Southwest）是美国一家重要的航空公司，也是全球最大的低成本航空公司，总部位于得克萨斯州达拉斯，由赫布·凯莱赫（Herb Kelleher）于1967年成立。西南航空有45 000多名员工，每年为1亿多名客户提供服务。

即使在机腹上，心形图案也是一个象征性的提醒，代表西南航空用心守护每一次飞行。

目标

创造一种新的、有影响力的外观。

表达西南文化的标识。

整合一个分散的系统。

吸引千禧一代和商务旅客。

我们飞机上印的心象征着我们的承诺，即不忘初心，展望未来。

——加里·凯利（Gary Kelly），西南航空公司的董事长、总裁兼首席执行官

我们已经知道自己是谁了。我们极力保护员工和客户喜欢的元素，并大胆创新地使用这些元素表达我们的未来前景。

——凯文·克朗（Kevin Krone），西南航空公司的总裁兼首席营销官

照片：斯蒂芬·凯勒（Stephen Keller），西南航空

298

设计流程和策略：即使拥有声誉和40多年的赢利能力，西南航空公司也准备好重新思考和更新自己的外观，统一分散的视觉系统。西南航空想要表达其文化——人文关怀和人情味——这是一种在日益疲惫的市场中能够更明显地引起消费者共鸣的方式。

利平科特公司的目标是提炼航空公司的成功经验，并帮助西南航空与两个非常理想的市场接轨：千禧一代和商务旅客。

制定一个成功的设计解决方案需要将公司的愿景与其丰富的历史结合起来。利平科特公司对资产、障碍和基准进行了调查。西南航空一直主张自由。调查结果指出：从一开始，西南航空公司就平等地对待每一位乘客，例如他们的民主化航空旅行。从这个角度来看，设计方案应关注西南航空以人为本的传统。

创意方案：利平科特公司认为心是西南最有力的象征资产。他们选择用心做出更大的声明——让心成为真正的标识性符号。在连接的瞬间，心是西南航空的情感标点。在客户体验中，它代表了品牌独特之处：人情味。在飞行材料、机场和网站上，我们可以看到新设计的西南航空制服围绕在心形标识旁。从飞机到产品包装，西南航空的新标识极具现代性，还继承了自身的优良传统——自信、真实和个性化。

结果：2014年，西南航空公司宣布以谦逊而大胆的心为品牌标识，凝聚其经营理念，向世界展示西南航空不忘初心，砥砺前行。西南航空始终以人为本，向世界展示了小心灵的大力量。如今，乘客更加体会到，西南航空真心关心他们，而不在乎他们坐在哪个位置。

> 我们的识别设计不仅仅是关于新的制服或标识，而且是关于在西南地区发展综合全面的品牌表达。
> ——罗德尼·阿博特

西南航空的标识：由利平科特公司设计

光谱健康系统

光谱健康系统（Spectrum Health System）的员工、医生和志愿者有一个共同的使命：改善我们所服务的社区的健康状况。光谱从减轻人类的痛苦的愿望中诞生。

光谱健康系统是密歇根州规模最大、最全面的卫生系统之一，拥有25000名员工、3100名内科医生和2300名活跃的志愿者。这个系统包括一个主要的医疗中心、12个地区性的社区医院（包括1个专门的儿童医院，1个多专业的医疗团体和1个国家认可的健康计划）。

目标

创建一个主品牌。

设计一个统一的视觉识别系统。

开发统一的命名系统。

为品牌的发展和扩张做好准备。

建立在线品牌标准资源。

我们知道医疗保健将会发生巨大的变化。我们希望确保我们的品牌表达清晰和简洁。我们应该对我们目前所做的事情充满信心。

——理查德·布莱恩（Richard C. Breon），光谱健康系统的总裁兼首席执行官

在整个快速发展和扩张的过程中，光谱健康系统一直将品牌作为组织催化剂和管理策略。

——巴特·克罗斯比

有力落实的项目能激发内部自豪感——组织内部的人了解他们为谁而工作，了解组织的价值观，也明白"品牌"与他们每天做的工作息息相关。

——南希·泰特（Nancy A. Tait），光谱健康系统的高级总监

设计流程和策略： 光谱健康系统成立于1997年，由两家竞争激烈的大急流域（Grand Rapids）医院合并，随后又增加了9家医院和190多个服务点。加入光谱健康系统后，这些机构的名称得以保留或稍有改动。然而，医疗专业人士和社区的人们继续用他们熟悉的旧名字来称呼它们。像许多快速发展的组织一样，光谱健康系统迅速超过了原来的视觉识别和术语结构。管理层认识到要用一个复杂而统一的识别系统来定义和描述这个组织，并帮助其未来几十年的扩张。2008年，克罗斯比联合公司开始与光谱健康系统合作，开发新的视觉识别和综合品牌计划。首先，他们着手建立品牌实体，从行政管理单位到部门，再到中心和管理层。接着，他们采用统一标注为新收购和联盟的机构命名。

创意方案： 克罗斯比为主要品牌设计了一个充满活力的形象，它代表了活力和前进，并代表了光谱健康系统的许多组件、服务和位置。与定位战略一起，该公司为其子品牌、排版、颜色和格式制定了一个全面的系统。克罗斯比针对卫生系统的每个结构和项目设立了相关标准，包括标牌、车辆、文具、印刷和电子通信、礼品和装备、餐饮服务，制服以及所有文档。这些标准都放在一个有密码保护的网站，供所有内部传播团队和外部供应商访问。所有这些标准现在已被纳入系统的官方政策和项目手册中。克罗斯比在完成标准的制定后，继续为外部设计公司和供应商的工作提供持续的品牌咨询和监督。

结果： 光谱品牌有助于吸引顶级医师和其他医疗保健专业人员，也是医疗保健服务提供商寻求合并伙伴的主要选择。视觉识别和命名标准有利于组织的顺利整合。在2010年至2016年的5年间，光谱健康系统被储文医疗健康分析公司（Truven Health Analytics™）评为全美15大卫生系统之一，在最大的卫生系统中排名前五。光谱健康系统仍然是该地区最大的医疗保健提供者和西密歇根州医疗领域最大的雇主。

光谱健康系统的标识：由克罗斯比联合公司设计

星巴克

我们的使命是激发并孕育人文精神：每人、每杯、每个社区。每家星巴克店都是社区的一部分，我们有责任认真维护好邻里关系。

星巴克是世界上最大的特色咖啡烘焙和零售商，已经在全球70多个国家和地区开设了24000多家门店，拥有190000多名员工。第一家星巴克店于1971年开业。

目标

庆祝星巴克开业40周年。

使星巴克未来的发展不局限于咖啡。

刷新客户体验。

振兴视觉表达。

实施新的全球战略。

> 星巴克继续坚守核心价值观，拥护公司的传统，同时确保自身永葆活力，展望未来。
>
> ——霍华德·舒尔茨

Photograph: Masao Nishikawa

设计流程与策略： 在星巴克40周年即2011年快要到来之际，星巴克希望利用这一发展的里程碑来阐明其未来愿景，并重塑其客户体验和视觉表达。2010年初，星巴克全球创意工作室进行了全面的品牌、市场营销和策略评估，并开始在接触点上确定品牌的典型要素。通过广泛的战略规划，星巴克决定灵活地探索品牌创新，打造具有全球性和区域性的相关产品，并不断完善客户体验。星巴克决定从标识中去掉海妖，使客户与品牌建立更加个性化的联系。内部创意团队在创造出干净、简洁的标识之前，探索了数百个不同尺寸的海妖标识的图形替代品，以及星巴克（咖啡）这个名字的替代品。

星巴克全球创意工作室聘请利平科特公司来帮助完善品牌元素，并从跨文化的角度构建一个综合的多平台系统。利平科特公司所拥有的广泛的全球品牌和实施经验在规划阶段极具价值，而且能帮助全球公司内部达成一致。

创意方案： 星巴克希望视觉识别系统能够在40年的信任基础上，像过去一样表达自己的未来。利平科特公司研究了定位策略如何在市场营销、零售环境和包装方面发挥作用，从外观到颜色、排版和图案、摄影和插图的使用，检查元素的层次结构。在整个过程中，利平科特与内部创意团队合作，精练和定义品牌元素和人物属性，制定并落实指导方针，并帮助内部利益相关者达成共识。星巴克品牌标识中的"海妖"从她的戒指中解放出来，标识中没有任何文字，亮丽的绿色象征着星巴克光明的未来。

结果： 2011年3月8日（星期二），星巴克庆祝了公司成立40周年。星巴克开始将全新计划推广到世界各地的16 500家分店，首先是霍华德·舒尔茨主席的视频，要求来自世界各地的客户参与有关"海妖"的谈话。品牌的下一步发展让星巴克能自由灵活地探索创新和新的分销渠道，这将使公司与现有客户保持同步，同时与新客户建立牢固的联系。

40年来，海妖的标识一直诠释着我们对咖啡的热情。现在，她不仅是我们的传统，而且代表了星巴克品牌的未来。

——杰弗里·菲尔兹

我们与星巴克全球创意工作室密切合作，振兴拥有世界上最独特的零售体验之一的品牌。

——康妮·伯索尔

悉尼歌剧院

悉尼歌剧院（Sydney Opera House）认识到，创意和艺术可以鼓励和支持澳大利亚去探索自己是个什么样的国家，以及澳大利亚想成为什么样的国家。

悉尼歌剧院凭借其标识性的风帆，一直是澳大利亚最受欢迎的旅游胜地，也是世界上最知名的建筑之一。它是联合国教科文组织承认的世界物质文化遗产地，是澳大利亚人的骄傲。对于每年访问的820万人来说，这是一个令人惊叹和敬畏的地方。悉尼歌剧院是一个多场馆表演艺术中心，每年举办2 000多场演出。

目标

实现推动中心层创新的愿景。

将演艺中心定位于下一步发展的起点。

统一所有的体验、奉献和沟通。

建立品牌资产。

奇迹都是在内部产生的。

转换视角

我们接受新的想法、新的人物和新的体验。

将视角转向那些空想家和自由思想家，转向新老朋友，以及那些在未知中寻找慰藉的人。

如果你能看到不同的东西，如果你愿意多角度考虑问题，如果你愿意接受挑战，愿意成为更好的自己，悉尼歌剧院向你敞开怀抱。

站在港口可以欣赏歌剧院壮观震撼的外观，但真正的魔力却蕴含在里面。

照片来源：汉密尔顿·隆德（Hamilton Lund.），悉尼歌剧院信托基金

设计流程和策略: 悉尼歌剧院与澳大利亚英特品牌公司合作,重振品牌,为下一代做好准备和保护。该项目在开发阶段涉及广泛,其中包括超过50小时的沉浸式研究,30多个现场的接触,20多小时的社交聆听,100多小时的桌面研究,以及120个人的面试和众多的研讨会。很明显,悉尼歌剧院品牌需要激发围绕表演、艺术和文化的对话。

转变的视角和新的核心品牌理念鼓励悉尼歌剧院进行深思熟虑的比较,并做出号召性的陈述。陈述这个品牌是什么,并追问它为什么不是其他的东西,并从创造性和令人惊讶的角度来思考问题。在向游客展示新事物,重新思考和参与表演艺术文化之前,悉尼歌剧院要满怀热诚地欢迎游客。

创意方案: 转换视角能得到更精练的语言表达,以及更有说服力的沟通和视觉方法。英特品牌设计了专门的雕刻字体,体现了悉尼歌剧院本身的形态。这个标识是用工程软件开发的,以确保其具有必要的结构完整性,通过铸造字母或3D打印技术进行物理复制。

该品牌的外壳和黑色的主色调灵感来自建筑的外表,而次要色调则展现了悉尼歌剧院具有的活力和能量。明亮、多样的色调能够呈现出表演本身的色彩和情绪。建筑师杰恩·乌特松(Jørn Utzon)对建筑物的色彩非常敏感。

悉尼歌剧院的品牌理念是受到人们在建筑物周围移动时所体验到的不同景象的启发,所以它必须捕捉运动感和移动工具箱中的光线。英特品牌与动画专家科里德(Collider)合作创建了一系列动画元素,使品牌能够在电影、数字和标牌中得以体现。

结果: 从乌特松的视觉和创意原则,以及歌剧院的标识性建筑可以看出,悉尼歌剧院品牌传达了一种永恒的感觉。但与此同时,这个品牌也说明演艺中心不仅注重交流和客户,而且注重自身建设。悉尼歌剧院品牌成功打造出团结友好的企业文化,推动社区对话,并在视觉上呈现出自身十年的变化,所以这个品牌也像它所代表的建筑一样鼓舞人心。

悉尼歌剧院的标识:由澳大利亚英特品牌公司设计

Unstuck

我们将在线学习、个性化数字工具、技巧和诀窍相结合，帮助你了解学习中遇到的障碍，以及如何向前迈进。

Unstuck是一个应用程序，是在线学习平台和内容网站，让人们能够接受挑战，并在生活中向前迈进。Unstuck提供即时的数字指导，只要你觉得自己在学习中遇到了障碍，就随时可以向它求救。这个应用程序可以帮助人们通过争议性问题、目标提示和行动导向的工具来查看和解决问题。

目标

领导一种新的个人成长和技术产品类别。

从头开始设计一个新的品牌，并理智地参与它的发展。

结合心理学、人类行为和设计学。

建立Unstuck的在线学习平台，作为个人发展领域的独特体验。

Unstuck相信前进的方法不止一个，所以它不同于传统的自助解决方案。我们的应用程序、生活课程和内容用适当的争议性来帮助人们找到正确的道路。

——南希·霍利（Nancy Hawley），Unstuck品牌的副总裁兼总经理

> 我们不希望Unstuck太实际（无聊）或太异想天开（不敏感）。我们希望它像一个好朋友或教练，一个真正想和你一起解决问题的人。
>
> ——奥黛丽·刘（Audrey Liu），Unstuck的创意总监

设计流程和策略： Unstuck的创意来自SYPartners，一家长期帮助个人、领导者、团队和组织成为更好的自己的公司。在与美国国际商用机器公司、星巴克、脸书和美国通用电气公司等公司的领导者合作后，SYPartners希望将其方法带给个人受众。随着苹果iPad的推出，该公司终于觉得它已经找到了一个合适的媒介来创造一个有触觉的、有吸引力的和以人为本的系统，即第一个Unstuck产品。

在战略、产品设计、项目管理和产品开发方面，具备技能的核心团队指导品牌创建的三个关键设计原则为：巧妙但容易实现，鼓励行动，有同理心并且鼓舞人心。该团队还从游戏中获得灵感，并对传统治疗技术进行了广泛的研究。反复试验和用户测试帮助团队在整个开发过程中坚持正轨并与用户群保持一致，并且持续告知用户产品组合的扩展情况。

创意方案： 应用程序的流程含有三个截然不同的部分：弄清楚你如何被障碍卡住，学习如何摆脱障碍，采取行动。每一步都充满了坦率、机智、信息和乐趣，所有这些掩盖了复杂的技术基础，使应用程序生效。

从用户的角度来看，第一部分包含了几个以参与性、游戏性的方式提出的多项选择题。在后端，基于人类行为模式的算法能根据每个人之前的答案，判断他们各自的选择。同样地，第二部分的解决方案（如何摆脱障碍）从一个简单而又包容的观点出发，发现人们之所以被障碍卡住是因为观察、信仰、思考和行动上存在的差距。第三部分是帮助你采取行动的流程和摘要专题，用发人深省的练习和演示为用户提供持续的回报。对于任何用户来说，最终的结果都是：获得可以落实到现实生活中的独特见解。

结果： Unstuck于2011年12月推出，一个小团队负责处理所有事情，从市场营销、公共关系、客户服务和社交媒体到技术错误修复。Unstuck收到了包括《纽约客》、《欧普拉》（Oprah.com）、《科技博客》（TechCrunch）、《生活骇客》（Lifehacker）和《快公司》（Fast Company）在内的多家媒体的报道。最终，Unstuck在iTunes的用户评论高达4.5星，这让Unstuck大获成功，其下载量持续增长。此后，Unstuck扩展了其网络应用程序版本的工具，开发了一个名为生命史的在线学习平台，以及越来越多的可编辑程序。

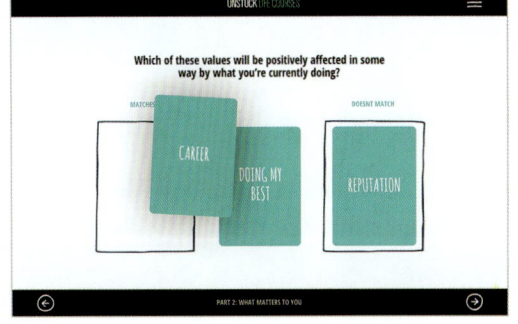

Unstuck的标识：由SYPartners公司设计

伏林航空

伏林航空（Vueling）发展迅猛，这不仅仅是因为价格低，更因为我们所做的一切都是脚踏实地并领先一步的。

伏林航空成立于2002年，总部位于西班牙巴塞罗那。该公司目前是西班牙第二大航空公司，服务于非洲、亚洲和欧洲的100多个城市。

目标

设想并命名一个新品牌。

创建一个引领行业、挑战极限的新一代航空公司。

设计一个综合的视觉、口头和行为标识。

让客户感到满意。

> 伏林航空已经发展成我们设计的样子：一家价格低廉、款式新颖、服务周到的新一代航空公司。
>
> ——胡安·巴勃罗·拉米雷斯（Juan Pablo Ramírez），莎弗朗品牌顾问（Saffron Brand Consultants）公司的品牌战略家

伏林航空的标识：由莎弗朗品牌顾问公司设计

伏林航空从一开始就是成功的，因为它是由一群梦想家创造的，他们想要创办一家欧洲西南部人们真正需要和真正喜欢的航空公司。

公众从一开始就体会到伏林航空的效率，对顾客的关爱，以及员工的热情。伏林航空接下来的工作就是勤奋学习，并为自己的过失向顾客道歉。

——卡洛斯·穆尼奥斯（Carlos Muñoz），伏林航空的创始人

设计流程和策略：伏林航空一开始打算成为第一家廉价的航空公司，以巴塞罗那为中心，在西班牙和南欧扩大自己的竞争力。人们一般对低成本航空公司很失望，不信任，还带有一些复杂的情绪。因此，伏林航空创始人卡洛斯·穆尼奥斯和莎弗朗品牌顾问面临的挑战是：如何向公众证明廉价航班并不意味着差劲的服务水平、舒适度和风格。首先，莎弗朗为这家航空公司设计名字。在西班牙，西班牙式英语很流行。西班牙语中的"vuela"是飞翔的意思，所以公司取名为"Vueling"。伏林航空开设了在线网站，大部分服务都可在网上购买。莎弗朗进一步打造良好的客户体验：以低廉的价格获取直接、简单、不可思议、脚踏实地的体验。伏林航空所有的品牌表达都体现出飞翔的意思，工作效率也是飞一般的速度，网上订票两三下就轻松搞定了。伏林航空使用的都是新飞机，往返的机场也是主要的机场。

创意方案：莎弗朗为伏林航空创建了一个品牌名称和一个完整的识别系统——不仅从视觉到口头，还包括行动系统——从头到尾，从工作人员和客户联系到在线界面，再到音乐和菜单计划。

伏林航空发展迅猛，让所有顾客都能有新鲜、国际化和炫酷的感觉。声音转变是第一步。莎弗朗将伏林航空的企业文化从正式转向随性。所有的品牌传播都是通过使用非正式用语，而不是用敬语。空客集团甚至不得不重写伏林飞机的机载标牌。从一开始，莎弗朗和伏林管理层一致认为，作为服务品牌，顾客是至高无上的。伏林航空的品牌创建落实到公司的人力政策中，也通过各项员工培训课程得以强化。核心品牌创建完成后，莎弗朗继续开展培训和品牌委员会工作，以保持伏林航空的品牌活力。

结果：成立之初，伏林航空就获得了欧洲新航空公司迄今为止最高的融资。今年前六个月内，伏林航空便实现了2 100万欧元的全年收入目标。在不到一年的时间里，伏林航空已经在12个城市之间的22条航线上运送了120多万的乘客。2008年，伏林航空宣布将与点击航空（Clickair）合并，该航空也是一个低成本航空公司，其80%股份由西班牙航空持有。经过调查，鉴于伏林航空在顾客和员工心中的地位，两家航空公司合并后决定依然采用伏林航空这个名字。

参考文献

Aaker, David A., and Erich Joachimsthaler. *Brand Leadership*. New York: The Free Press, 2000.

Aaker, David. *Brand Portfolio Strategy*. New York: The Free Press, 2004.

Adams, Sean. *The Designer's Dictionary of Color*. New York: Abrams, 2017.

Adamson, Allen P. *BrandDigital: Simple Ways Top Brands Succeed in the Digital World*. New York: Palgrave Macmillan, 2008.

Adamson, Allen P. *BrandSimple: How the Best Brands Keep It Simple and Succeed*. New York: Palgrave Macmillan, 2006.

Advertising Metrics, www.marketingterms.com.

Airey, David. *Logo Design Love: A Guide to Creating Iconic Brand Identities*. Berkeley: New Riders Press, 2009.

Beckwith, Harry. *Selling the Invisible: A Field Guide to Modern Marketing*. New York: Warner Books, 1997.

Bierut, Michael. *How To*. New York: Harper Design, 2015.

Birsel, Ayse. *Design the Life You Love: A Step-by-Step Guide to Building a Meaningful Future*. New York: Ten Speed Press, 2015.

Blake, George Burroughs, and Nancy Blake-Bohne. *Crafting the Perfect Name: The Art and Science of Naming a Company or Product*. Chicago: Probus Publishing Company, 1991.

Bruce-Mitford, Miranda. *The Illustrated Book of Signs & Symbols*. New York: DK Publishing, Inc., 1996.

Brunner, Robert, and Stewart Emery. *Do You Matter? How Great Design Will Make People Love Your Company*. Upper Saddle River, NJ: Pearson Education, 2009.

Buell, Barbara. "Can a Global Brand Speak Different Languages?" *Stanford Business*, August 2000.

Business Attitudes to Design. www.design-council.org.uk.

Calver, Giles. *What Is Packaging Design?* Switzerland: RotoVision, 2004.

Carlzon, Jan. *Moments of Truth*. New York: Harper Collins, 1987.

Carter, Rob, Ben Day, and Philip Meggs. *Typographic Design: Form and Communication*. New York: John Wiley & Sons, Inc., 1993.

Chermayeff, Ivan, Tom Geismar, and Steff Geissbuhler. *Trademarks Designed by Chermayeff & Geismar*. Basel, Switzerland: Lars Muller Publishers, 2000.

"Crowned at Last: A Survey of Consumer Power." *The Economist*, April 2, 2005.

DeNeve, Rose. *The Designer's Guide to Creating Corporate I.D. Systems*. Cincinnati: North Light Books, 1992.

"A Discussion with Chris Hacker," *Enlightened Brand Journal*, www.enlightenedbrand.com.

Doctoroff, Tom. "What Chinese Want"—Thoughtful China. YouTube video, 16:44. Posted June 19, 2012. http://www.youtube.com/watch?v=2TiMRFydnsM.

Duffy, Joe. *Brand Apart*. New York: One Club Publishing, 2005.

Eiber, Rick, ed. *World Trademarks: 100 Years*, Volumes I and II. New York: Graphis US, Inc., 1996.

Ellwood, Iain. *The Essential Brand Book*. London: Kogan Page Limited, 2002.

Friedman, Thomas L. *Hot, Flat, and Crowded: Why We Need a Green Revolution—and How It Can Renew America*. New York: Farrar, Straus and Giroux, 2008.

Gallardo, Luis. *Brands and Rousers: The Holistic System to Foster High-Performing Businesses, Brands, and Careers*. London: LID Publishing Ltd., 2012.

Geismar, Tom, Sagi Haviv, and Ivan Chermayeff. *Identify: Basic Principles of Identity Design in the Iconic Trademarks of Chermayeff & Geismar*. New York, NY: Print Publishing, 2011.

Gilmore, James H. *Look: A Practical Guide for Improving Your Observational Skills*. Austin, Texas: Greenleaf Book Group Press, 2016.

Gilmore, James H., and B. Joseph Pine II. *Authenticity: What Consumers Really Want*. Boston: Harvard Business School Press, 2007.

Giudice, Maria, and Christopher Ireland. *Rise of the DEO: Leadership by Design*. San Francisco: New Riders, 2014.

Gladwell, Malcolm. *The Tipping Point: How Little Things Can Make a Big Difference*. New York: Little, Brown and Company, 2000.

Glaser, Milton. *Art Is Work*. Woodstock, NY: The Overlook Press, 2000.

Gobe, Marc. *Emotional Branding, The New Paradigm for Connecting Brands to People*. New York: Allworth Press, 2001.

Godin, Seth. *Purple Cow: Transform Your Business by Being Remarkable*. New York: Portfolio, 2003.

Godin, Seth. *Tribes: We Need You to Lead Us*. New York: Portfolio, 2008.

Grams, Chris. *The Ad-Free Brand: Secrets to Building Successful Brands in a Digital World*. Indianapolis: Que, 2011.

Grant, John. *The New Marketing Manifesto: The 12 Rules for Building Successful Brands in the 21st Century*. London: Texere Publishing Limited, 2000.

Hawken, Paul. *Blessed Unrest: How the Largest Social Movement in History Is Restoring Grace, Justice, and Beauty to the World*. New York: Penguin Books, 2007.

Heath, Chip, and Dan Heath. *Made to Stick: Why Some Ideas Survive and Others Die*. New York: Random House, 2007.

Heller, Steven. *Paul Rand*. London: Phaidon Press Limited, 1999.

Hill, Sam, and Chris Lederer. *The Infinite Asset: Managing Brands to Build New Value*. Boston: Harvard Business School Press, 2001.

Hine, Thomas. *The Total Package: The Evolution and Secret Meanings of Boxes, Bottles, Cans, and Tubes*. Boston: Little, Brown and Company, 1995.

Holtzschue, Linda. *Understanding Color: An Introduction for Designers*. New York: John Wiley & Sons, Inc., 2002.

Isaacson, Walter. *Steve Jobs*. Simon & Schuster. New York: 2011

Joachimsthaler, Erich, David A. Aaker, John Quelch, David Kenny, Vijay Vishwanath, and Mark Jonathan. *Harvard Business Review on Brand Management*. Boston: Harvard Business School Press, 1999.

Johnson, Michael. *Branding: In Five and a Half Steps*. New York: Thames & Hudson Inc., 2016.

Kawasaki, Guy. *Reality Check: The Irreverent Guide to Outsmarting, Outmanaging, and Outmarketing Your Competition*. New York: Portfolio, 2008.

Kerzner, Harold. *Project Management: A Systems Approach to Planning, Scheduling, and Controlling*. New York: Van Nostrand Reinhold, 1989.

Klein, Naomi. *No Logo*. New York: Picador, 2002.

Kotler, Philip, and Kevin Lane Keller. *Marketing Management*. Upper Saddle River, NJ. Prentice Hall, 2009.

Kuhlmann, Arkadi, and Bruce Philp. *The Orange Code: How ING Direct Succeeded by Being a Rebel with a Cause*. Hoboken, NJ: John Wiley & Sons, Inc., 2009.

Kumar, Vijay. *101 Design Methods: A Structured Approach for Driving Innovation in Your Organization*. Hoboken, NJ: John Wiley & Sons, Inc., 2013.

Lapetino, Tim, and Jason Adam. *Damn Good: Top Designers Discuss Their All-Time Favorite Projects*. Cincinnati: How Design Books, 2012

Lidwell, William, Kritina Holden, and Jill Butler. *Universal Principles of Design*. Gloucester, MA: Rockport Publishers, 2003.

Liedtka, Jeanne, and Tim Ogilvie. *Designing for Growth: A Design Thinking Toolkit for Managers*. New York: Columbia University Press, 2011. Kindle edition.

Lindstrom, Martin. *Small Data: The Tiny Clues that Uncover Huge Trends*. New York: St. Martin's Press, 2016.

Lippincott Mercer. *Sense: The Art and Science of Creating Lasting Brands*. Gloucester, MA: Rockport, 2004.

Lipton, Ronnie. *Designing Across Cultures*. New York: How Design Books, 2002.

Maeda, John. *The Laws of Simplicity: Design, Technology, Business, Life*. Cambridge, MA: The MIT Press, 2006.

Man, John. *Alpha Beta: How 26 Letters Shaped the Western World*. London: Headline Book Publishing, 2000.

Marcotte, Ethan. *Responsive Web Design*. New York: A Book Apart, 2011.

Martin, Patricia. *Tipping the Culture: How Engaging Millennials Will Change Things*. Chicago: LitLamp Communications, 2010. PDF e-book.

Mau, Bruce. *Massive Change*. London: Phaidon Press Limited, 2004.

Meggs, Philip B. *Meggs' History of Graphic Design*. New York: John Wiley & Sons, Inc., 1998.

Millman, Debbie. *Brand Thinking and Other Noble Pursuits*. New York: Allworth Press, 2011.

Mok, Clement. *Designing Business: Multiple Media, Multiple Disciplines*. San Jose, CA: Macmillan Computer Publishing USA, 1996.

Mollerup, Per. *Marks of Excellence: The History and Taxonomy of Trademarks*. London: Phaidon Press Limited, 1997.

Morgan, Conway Lloyd. *Logo, Identity, Brand, Culture*. Crans-Pres-Celigny, Switzerland: RotoVision SA, 1999.

Müller, Jens, and Julius Weidemann. *Logo Modernism*. Köln, Germany: Taschen, 2015.

Neumeier, Marty. *The Brand Gap: How to Bridge the Distance between Business Strategy and Design*. Berkeley: New Riders, 2003.

Neumeier, Marty. *The Designful Company: How to Build a Culture of Nonstop Innovation*. Berkeley: New Riders, 2008.

Neumeier, Marty. *The Dictionary of Brand*. New York: The AIGA Press, 2004.

Neumeier, Marty. *The 46 Rules of Genius: An Innovator's Guide to Creativity*. San Francisco: New Riders, 2014.

Neumeier, Marty. *ZAG: The Number One Strategy of High-Performance Brands*. Berkeley: New Riders, 2006.

Newark, Quentin. *What Is Graphic Design?* Switzerland: RotoVision, 2002.

Ogilvy, David. *Ogilvy on Advertising*. New York: Crown Publishers, 1983.

Olins, Wally. *Corporate Identity: Making Business Strategy Visible Through Design*. Boston: Harvard Business School Press, 1989.

Olins, Wally. *On Brand*. New York: Thames & Hudson, 2003.

Onaindia, Carlos Martinez, and Brian Resnick. *Designing B2B Brands: Lessons from Deloitte and 195,000 Brand Managers*. Hoboken, NJ: John Wiley & Sons, Inc., 2013.

Osterwalder, Alexander, and Yves Pigneur. *Business Model Generation: A Handbook for Visionaries, Game Changers, and Challengers*. Hoboken, NJ: John Wiley & Sons, Inc., 2010.

Paos, ed. *New Decomas: Design Conscious Management Strategy*. Seoul: Design House Inc., 1994.

Pavitt, Jane, ed. *Brand New*. London: V&A Publications, 2000.

Peters, Tom. *Reinventing Work: The Brand You 50*. New York: Alfred A. Knopf, Inc, 1999.

Phillips, Peter L. *Creating the Perfect Design Brief*. New York: Allworth Press, 2004.

Pine II, B. Joseph, and James H. Gilmore. *The Experience Economy, Updated Edition*. Boston: Harvard Business Review Press, 2011.

Pink, Daniel H. *The Adventures of Johnny Bunko: The Last Career Guide You'll Ever Need*. New York: Riverhead Books, 2008.

Pink, Daniel H. *A Whole New Mind: Why Right-Brainers Will Rule the Future*. New York: Riverhead Books, 2006.

Redish, Janice (Ginny). *Letting Go of the Words: Writing Web Content that Works*. Waltham, MA: Morgan Kaufmann, 2014.

Remington, R. Roger. *Lester Beall: Trailblazer of American Graphic Design*. New York: W. W. Norton & Company, 1996.

Ries, Al, and Jack Trout. *Positioning: The Battle for Your Mind*. New York: Warner Books, Inc., 1986.

Ries, Al, and Laura Ries. *The 22 Immutable Laws of Branding*. London: Harper Collins Business, 2000.

Rogener, Stefan, Albert-Jan Pool, and Ursula Packhauser. *Branding with Type: How Type Sells*. Mountain View, CA: Adobe Press, 1995.

Roush, Wade. "Social Machines." *MIT's Magazine of Innovation*, Technology Review, August 2005.

Rubin, Jeffrey, and Dana Chisnell. *Handbook of Usability Testing: How to Plan, Design, and Conduct Effective Tests*. Indianapolis: Wiley Publishing, Inc., 2008.

Scher, Paula. *Make It Bigger*. New York: Princeton Architectural Press, 2002.

Schmitt, Bernd. *Customer Experience Management*. New York: John Wiley & Sons, Inc., 2003.

Schmitt, Bernd and Alex Simonson. *Marketing Aesthetics: The Strategic Management of Brands, Identity, and Image*. New York: Free Press, 1997.

Sernovitz, Andy. *Word of Mouth Marketing: How Smart Companies Get People Talking*. Austin, TX: Greenleaf Book Group Press, 2012.

Sharp, Harold S. *Advertising Slogans of America*. Metuchen, NJ: The Scarecrow Press, 1984.

Spiekermann, Erik, and E. M. Ginger. *Stop Stealing Sheep & Find Out How Type Works*. Mountain View, CA: Adobe Press, 1993.

Steffen, Alex, ed. *World Changing: A User's Guide for the 21st Century*. New York: Abrams, 2006.

Stengel, Jim. *How Ideals Power Growth and Profit at the World's Greatest Companies*. New York: Crown Business, 2011.

Stone Yamashita Partners. *Chemistry (and the Catalysts for Seismic Change)*. San Francisco: Stone Yamashita Partners, 2001.

Thaler, Linda Kaplan, and Robin Koval. *The Power of Nice: How to Conquer the Business World with Kindness*. New York: Currency Doubleday, 2006.

Thompson, Derek. *Hit Makers: The Science of Popularity in an Age of Distraction*. New York: Penguin Press, 2017.

Traverso, Debra Koontz. *Outsmarting Goliath: How to Achieve Equal Footing with Companies that Are Bigger, Richer, Older, and Better Known*. Princeton, NJ: Bloomberg Press, 2000.

Williams, Gareth. *Branded? Products and Their Personalities*. London: V&A Publications, 2000.

Yamashita, Keith, and Sandra Spataro. *Unstuck: A Tool for Yourself, Your Team, and Your World*. New York: Portfolio, 2004.

诚挚感谢

写这本书最大的收获就是收到了来自世界各地的同事的意见——从首席执行官到设计和营销总监、教授、企业家以及政府机构的人员。能够参与到你们构建和设计未来品牌的过程中，是我的荣幸。

如何使用这本书

用它来指导品牌方案。

更新你的知识库。

学习新的东西。

教育你的客户。

教育你的员工。

教育你的学生。

建立一个更好的品牌。

写一个更好的合同。

从案例分析中得到启发。

扩大知识贮备。

让诉求和创意能够实现双赢。

引用专家或者上帝的话。

把你最中意的广告写在便利贴上。

在演示文稿中使用图表。

走出你的舒适区。

给你的电池充电。

把它作为生日礼物。

用它来美化你的咖啡桌。

你不知道的关于艾丽娜·惠勒的十件事

我的娘家姓是Alina Radziejowska，波兰语是我的第一语言。我的父亲是一位航海船长，他跟我讲述过他在世界各个港口的冒险故事。

对于人们如何用言语行为、价值观和环境表达自己，我一直很着迷。

我在品牌架构方面的启蒙源于二年级教理问答中关于罪恶的色彩编码。

我曾与国有公司、私人企业、非营利组织以及有远大抱负的梦想家们一起工作。

自1977年7月7日开始，我就已经嫁给了圣诞老人。你们可以查一查santaclassics.com。我们已经有两个女儿和两个孙子了。

我的灵魂居住在一座山上。当我不出门旅行，也不在费城时，那么我就会待在阿迪朗达克山上的一个名为"天光"（Skylight）的房子里。

1963年，我遇到了披头士乐队；1966年，我邂逅了米克·贾格（Mick Jagger），但我还是钟情于大卫·鲍伊。

我的口头禅是：你是谁？谁需要知道？他们将如何发现？他们为什么要关心？

我的人生格言：做你本可以做的事永远不会太迟。

写这本书让我收获了一份礼物：在每个大洲都结识了新朋友和志同道合的灵魂。而这个版本将是我最后的一部作品。

艾丽娜·惠勒是一位品牌专家，也是一名受欢迎的演说家。她的演说广受美国乃至全球的设计观众和商业观众们的追捧。惠勒一直以来都领导着国有和私人公司的品牌和设计团队。她一直都穿梭于设计行业与CEO演说之间。她使用本书中概述的、经过验证的流程来帮助品牌公司、产品和方案设计。

评论、咨询活动和演讲咨询：alina@alinawheeler.com

@alinawheeler

图书在版编目（CIP）数据

企业形象CI设计全书：从视觉识别设计到品牌建立的超级指南 /（美）艾丽娜·惠勒著；张玉花，王树良译. -- 上海：上海人民美术出版社，2021.1
（设计新经典. 国际艺术与设计学院名师精品课）
书名原文：Designing Brand Identity

ISBN 978-7-5586-1770-6

Ⅰ. ①企… Ⅱ. ①艾… ②张… ③王… Ⅲ. ①企业形象-设计 Ⅳ. ①F272-05
中国版本图书馆CIP数据核字（2020）第168127号

Designing Brand Identity by Alina Wheeler, ISBN: 9781118980828
Copyright © 2018 by Alina Wheeler.
Published by John Wiley & Sons, Inc., Hoboken, New Jersey.
All Rights Reserved. This translation published under license.
Authorized translation from the English language edition,
Published by John Wiley & Sons . No part of this book may be
reproduced in any form without the written permission of the
original copyrights holder.
Copies of this book sold without a Wiley sticker on the cover are
unauthorized and illegal.
Rights manager: Doris Ding
本书简体中文版由上海人民美术出版社独家出版
版权所有，侵权必究
合同登记号：图字：09-2017-602

设计新经典·国际艺术与设计学院名师精品课

企业形象CI设计全书
——从视觉识别设计到品牌建立的超级指南

著　　者：[美] 艾丽娜·惠勒
译　　者：张玉花　王树良
审　　校：王丹杰　白　洁　杜天舒
统　　筹：姚宏翔
责任编辑：丁　雯
流程编辑：马永乐
封面设计：棱角视觉
版式设计：胡思颖
技术编辑：史　湧
出版发行：上海人民美术出版社
　　　　　（上海长乐路672弄33号 邮编：200040）
印　　刷：上海利丰雅高印刷有限公司
开　　本：889×1194　1/16　印张20.5
版　　次：2021年5月第1版
印　　次：2021年5月第1次
书　　号：ISBN 978-7-5586-1770-6
定　　价：280.00元

设计新经典 系列丛书

《平面设计中的网格系统》

《品牌设计全书》

《插画设计基础》

《跨媒介广告创意与设计》

《视觉传达设计》

《平面设计概论》

《去日本上设计课1：版式设计原理》

《去日本上设计课2：配色设计原理》

《去日本上设计课3：信息图表设计》

《设计基础系列（全3册）》

《好设计是这样想出来的》

《图标设计创意：iPhone UI设计师从LOGO、APP图标、表情符号到路标设计的实战经验分享》

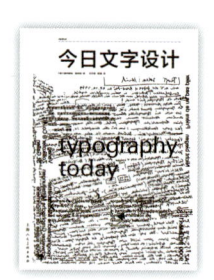

《今日文字设计（全新增补版）》

《编辑设计》

《版面设计网格构成（全新版）》